学术期刊的整体设计研究
——以《国际税收》为例

李鸿翔 / 著

电子科技大学出版社
University of Electronic Science and Technology of China Press
·成都·

图书在版编目（CIP）数据

学术期刊的整体设计研究 ： 以《国际税收》为例 / 李鸿翔著. -- 成都 ： 电子科技大学出版社, 2020.12
ISBN 978-7-5647-8597-0

Ⅰ. ①学… Ⅱ. ①李… Ⅲ. ①国际税收－学术期刊－设计－研究 Ⅳ. ①G237.5

中国版本图书馆CIP数据核字(2020)第239855号

学术期刊的整体设计研究——以《国际税收》为例

XUESHU QIKAN DE ZHENGTI SHEJI YANJIU —— YI《GUOJI SHUISHOU》 WEILI

李鸿翔　著

策划编辑　陈松明
责任编辑　罗国良

出版发行　电子科技大学出版社
　　　　　成都市一环路东一段159号电子信息产业大厦九楼　邮编 610051
主　　页　www.uestcp.com.cn
服务电话　028-83203399
邮购电话　028-83201495

印　　刷　河北盛世彩捷印刷有限公司
成品尺寸　170mm×240mm
印　　张　21.5
字　　数　408千字
版　　次　2020年12月第一版
印　　次　2020年12月第一次印刷
书　　号　ISBN 978-7-5647-8597-0
定　　价　78.00元

自　序

我1996年年中开始正式学习电脑，至今24年了。24年不算长，但时至今日我都是接近退休的人了！在排版时我社（中国税务杂志社）首选的是方正排版系统，跟印刷厂的印刷系统是兼容的，也必须兼容，否则杂志会印不出来。当年的苹果电脑比PC机贵三倍，苹果系统也不支持国产的激光照排系统，所以当时所有的印厂基本不选用苹果电脑。直到2018年我才彻底搞清楚了方正集团、微软公司、Adobe公司、苹果公司，它们一直在博弈，并在博弈中发展到现在。

我最先接触的是方正书版排版软件，它是用代码设定排版格式的（图自–1），很复杂也不方便。后来改用以视窗对话的方正维思软件，虽然直观了许多，但它排不了彩色版本，需更换Adobe的PageMaker。当时只知道Adobe的PageMaker是运行在苹果电脑、苹果操作系统上的。单位没有苹果电脑，也没人给你时间去重新学习Adobe的PageMaker。排版和设计是两个岗位，排版交给会操作PageMaker排版软件的临时工；我侧重管理，承上启下做好我社的整体设计工作，并在业务上主要钻研Adobe Photoshop和Illustrator图形制作软件与矢量图的配合技巧。

学习外来软件最主要的问题是界面的英文显示（当年所有外来软件都没有汉化），再就是PageMaker排版软件和Microsoft Office办公软件都不兼容，常使我这个不懂英文、初学电脑的专业人员不知所措。通过看书，我才弄清了它们互不兼容是一种相互竞争的商业手段。

Microsoft Office是十分流行的办公软件，有很多企业之所以非Office不用，并不是他喜欢Office，而是大家基本都在使用office，因为它也靠路径依赖帮微软赚了很多钱，假如每个人都使用同样的软件，要共用文档就再简单不过了。

软件是一个平台，比如一旦用了微软的产品之后，实际上就会被它锁定。使用微软的人越多，人们就越愿意使用微软的软件。如果要转用其他软件会很困难。反过来说，这种情况就意味着其他软件供应商的生存会很困难。比如一家出版社，

例73　用始点注解（SD）和分栏注解（FL）排末两栏的跨栏标题

有人排一本杂志，其中有一页版式如下：

据跨国电子市场研究公司Dataquest发表的一份报告估计，去年亚太区半导体用量增幅约为10.4%。预计今年亚太区（日本除外）半导体增幅为1.1%，比全球增幅0.8%略高。不过，91年亚太区半导体市场预计会有20.1的增长。

亚太半导体市场

报告指出，90年亚太区半导体用量下降是颇为特殊的情形，因为亚太区内，本地需要求及大量投资可以缓合亚太区对出口的依赖。

去年全球半导体市场增长9.8%，较预期的11%为低。全球半导体市场销量总金额为558亿美元，亚太区半导体市场销量则为63亿美元，占全球的11.4%。日本为全球半导体用量最大的地区，占总额的39.7%，北美紧随日本之后，占全球半导体用量的31.5%。欧洲则占17.4%。

公司大幅降低价格，特别是存储芯片的价格，使营业收益下跌。去年九月时1兆位DRAM价格为9.5美元，今年一月时已下跌至7.8美元。欧美个人电脑商场需要求软化，引致亚太区系统及部分厂商存货增加。此外亚洲四小龙在生产成本上涨的影响下，纷纷在外地投资及设立生产设。

SRAM市场迈向1兆位

据分析家指出，1兆位静态RAM的市场刚开始发展。他表示：“我们在1988年时预计，慢速的1兆位静态RAM市场为3，000万美元。到1989年，增加至2.23亿美元。到1990年，增加至3亿美元。”他估计，速度在70ns以上的高速静态RAM的市场，在1990年时到6，7000万美元，并在1991年上升至1.32亿美元。

小样文件：

〖HJ＊3〗〖FL（3〗据跨国电子市场研究公司Dataquest发表的一份报告估计，去年亚太区半导体用量增幅约为10.4%。预计今年亚太区（日本除外）半导体增幅为1.1%，比全球增幅0.8%略高。不过，91年亚太区半导体市场预计会有20.1的增长。〖FL）1〗〖FQ（3。19（7，1）－WZ〗〖JZ（〗〖HT3H〗亚太半导体市场〖HT〗〖JZ）〗〖FQ）〗〖FL（3〗报告指出，90年亚太区半导体用量下降是颇为特殊的情形，因为亚太区内，本地需要求及大量投资可以缓合亚太区对出口的依赖。↙去年全球半导体市场增长9.8%，较预期的11%为低。全球半导体市场销量总金额为558亿美元，亚太区半导体市场销量则为63亿美元，占全球的11.4%。日本为全球半导体用量最大的地区，占总额的39.7%，北美紧随日本之后，占全球半导体用量的31.5%。欧洲则占17.4%。↙〖LL〗公司大幅降低价格，特别是存储芯片的价格，使营业收益下跌。去年九月时1兆位DRAM价格为9.5美元，今年一月时已下跌至7.8美元。欧美个人电脑商场需要求软化，引致亚太区系统及部分厂商存货增加。此外亚洲四小龙在生产成本上涨的影响下，纷纷在外地投资及设立生产设。〖FL）〗〖SD15，19〗〖FQ（3。20（15，10）－WZ〗〖JZ（〗〖HT3XBS〗SRAM市场迈向1兆位〖HT〗〖JZ）〗〖FQ）〗〖FL（3〗〖LL〗　据分析家指出，1兆位静态RAM的市场刚开始发展。他表示：“我们在1988年时预计，慢速的1兆位静态RAM市场为3，000万美元。到1989年，增加至2.23亿美元。到1990年，增加至3亿美元。”他估计，速度在70ns以上的高速静态RAM的市场，在1990年时到6，7000万美元，并在1991年上升至1.32亿美元。〖FL）〗

上面的版式格式包括字体、字号，是靠下面的小样文件中的内容的前后代码实现的。当时小样文件是在DOS下操作的，那么就要求你在设定时，要有一个版式成品的形象思维。

图自-1　方正书版软件用代码设定排版格式实例

让编辑使用同一种文本处理程序是很重要的事。因此，Word就是因为有很多人使用，销售量才得以力久不衰。而我社（中国税务杂志社）从选择了北大方正的照排系统来排印期刊，到发现它的诸多不便时，已是“船大”不好调头了。

一般作者来稿的电子文件大多是Word文档，起初用方正书版排版的时候，脚注的转换是一大难题：首先要在Word文档中建立一个宏，然后通过快捷键的方式将每个脚注转换到正文中；如果一本书有几百个注释的话，转注释就需要大半天的时间。后来方正推出的方正书版2008解决了这一难题。但即便如此，图片、图形、表格的处理依然不方便：从Word文件中转存出的图片、图形，其像素一般是72像素/英寸，无法保证出版质量，不符合出版要求。如果图像想实现羽化、阴影和透明的效果，则需要借助Adobe家族的Adobe Photoshop来进行处理，至少需要300像素/英寸才不会影响出版效果，而对于一些流程图、框架图则需要在Adobe Illustrator中重新绘制并保存为矢量图，所有的图片都需要用〖TP图片名称.TIF，BP〗、〖TP图片名称.JPG，BP〗、〖TP图片名称.EPS，BP〗命令插入到方正书版的排版软件中，经过一扫、二扫才能看到大样中的图片，且显示不清楚。如果图片不是放在版心正中间的话，排左、排右或排出版心，都需要修改命令符，这样调整一个图片就需要花很多时间。

痛定思痛后，只能换运行在苹果电脑上的Adobe PageMaker排版软件了。招聘了一位会操作PageMaker排版软件的临时员工，买了苹果电脑和相关设备，一个月之内让新的“快船”启航了。

说到这里，还有一个语言问题是不能不提的。我上中学时学的是日语，在学习方正书版和Adobe公司的制图软件时，面对英文指令和英文界面，我跟看天书一样，只能记模样、背位置，再加上PC机运行的速度慢，甚至经常死机，又不知问题出在哪里，而且因工作忙没有更多的时间去参加培训，所以排版设计方面只能暂时输给先进的苹果电脑和Adobe PageMaker的视图化操作软件了。

所谓排版，是指将文字、图片、图形、表格等可视化信息元素在版面布局上调整位置、大小，使版面布局条理化的过程。在排版期间，文字处理是影响排版质量和工作效率的重要环节，能否灵活处理文字就显得非常关键。

方正书版是一种封闭软件，需要加密狗才能运行。打印时需要将方正书版的文件发排成PS文件，然后再借助方正的Psp Pro软件进行打印，步骤比较繁琐。现在推行环保，一般图书在印刷之前都不再需要出菲林而改用CTP版，而在出CTP版之前要打印一份蓝样与付型样进行核对。而ID排版软件则可以直接导出PDF文件进行打印，或者出CTP蓝样。

在进行图书数字化加工时，方正书版则需要其他软件对文件进行加工处理，不能直接输出电子书所需要的文件格式，给图书的数字化带来不便。而ID排版软件则可以导出Epub文件。

在排版含有数学公式、化学公式等的教辅类图书时，则能突出方正书版的优点来，比如数字公式中很简单的一个开方。放在书版里只需要一个简短的命令字符“〖KF(〗〖SX(〗9〖〗25〖SX)〗〖KF)〗”就可以实现了，但在ID软件里，如果没有插件的话，就只能用图片了。在这方面，方正书版相比ID软件占了不少上风，能与之抗衡的也只有Word了，但Word难以与制版环节对接，因此，方正书版的优势明显。另外，目前市面上有很多针对ID软件排公式的插件，但是这种插件有很多限制，使用起来并不方便。

在跟机到厂的十五六年里，利用印厂的设备熟悉了苹果电脑的操作，学会了Adobe PageMaker排版软件的操作技巧。同时，我的Adobe PageMaker和Photoshop软件操作一起通过了原新闻出版总署教育培训中心（现全国宣传干部学院）举办的高级职称电脑专业A级考试，为今天操作InDesign打下了坚实的基本功。

2017年跟机到厂结束后，社里将美编、技编两岗合二为一。有PageMaker的操作基础，有Photoshop和Illustrator图形软件的熟练技术，用In Design CS5热身了一个星期后，我顺利接过《国际税收》的排版工作。在实战两年有余的具体操作中，我彻底弄明白了Word文档与InDesign的兼容对接，必须通过记事本变成纯文本才能达到万无一失。手动改好不兼容的乱码错符，有智能功能就挖掘智能功能，把问题尽可能地消灭在校对、审读之前，为“三合一”和核红赢得了时间。功能好坏，方法是否可取，唯一的检验标准就是是否符合“简洁”二字。

ID软件可以将繁琐的过程简化。例如图片排版，只需将图片放在一个指定位置，调整图片大小，再将图像微调一下即可，属于所见即所得的类型。而对于流程图、框架图等，都是可以直接在ID软件里画出来（不像其他软件需要先画图再置入）并能够对图像直接进行羽化、阴影和透明等操作的，基本上可以省略Photoshop的操作。文字块就更简单了，在软件中可以随意放置，不管图是什么形状，都可以让文字很好地围绕在图片周围。方正虽然有飞腾软件可以辅助实现这个功能，但是不能完整实现，操作比较麻烦，而且在色彩管理上也有一定劣势，如在图像进行一些处理后，会使颜色在不同的颜色模式内转换，此时会损失一部分颜色信息。如果将某一种颜色在不同颜色模式内进行频繁的转换，每一次色彩的转换都可能造成色彩损失，最终影响视觉效果。

通过两年半的实操排版，知道了Word头尾设置有时会右边不整齐（图自–2）。

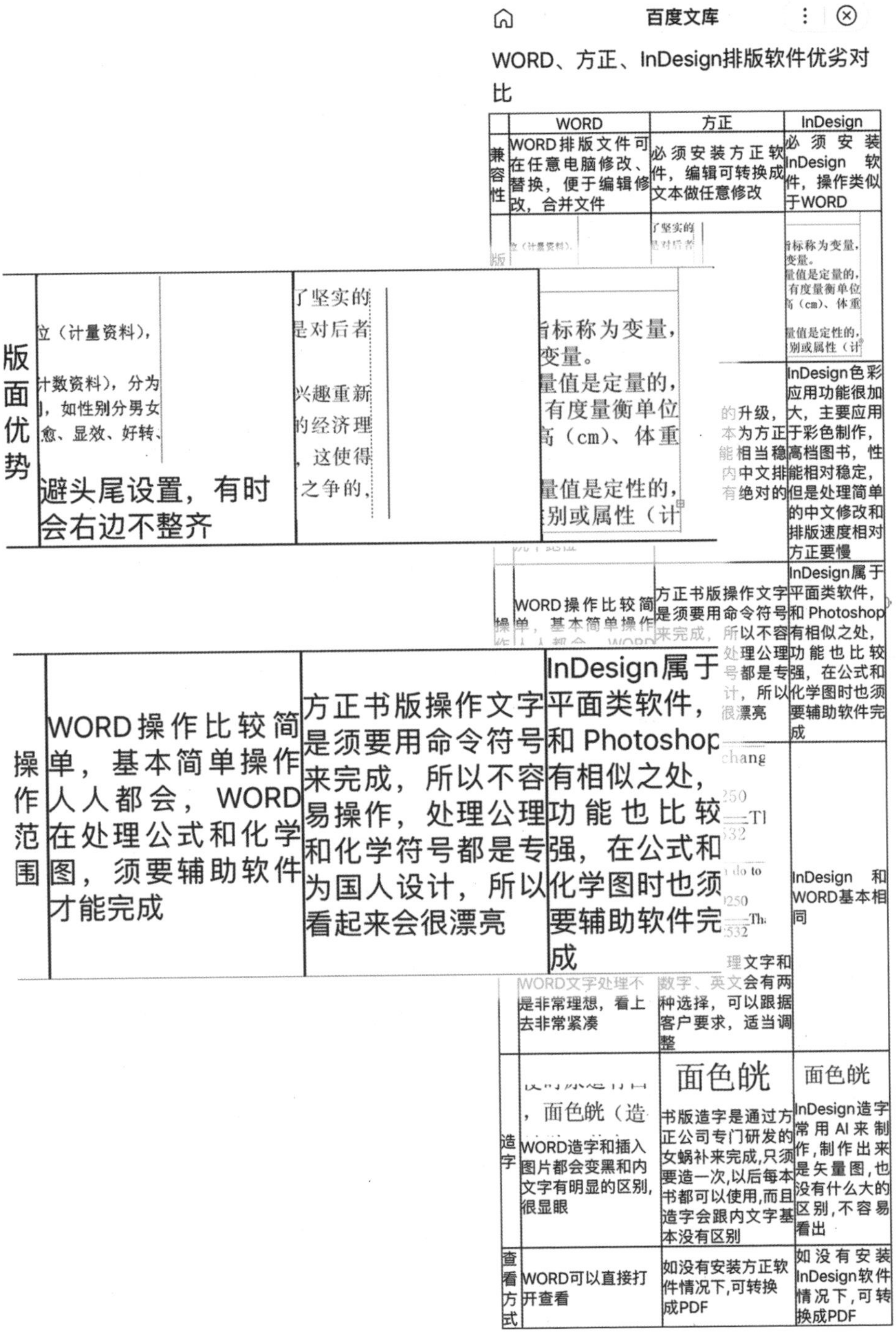

百度文库

WORD、方正、InDesign排版软件优劣对比

	WORD	方正	InDesign
兼容性	WORD排版文件可在任意电脑修改、替换，便于编辑修改，合并文件	必须安装方正软件，编辑可转换成文本做任意修改	必须安装InDesign软件，操作类似于WORD
版面优势	避头尾设置，有时会右边不整齐	……的升级，……本为方正……能相当稳……内中文排……有绝对的	InDesign色彩应用功能很加大，主要应用于彩色制作，高档图书，性能相对稳定，但是处理简单的中文修改和排版速度相对方正要慢
操作范围	WORD操作比较简单，基本简单操作人人都会，WORD在处理公式和化学图，须要辅助软件才能完成	方正书版操作文字是须要用命令符号来完成，所以不容易操作，处理公理和化学符号都是专为国人设计，所以看起来会很漂亮	InDesign属于平面类软件，和Photoshop有相似之处，功能也比较强，在公式和化学图时也须要辅助软件完成
	WORD文字处理不是非常理想，看上去非常紧凑	……理文字和数字、英文会有两种选择，可以跟据客户要求，适当调整	InDesign和WORD基本相同
造字	WORD造字和插入图片都会变黑和内文字有明显的区别，很显眼	书版造字是通过方正公司专门研发的女娲补来完成,只须要造一次,以后每本书都可以使用,而且造字会跟内文字基本没有区别	InDesign造字常用AI来制作,制作出来是矢量图,也没有什么大的区别,不容易看出
查看方式	WORD可以直接打开查看	如没有安装方正软件情况下,可转换成PDF	如没有安装InDesign软件情况下,可转换成PDF

图自-2　WORD、方正、InDesign排版软件对比

InDesign有微调功能，手动可以解决“右不齐”的问题等诸多“疑难杂症”。

从学习技术、追求风格，到思考主题、研究插图，如何借鉴与创新呢？我在期刊的整体设计工作中走了不少弯路。经常星期天不休息到单位加班学习软件操作，边画着图形边思考着工作与绘画艺术的关系。随着设计阅历的增长，我设计时更从容了，作品也简洁了许多。如今，我仅需一台普通的PC机、几款常用设计软件、一个稍大一点的显示屏（23英寸）就可以工作了。没有花哨的技法，在构图上镂空、叠加、调色，安静地处理一些虚实问题并施加一些效果，看着图库的作品，构思着自拍的图片，这种创作状态我很享受。电脑时代替代不了手工绘画的表现，那种人性灵动的表达，那种激情的跃动，再智能的电脑也只是一种模仿。作为一个从手工绘画到电脑设计的过来人，我想告诉大家，软件学习要多多益善，不要计较这个该不该我学、该不该我做，艺多不压身，你融会贯通的那一天，就没有局限性了，从容地在自己擅长的方面增加深度，用广度为深度服务。

如今多媒体时代，想要纯粹和坚持做最想做的艺术，就多少得有一些艺术家们的经历。追求期刊的风格和个性是没错的，反正我是做不到用电脑的技术取代绘画，我坚信当最简洁的表现到达极致时，各方面都是水到渠成的。想先获得劳动报酬再搞艺术，不可能的，别把艺术看简单了，换句话说，要有敬畏之心，这是专业态度。随着PC机的运算速度大大提升，Adobe公司的升级包也逐渐汉化且兼顾PC机了，我用空间构成、虚实相生的设计理念，展现了自己的设计才能，用我的学养来回报社会和党的培养。

不用题图、插图来提升期刊质量，光用空间虚实、块面的主次变化，来调节版面的舒适度，也是一件很有意思的事。继续发现有深度的“作品”，把一切可用的时间用在构思与设计相关的作品上，用在研究摄影和绘画、书法和篆刻的“互通有无”上。我相信，今后我的专业之道会更加的得心应手。

人生短短数十年，好时光少之又少，不在不相关艺术的问题上浪费时间，做一个对党和国家有所作为的人，能让自己的爱好继续为社会多做贡献，那将是我人生下半场的艺术追求。在今后的时光里，将艺术好好研究，有所得，有所分享，这将是我人生的最大安慰，也是我对社会的最大回报。

李鸿翔

2020年11月

引 言

《国际税收》创刊于1988年，原名《涉外税务》，是中国国际税收研究会会刊，国内专业的国际税收学术性期刊，是中文社会科学引文索引（CSSCI）扩展版来源期刊、北京大学中文核心期刊、“中国人文社会科学综合评价AMI”扩展期刊。30年来，《国际税收》(《涉外税务》）始终秉承“向中国介绍国外税收、向世界宣传中国税收”的办刊宗旨，每期皆以当前最新国际税收大事为主题开展权威的“专题策划”，同时创设了“各国税收纵横”“外国专家特稿”“法规选译”“跨境税收”“‘走出去’税收”等品牌栏目，既将国际税收理论成果、国际税收资讯、外国税制和管理的经验与探索等信息及时传递给国内，同时也将中国改革开放进程中波澜壮阔的税制改革、日新月异的征管成就、丰富多彩的税收工作全面展现给国外。《国际税收》成了国际税收交流与合作的媒介平台，促进了税收理论与实践、信息与沟通的传播和交流。凭借鲜明的国际税收特色和优良的刊物质量，《国际税收》曾荣膺国家期刊奖百种重点期刊、北京大学全国中文财政类核心期刊、中国人民大学“复印报刊资料”重要转载来源期刊等多个奖项。

《国际税收》为大16开本，成品尺寸为203mm×280mm，共80页，邮发代号:80—722，于2019年被定性为纯学术期刊。

期刊美术设计是期刊整体设计的重要组成部分，是侧重美化期刊的部分。

整体设计的研究内容主要包括整体性、艺术性、实用性、经济性等几个方面，本书主要从艺术性角度做研究。经济、实用、美观是美术设计的三要素，是设计的侧重之道，所以美术设计人员要从这一角度做好期刊整体设计工作。

整体性方面，在进行设计工作的时候除了要考虑学术期刊的内文与封面既定的风格特点，还要考虑出版部门和印刷厂的工作需求，各个环节要协调一致。比如《国际税收》，选用纸张和开本就需要经过充分考虑后决定，而且，在艺术构思、技术要求和工艺选择方面也要做出具体的配合与协调，从整体上考虑周全。（图引–1）

艺术性方面，我们应该有独立的审美价值。除了要将期刊的艺术特点以及独特的创意充分体现出来之外，更要具有一定的艺术风格，这种风格将体现期刊的性质以及内容特点，需与所面向的读者人群相对应，同时要求能够体现一定的时代特色和民族特色。

实用性方面，我们要充分考虑《国际税收》读者的阅读便利，在给读者带去领域内核心信息的分享的同时，充分考虑读者在经济上的承受能力。在此前提下也要重视审美需求，因为审美效果将起到激起读者阅读兴趣并产生订购的导向作用。我们的期刊能够蓬勃发展起来，都是坚持从实用性出发而努力的结果。

经济性，是期刊的重要指标之一。经济效益既是对期刊内容和水平的认可，也是期刊发展的资金来源。在做整体设计的时候，我们不仅要考虑期刊阅读的效果，而且要兼顾经济效益。设计方案是否合理，定价是否合理，能否吸引更多稳定的读者，这是经济性方面着重考虑的问题。

2019年之前《国际税收》是有题图和插图的，包括之前的《涉外税务》，所以搜集设计素材（如有关插图、摄影和图形资料）也是期刊设计里的重要环节。设计素材有的由作者提供，有的需要聘请摄影作者完成。注意图片的版权归属，不要用有版权争议的图片或盗用图片。

每年做版式设计时，我们都要考虑新一年的标题、正文、书眉、页码、表格等的字体、字号，以及在去年的效果实践中有什么需要完善的，编辑、作者都反馈了什么意见，哪些是需要采纳的，以求做得更好。

初接杂志时，在开本尺寸规定的面积中，我们根据社务会的要求对版心的大小、位置，版面的布局，天头、地脚，内文白边的面积大小等先做初步设计，供社务会和编辑、作者审定。之后再确定各种文字（如标题、正文、书眉、页码、表格、序言、注释等内容）的字体、字号、字距、行距以及图片的大小位置，总体上要做到易读、字体清晰、排列舒畅，以使读者阅读轻松愉悦。

运用你的一切美术素养，让我们的杂志与众不同，版心的位置可有变化，天

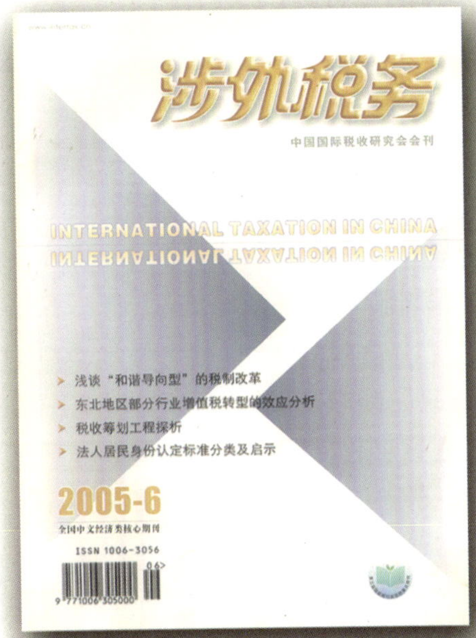

2007年接手前《涉外税务》封面样式

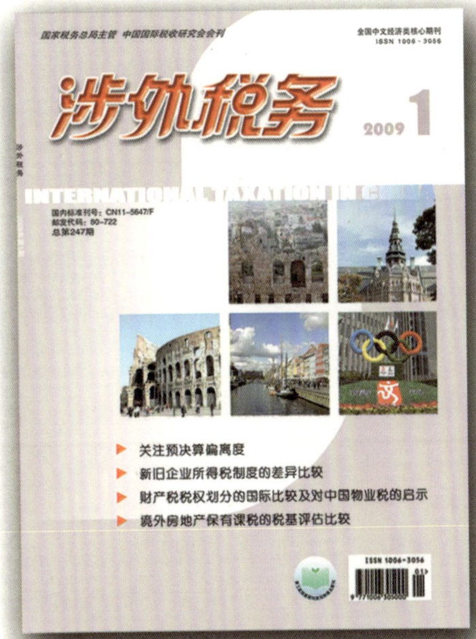

2007—2010年《涉外税务》封面设计风格
设计者：李鸿翔

2013—2019年《国际税收》封面设计风格
设计者：李鸿翔

2020年《国际税收》封面设计风格
设计者：李鸿翔

图引-1 《涉外税务》《国际税收》封面设计的风格演变

（资料来源：《涉外税务》《国际税收》期刊封面实例）

头地脚等也可稍做变化，让它具有独特性。

在《涉外税务》初期时，在标题的文字设计上追求过一些虚实、对比、方圆的变化，取得了非常好的效果。当时设计起来也是非常有意思的，文字用什么字体、字号，字距是普通的、标准的，有意地缩小扩大，还有行距。如何琢磨，也是很有学问的。（图引–2）

前言、目录、正文、插图、脚注、参考文献等内容中页面文字如何配置？正文要根据视觉心理，科学导读原理进行隔断；编者按均应安排在页首；目录有几页；正文、插图、图表的安排，是放题图还是放在正文里的插图；参考文献、脚注的排法如何；正文要根据视觉心理，科学导读原理，勾起读者的阅读愿望；文中的插图让读者有个休息、停顿；新一篇文章最好是另页起，让人感觉到新的一篇开始了。

在为了丰富期刊的视觉性，又能节约成本的前提下，我刊在2019年前综合性偏学术的定调中，采用一个彩色印张、四个专色印张的印刷效果。这样不仅节约成本，又有全彩的阅读感受。这就是“1+4”的设想实践。

期刊页是打开阅读的，故设计时要考虑订口之外的三面均有切口，出血的图片要留3毫米被切掉的余地（如果有跨页图，千万留出位置），最后考虑安排页码，便于在目录中标注。

彩页设计时要注意，CMYK色彩的还原效果，图片尽量不跨页排，因为胶订时会伤及图片，尤其是有人物的场景图，更是禁忌。当然，这是指平装胶订，骑马订不存在这个问题。

设计插图的说明文字要注意与图的空间上下保持距离，空间过小（不足2mm），或者过大（7 ~ 8mm，甚至更多）都是设计不合理的表现，会影响说明文字的整体效果。

对于封一、封二、封三、封四的设计更有其规范要求了。设计师更有发挥空间。

封一、封二、封三、封四的文字，距离切口（或订口）过近（如果只有1 ~ 2mm），文字会被裁掉，或者显得拥挤不堪。

同一本杂志如果出现每页的平网底深浅不一的错误，肯定会影响杂志的装饰效果，进而影响到产品质量。图中前面浅网比例是20%，后边增加到40%，一翻杂志就能看出不统一，大大影响了期刊装帧的效果。

反白压图题字，网点面积不足40%导致平网底色过浅，印刷后容易与文字混为一体，难以分辨。

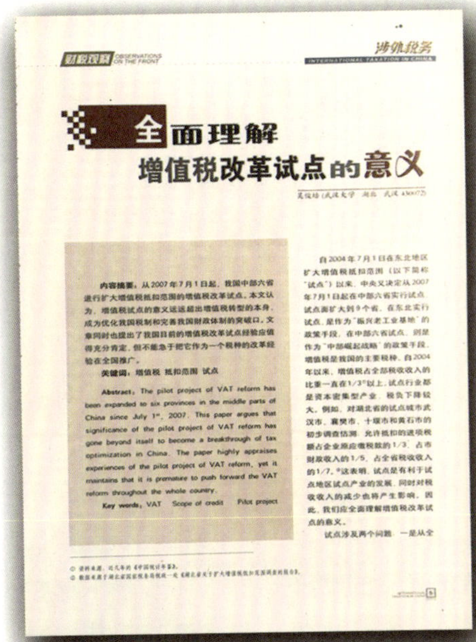
财税观察 OBSERVATIONS ON THE FRONT
涉外税务 INTERNATIONAL TAXATION IN CHINA
全面理解增值税改革试点的意义

图A

涉外税务 INTERNATIONAL TAXATION IN CHINA
OECD成员国与我国地方税权的借鉴研究
——基于"税收自主权"角度的分析

图B

研究与探索 RESEARCH AND INQUIRY
降低税收遵从成本的理论与实践

图C

特别策划 FEATURE
新企业所得税法的经济影响分析

图D

注：图A、B、C、D期刊内文标题大小虚实变化实例，设计者：李鸿翔

图引-2　《涉外税务》期刊内页标题设计实例

（资料来源：《涉外税务》2007年2期、4期内页实例）

用计算机专业排版软件排好期刊是现代美编、技术编辑必备的专业素质，这要求我们要付出很大心血不断学习掌握编排技巧，千万不可懈怠。

设计完的期刊的审核流程，除了请编辑部主任审核外，还要请副编审或正编审审核。

每期排好版后，打印校对、审读、版式三份纸稿。版式纸稿交编辑部看样（编辑部看样是看里边的层次安排是否妥帖），校对纸稿送校对室校对，审读纸稿送初、复、终审编辑把关；之后是三合一改红出新稿，送校对员核红，改核红送相关主任核对，改后发印刷厂打彩样；彩样经相关责任编辑、主管副总编、总编审核修改，最终无改后签字彩样，送厂印刷。同时发PDF四封文件、内文文件到印厂，一期刊物印前设计排版工作完成。

夏利瑛曾在培训时说过："现在看样稿需在PDF文档上进行批改，要学会用PDF文档的修改版面的工具。"〔国家新闻出版广电总局研修学院（培训中心），远程教育培训课2019年，书刊的整体设计〕用PDF改完的文档到排版环节就不存在录入、修改问题了，或者就不用回到排版环节了。本身排版环节也没时间替编辑部完成遗留的工作。"就可以和排版公司远程来处理，就不必要每一校次都打出样子来，就在PDF上面改。"

印厂早就使用CTP制版印刷技术了，夏利瑛曾在培训时说过："CTP对编辑、校对的编校质量要求更高。如果用CTP去印刷，CTP一做就是一个版面，它对编辑、校对的编校质量要求更高。出软片的时代，我们发现某一面有了错误，有的地方不对，可以单出这一面的片子来弥补，可是用CTP这样的晒版印刷方式，你在一个版面上（就是一页）发现了一个错处，你要整个版重新做，这样成本就会增加。所以新的技术对我们的编校质量的要求是更高了。"

期刊印前工作全部完成后，印刷文件发印刷厂付印，经装订成册后，由发行部门组织发行。印刷过程中，必要时美编设计人员还是要下厂督印的。

不能因为重视设计，而疏忽了成本。在生产实践中，为了追求高档，一味用特种纸、进口纸等成本较高的材料，或者使用复杂的工艺，这都会使成本增加不少。同时，如果工艺不容易做到应有的效果，也容易出现质量问题。

还有正文或者封面，如果设计了较大面积的实地色块，但为节省成本而使用低等级的纸张，使印刷中纸面脱落的纸毛形成了灰白点，不但不美观，而且影响读者正常阅读。

《国际税收》是平装（简装）不覆膜，无线胶订，所以纸张的质量就尤为重要了。

目录

注：在原公益广告的基础上做了进一步的完善，并参加了81级毕业30年“再相逢 重聚首”汇报展。

设计作品成绩展示

第一章

整体风格定调

《国际税收》期刊2019年定性为纯学术期刊，期刊美术设计就要以学术期刊的行业标准和审美习惯来设计。

“学术期刊（Academic journal）是一种经过同行评审的期刊，通常只有特定学科的文章才能在学术期刊上发表。学术期刊会展示特定研究领域的成果，并对成果起到公示的作用，其内容除了原创研究之外，还包括综述文章、书评等内容。”

《国际税收》是国内外公开发行的“国家级”期刊，包含CN和ISSN两种刊号 。现在是北京大学图书馆“中文核心期刊”，南京大学“中文社会科学引文索引（CSSCI）来源期刊”拓展版。

我们要在期刊的整体设计上，突出中国特色、国际风范，突出汉字自身无与伦比的笔画美，从封面到内文版式，从字体、字号的粗细、大小变化，从可用元素（如标题、内容摘要、表格、图表、脚注等）的空间变化中寻找合理和舒适，在最大限度的容载内容的前提下，充分利用“计白当黑”的传统布局理念，遵循经济、实用、美观的设计三要素，先声夺人，体现时代特色，于细微之处见协调与完整。

第一节　一脉相承的大国气派

汉字源于绘画，绘画被人类简化成具有象形意味的笔画，为了方便交流，进一步简化和规范，就形成了早期的象形文字。

人类的语言能力是人类沟通的重要手段之一。人类为了把语言内容记录下来，所以通过绘画并继而简化创造了文字。语言可以沟通，文字可以记录。再后来有了纸张、有了雕版印刷，就有了书，就产生了宋体美术字。后来又有了活字印刷，在图书之后又产生了杂志。那么汉字是怎么产生的呢？有两种说法，一是神话传说，二是考古发现。

一、汉字起源说

（一）汉字是圣人创造的

“直到今天，绝大多数的中国人都相信：汉字是圣人创造的。”

“造字的圣人名叫仓颉，是华夏始祖黄帝的史官。”

东汉的许慎在《说文解字》中说：“黄帝之史仓颉，见鸟兽蹄迒之迹，知分理之可相别异也，初造书契。”这句话深刻剖析，可以有如下几层意思：第一，仓颉生活在黄帝时代；第二，他的身份是史官；第三，书契是他创造的，书契是文字的另一种称呼；第四，他是从鸟兽的足迹纹理分析而创造书契的。

史书中记载，仓颉“四目重瞳”，说明这位圣人的观察力与众不同，特别厉害。正是因为仓颉具备了极强的观察力，使他从鸟兽的蹄印中受到启发，进而创造了汉字。而这也印证了汉字源于图画的说法。

当汉字被创造出来时，天地鬼神都震动了，故“天雨粟，鬼夜哭，龙为之潜藏”。

当然这只是一个神话传说。当文明处于发育期，先民们受制于认知的局限，总是将重大的发明创造或者先进的思想归结到某个神或圣人身上，简单来说，这些神或者圣人都只是时代文化的代表者。

抛开“仓颉造字”这一神话传说，汉字究竟在哪儿诞生？又是如何产生的呢?

（二）汉字是为了记录语言而创造于图画

我们都知道四大文明古国只有中国的汉字传承至今。另外三个文明古国：古埃及的象形文字、古巴比伦的楔形文字、古印度的哈拉巴文字只剩下只言片语的残存了，这些文字早已没有了传承，只是佐证着文字源于图画的学说。古印度哈拉巴文化留下的精美的印章文字由于无法破解，现如今只能当作图画来欣赏，失去了文字的意义。但把他们和中国的甲骨文字进行比对，明显地显示出它们是由图画演变而来的。这足以说明图画是文字之源了。（图1–1、1–2）

然而，为追求永恒而创造的文字，却如同远古人类一样弱不禁风。今天，四大文明创造和孕育的古文字，有三种都已被岁月的风尘所掩埋。也正是因为它们悲壮地消散在历史长河，所以它们更像一面镜子，彰显出汉字不同寻常的生命特质。

用画图的方法创造文字，称之为“表形”。由于是表形，所以当时写出来的字从形状上看几乎是差不多的。比如太阳都是圆的，只不过有些圆的写法不一样。而月亮基本上是“画”一个不圆的月亮。可是“人”字就不行了，写法有多种。（图1–3）

通过查阅考古的资料，对于汉字的起源地，除了大汶口文化、仰韶文化的黄河流域，也有良渚文化、大溪文化的长江流域。在这些文化遗址中所发现的史前陶器或者史前玉器身上刻画的符号，其实和后来甲骨文是可以联系起来的。（图1–4）

公元前5000年至前3000年，黄河中游地区出现了一种重要的新石器时代彩陶文化——仰韶文化，其位置大约分布在整个黄河中游，从今天的甘肃省到河南省之间。因1921年首次在河南省三门峡市渑池县仰韶村发现，故按照考古惯例而将此文化称之为仰韶文化。仰韶文化的代表以彩陶纹最为著名。

在1952年发现于陕西省西安市半坡村的陶器（距今6800—6300年）身上发现了二十二种符号（只是在半坡类型的陶器圜底钵口沿的宽带纹上，发现有二十多种不同的刻画符号），可能是一种原始文字。但这一时期约有2000年的跨度，这些纹样的陶罐其艺术造诣已经很高了，所以图画早于文字，文字源于绘画。

这时期的中国的图案（彩陶上的绘画）艺术已达到了登峰造极的美妙境界

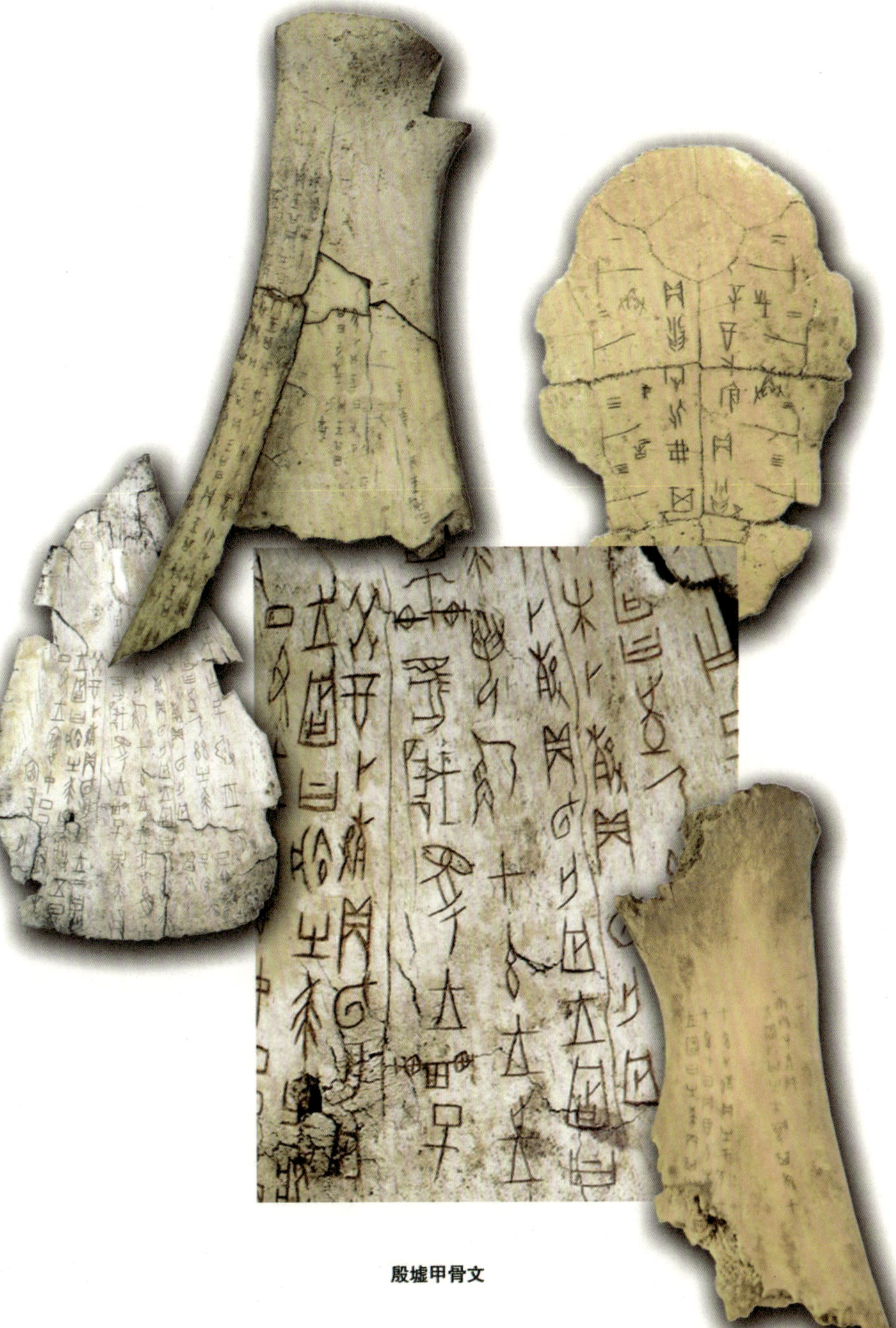

殷墟甲骨文

注：本图形由著者组合设计

图1-1　殷墟甲骨文

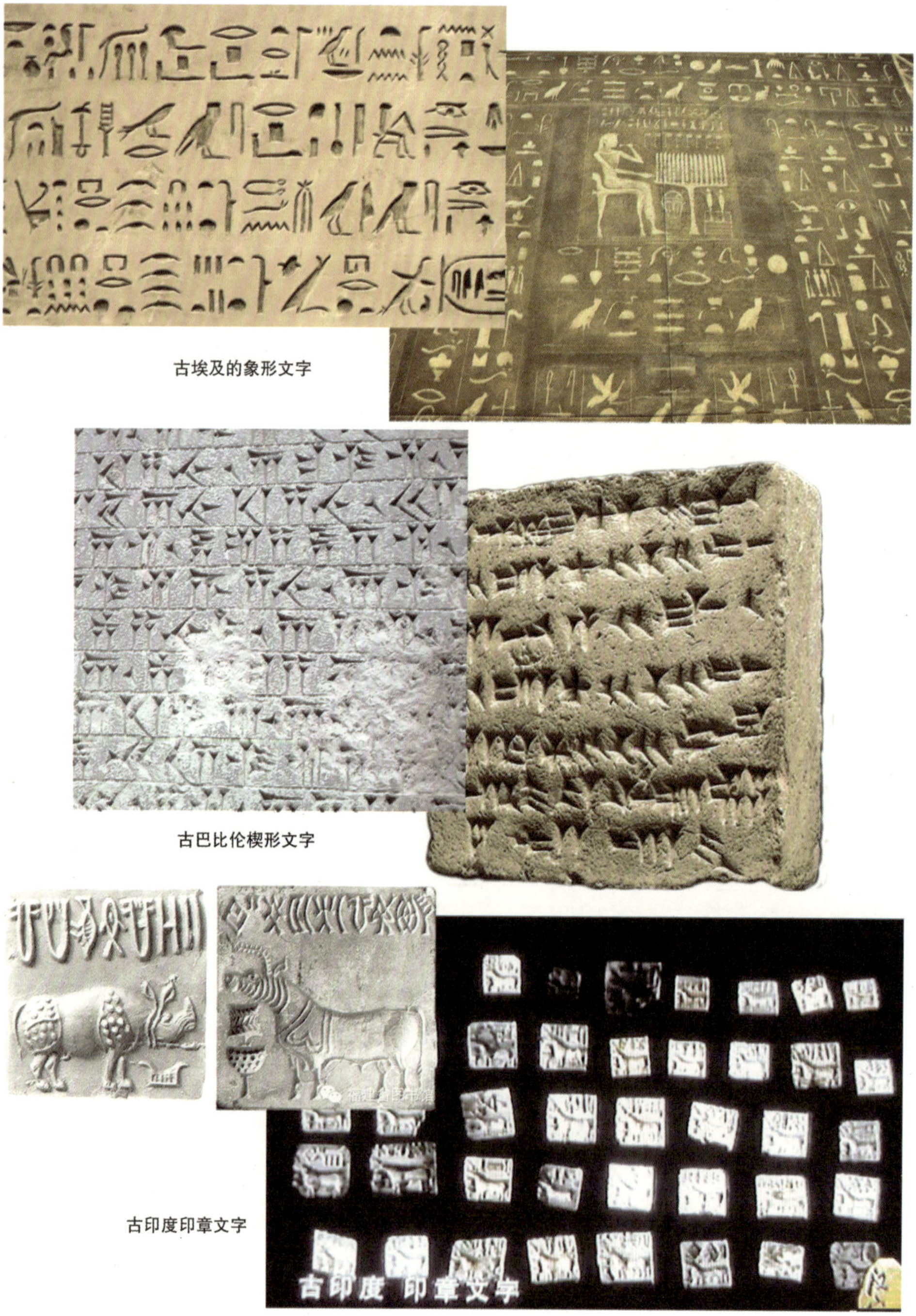

注：本图形由著者组合设计

图1–2　古埃及、古巴比伦、古印度文字

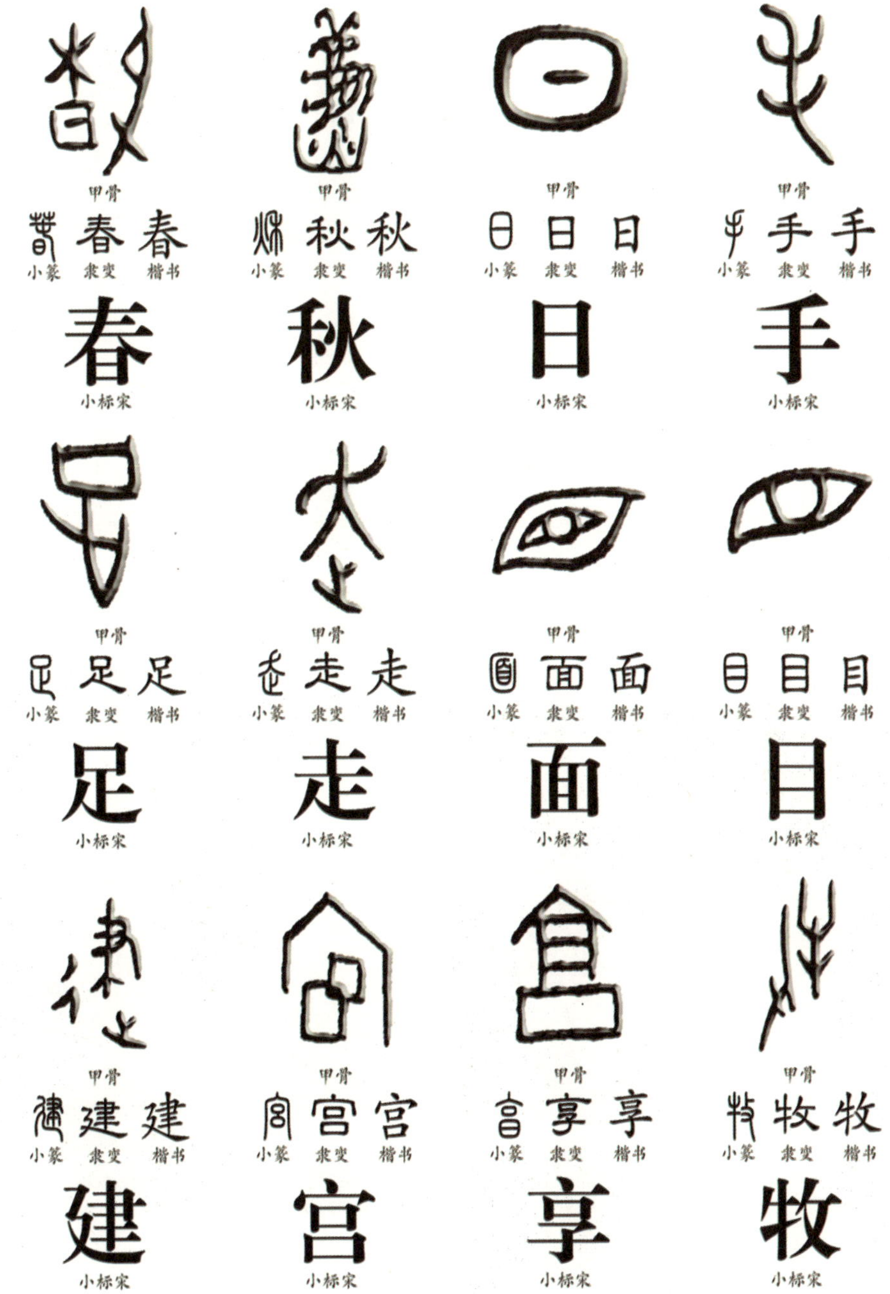

注：本图形由著者组合设计

图1-3 甲骨文到小标宋的演变过程

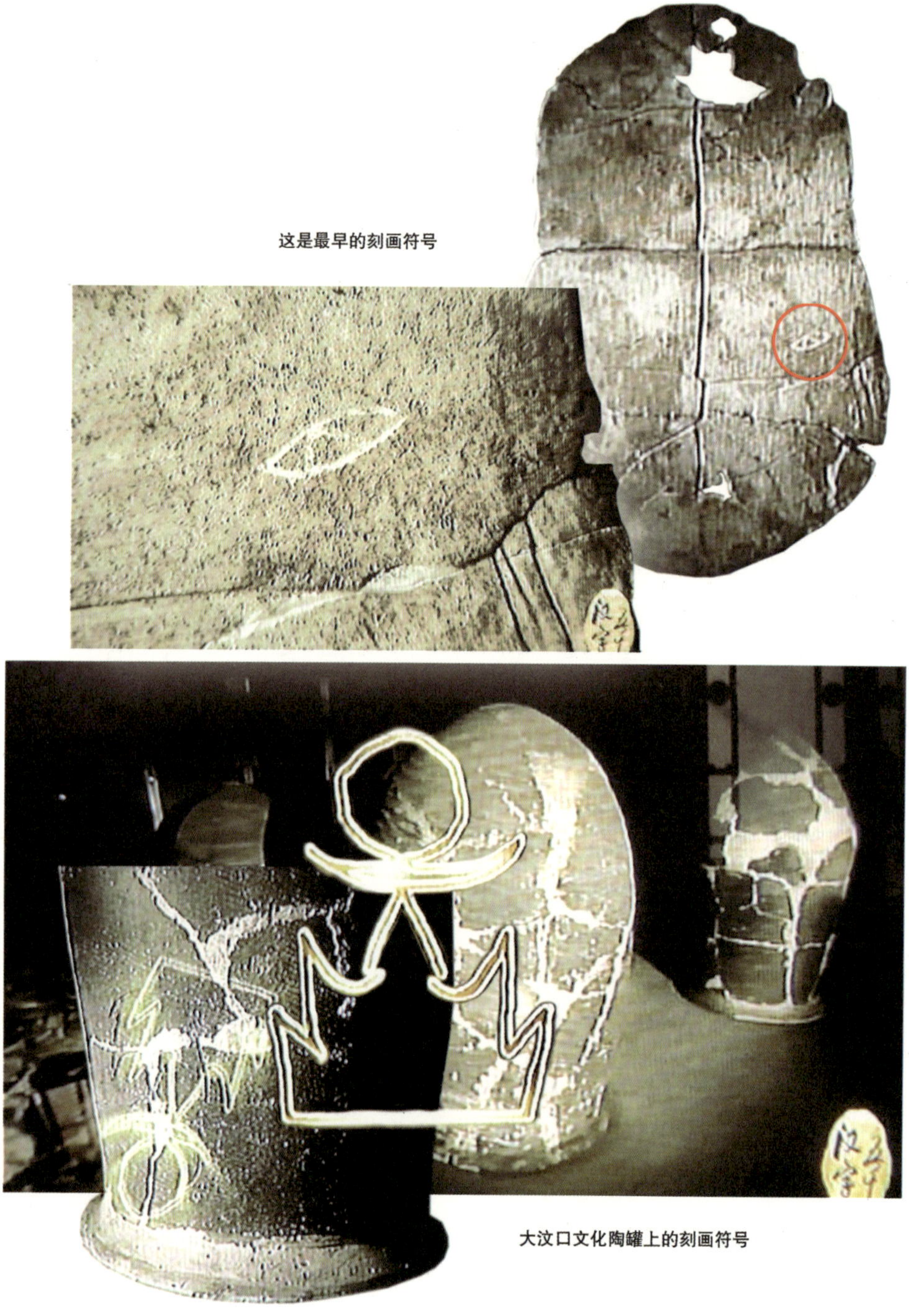

注：本图形由著者组合设计

图1-4　大汶口文化刻画符

了！图画表达人们的思想、生活已至臻完美，而同时期的文字还处于刻画阶段，疑似文字早期的源头。（图1–5、1–6）

殷墟甲骨文字是目前有文字记载历史的首端，距今3300年，那是我国的商周时期。之前的考古并没有发现带有系统文字的文物。

位于河南省的北端的安阳小屯村，洹水从村子的东北部流过。从1928年开始，原中央研究院历史语言所考古组，在小屯村先后进行过十五次考古发掘工作。

1936年3月12日，考古组原计划在这一天结束发掘工作，下午三点，工作人员王湘开始清理村北的一处灰坑。由于这个灰坑已经发掘过一次，原计划只是例行检查，当王湘将坑底的一层黄土铲去之后，看到很多甲骨密密麻麻地堆在一起，这一场景使他惊呆了。由于时间太过久远，龟甲和兽骨板结在一起，变成了一根高达两米，直径达一米，六吨多重的甲骨柱。64个杠夫用了两天时间，才将甲骨柱运到五公里外的安阳火车站。

中国社科院历史所研究员孟世凯回忆道："当时编号叫作127，后来就简称为127坑，在这里出土了一万七千多片甲骨。这个数字是后来到了南京以后，把它剥离出来以后才知道的。当时很惊奇，从殷墟发掘，1928年就开始调查，1929年春天正式发掘以来，十五次发掘，十三次发现了甲骨文，这次是数量最多的。"

一代又一代的考古学家，经过长达八十年的整理和辨识，终于将那消逝了三千多年的岁月复活了。

生活在商代的人们，每天都要迎着太阳出门，会很自然地联想到这个圆圆的"日"字，低头就能看见"手"和"脚"，从水中的倒影或铜镜中的影像也可以更容易地看到"面"和"目"。一只手握着笔站在大街旁，这就是甲骨文中的"建"字。这只手很可能属于一个正在规划大工程的建筑师，也许远处的那些"宫"殿，祭祀祖先的庙堂"享"，就是出自他的手笔。（图1–3）

现在，建筑师不得不从路中间让开，一个赶着牛的"牧"人走了过来，牧人的身后可能是一乘由四只手抬着的肩"舆"，拥挤的街道难免会发生冲撞和争执，也许就在街边上，两个披头散发的人扭打在一起，引起了一场不大不小的"斗"殴事件。夜晚，临街的两扇大门被轻轻地关上，每"户"的人都渐渐进入梦乡。银色的"月"光均匀地铺在陶制的圆"窗"之上。（图1–7）几乎每一个字都像一幅画，都是细腻的观察力和惊人的想象力凝结而成的果实，每个字都值得用画框镶起来存留观赏。这些美丽的文字是做什么用的呢？

这个时候的甲骨文已经是一种较为成熟的文字，而在此之前一定有一个漫长的发育过程。

注：本图形由著者组合设计

图1–5　涡纹和鱼的彩陶纹样

注：本图形由著者组合设计

图1-6　鱼和网的彩陶纹样

注：本图形由著者组合设计

图1-7　甲骨文到小标宋的演变过程

在山东省考古研究所，珍藏着几尊灰陶制成的、刻有神秘符号的酒器。它们烧制于五千多年前，公元1979年在山东境内的大汶口文化遗址出土。其中一只陶尊的腹部，有这样一幅画面：上面是太阳，下面是五座山峰连在一起，而中间部分的内容，目前却没有统一的看法：或是火焰，或是一弯明月，或是一只大鸟。尽管看法相同，但大家一致认为这幅画代表的应该是最古老的汉字之一。（图1–4）

李学勤曾说过："现在我们知道，它不但在山东莒县、诸城这些地方出现，它在南京也出现过，在安徽也出现过。而且同样的符号，在不同的文化里面也会出现，因为良渚文化，甚至在浙江，它也会出现。"

山东大学教授栾丰实表示："酒器刻画的这个图像，它所代表的含义，它所代表的精神方面的内容，在不同的族群和人群里面，大家都是知道的。所以我们认为，像它这种就可以叫文字。"

然而在1987年，有一次在淮河上游的贾湖遗址进行的考古发掘中，考古人员发现了一片龟甲刻有"眼睛"符号，却让看似清晰的汉字源头再次变得扑朔迷离!（图1–4这是最早的刻画符号）

中国科技大学科技史与科技考古系教授张居中在《汉字五千年》中曾这样说："这个眼睛的刻法，很像殷墟甲骨文里的'目'字的刻法。与殷墟甲骨文相比，这个符号更接近于写实。但是这个符号的出现，使我感到高兴异常，这是我亲手清洗整理出来的，可以说它是确凿无疑在龟甲上发现的最早刻画的符号。"

张居中教授回忆道："当时在17个器物上总共发现二十来个单体符号，其中龟甲上有九例，陶器上有两三例，石器上有两例，另外在骨器上也有几例。"

当时还在贾湖遗址中发现了1 000多粒稻，碳化稻。当时的贾湖人是以种植水稻为主的。由于农业生产的发展，人们必须想办法掌握天文气候的变化。而这些刻有符号的背甲和腹甲，中间装有小石子，是当时的一种占卜工具，和贾湖古人的原始信仰有关。以此推断，这和之前殷墟发现的甲骨文的用途是一致的，这些龟甲刻画符号也是文字。

张居中说："贾湖遗址总共进行了7次发掘工作，共发现了30多只骨笛，骨笛基本上是采用丹顶鹤的翅骨加工制作的。骨笛主要形式包括二孔、五孔、六孔、七孔和八孔。经过音乐家测音研究发现，这些设备具有完备的四声音阶、五声音阶、六声音阶和七声音阶。"这是迄今为止在世界范围内出土的符合音阶知识的最古老的管乐器。

骨笛和刻有符号的龟甲往往相伴出现，据专家们推测，它们可能是原始宗教仪式的用具。在悠远高亢的笛声中，通过占卜祈求上天和祖先的庇护。这说明贾湖人已经发展出相对复杂的宗教仪式。这无疑说明这些符号就是当时贾湖人占卜用的文字！那么比伊拉克南部发现的楔形文字——学术界公认最古老的文字，在时间上差不多要往前三千年。楔形文字被认为诞生于大约五千年前，而贾湖遗址则是大约八千年前的新石器时代遗址，在这样具有时间意义的遗址中出土出来的具有文字性质的符号，不仅汉字的起源需要重新审视，而且也会极大地影响着世界古文字的历史。

经过长达十多年的论证，最终在2003年的3月份，中国科技大学古文字研究组和美国布鲁克·海文国家实验室的哈勃特教授在国际考古文物界的权威刊物《古物》上发表了合作撰写的论文《最早的书写，中国河南贾湖遗址，公元前七世纪的符号使用》。文章一经发表，便引来了巨大的争论，争论直到今天仍在继续。而考古学家们也在继续探寻汉字的源头，从现有的考古资料来说，再一次证实了汉字源于绘画。

（三）汉字产生于对劳动的记录

中国是以农业为主的国家，自远古就是。所以它的许多文字与天、地、农耕劳作有关，与狩猎捕鱼有关。所以在甲骨文和金文中出现的象形文字很多都与田地、农耕有关。

前面介绍了仰韶文化以彩陶图案闻名，少许的刻画符号只能说明与器物描绘的生产劳动有关。仰韶文化主要分布在黄河中下游，主要以豫、陕、晋、甘为主，其中心区域是关中、豫西、晋南。仰韶文化又被称为新石器时代彩陶文化。

仰韶文化处于原始的锄耕农业阶段，当时的人们主要采用刀耕火种的方法，用土地轮休的方式进行耕作和劳动生产，生产力水平比较低下。仰韶文化的早期阶段被称为半坡类型。中晚期被称为庙底沟、大河村类型，这一时期从出土的石器看比早期的半坡类型有所进步，生产效率也有所提高。

仰韶文化的许多遗址的出土彩绘陶器上都有渔网的描画，可以看出当时各个部落的采集和渔猎经济占有比较重要的地位。在半坡类型的彩陶盆内，还有其他类型彩陶器皿上也常有鱼网纹和鱼纹，很明显这是对长期捕捞活动的真实写照。（图1–5、1–6）

仰韶文化磨制的石器已经比较发达了，除了常见的刀、斧以及纺织用的石纺轮，还有锛、凿、箭头等狩猎或生产工具。当时制作出来的骨器相当精致，农业也比较发达，人们开始种植粟和黍，并开始饲养猪和狗。作为早期文明，狩猎、捕鱼和采集仍然是主要社会生产活动。各种水器、甑、灶、鼎、碗、杯、盆、罐、瓮等日用陶器以细泥红陶和夹砂红褐陶为主，主要呈红色，多用手制法，用泥条盘成器形，然后将器壁拍平制造。在红陶器上出现的带有彩绘的几何形图案或动物形花纹，是仰韶文化的最明显特征，故也称彩陶文化。

仰韶文化出土的陶器，除了泥质红陶、夹砂红陶、泥质灰陶这些比较常见的之外，还包括一些泥质黑陶和夹砂灰陶器。半坡类型的陶器包括夹砂陶罐、小口尖底瓶、钵以及卷沿彩陶盆。这些陶器的表面大多以绳纹、线纹、锥刺纹、指甲纹和弦纹来装饰，而发现的彩绘图案主要是在钵的口沿外绘画了一圈紫色、红色宽带纹，或是盆的内外绘画人面、鱼、植物等象征生物的花纹和一些几何形图案。而在濮阳西水坡发现的用蚌壳摆出来的龙虎图案，是我国迄今所发现的最完整的原始时代龙虎形象。

后来出土的甲骨文字的鱼字、网字、鹿字、虎字、龙字，有些专家表示它们均脱颖于这些图案。（图1–7、1–8）

据甲骨文记载，三千年前的华夏先民使用的春秋二季，并不是现在的四季的节气。因为当时奉行春季播种，秋季收获，而冬天则包含在春天，夏天包含在秋天里。

金文中的“夏”字（图1–9a），一些文字学家分析觉得它的样子就像一个在田里光手光脚劳作的人，其本意是指当时生活在黄河流域等早期文明地区的居民有可能是以农耕见长的。而用“夏”字表示季节则是西周时期的事情。与今天相比，甲骨文“夏”字并非代表季节，“冬”字也只是代表事情的终结（图1–9b）。“冬”的样子就像绳索的两端都被打上结；终结的意思也就形象地表现出来了。而在西周时期的金文中，“日”字则是被包裹于绳索之中，阳光已经不再温暖，便是寒冷的冬天已经到来了（图1–9c）。从中也看出了汉字象形会意源于图画符号的演变。

古文字学家张颔在《汉字五千年》第四集中曾说过：“‘时具四季，简称春秋。’咱们是农业国家，春天祭祀就是希望好好地种下去，好好地生产。希望秋天获得很多，所以秋天也举行大的祭祀。冬天冷夏天热，一般就不愿意提了，所以一年就提春秋，不说冬夏。”

中国社会科学院历史所孟世凯研究员曾说过，与今天的12月纪年法不同，商代每年只有11个月。他们的春季应该是从第一年的11月到第二年的5月，秋季一般是从5月或6月，一直持续到11月，因为这段时间是先民们收获的季节。

商代的“金文”是与甲骨文同一时代出现的另一种文字，如果说甲骨文是用来与沟通的文字，那么铸造在青铜器上的金文，则是为了垂诸后世。（图1–10）

注：本图形由著者组合设计

图1-8　十二生肖甲骨文到小标宋的演变过程

注：本图形由著者组合设计

图1-9a　甲骨文“夏”字的演变过程

注：本图形由著者组合设计

图1-9b　甲骨文“冬”字的演变过程

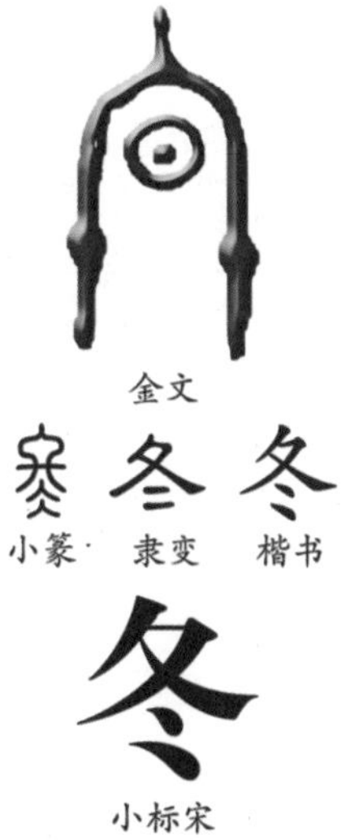

注：本图形由著者组合设计

图1-9c　甲骨文“冬”字的演变过程

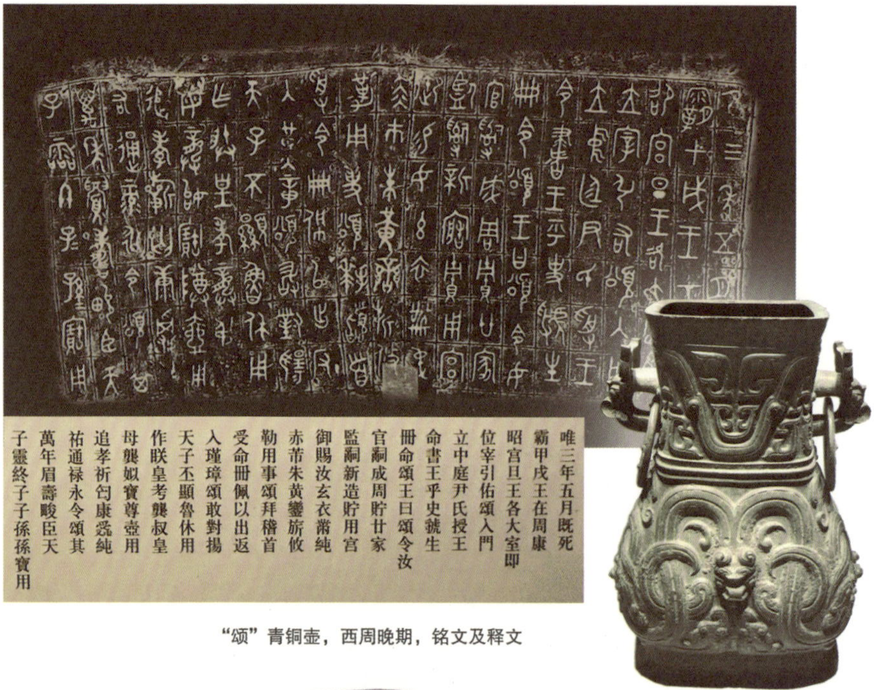

“颂”青铜壶，西周晚期，铭文及释文

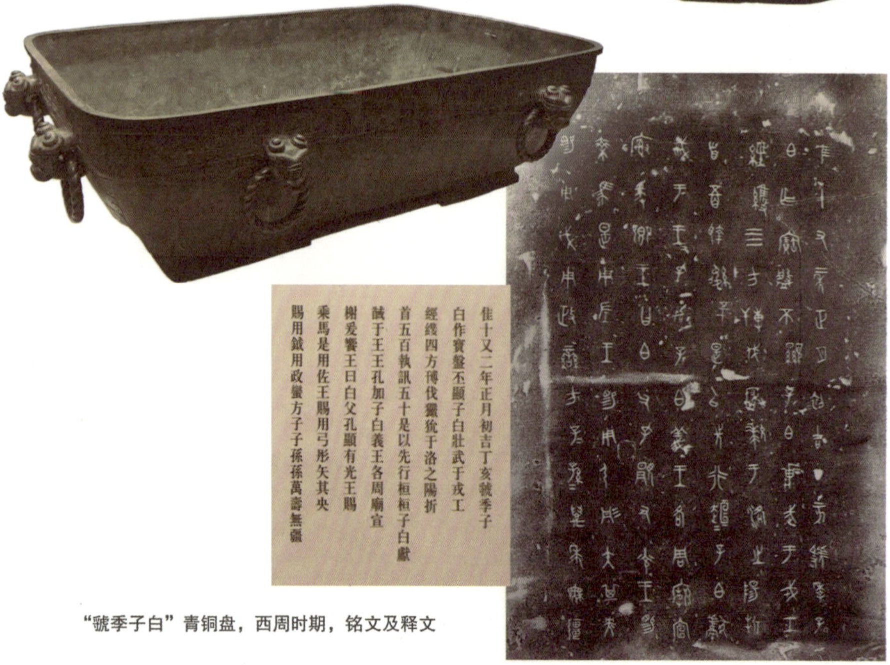

“虢季子白”青铜盘，西周时期，铭文及释文

注：本图形由著者组合设计

图1–10 青铜器汉字铭文

1978年在湖北随县发现的曾侯乙墓，总共出土了一百四十件青铜容器，六十五件青铜编钟（最出名的青铜编钟莫过于曾侯乙编钟），而青铜兵器数量巨大，达到了四千五百多件。工作人员粗略统计过，这些青铜器的总重量超过了十吨。

青铜的生产，需要用到铜矿和锡矿。铜矿和锡矿经过冶炼加工得到纯铜和纯锡，再按照一定的配比熔炼之后才能铸造出青铜。青铜器绝对是一个很贵重的东西，可以算作奢侈品，因此普通人的墓葬一般不会发现它的踪迹。

基于此，一些学者做出大胆推测，夏商都城搬迁频繁的主要原因为寻找铜矿石和锡矿石，并将湖北大冶铜绿山谷铜矿遗址作为支持此结论的有力证据。但是以当时的原始生产力水平，恐怕再也没有第二个国家，愿意消耗举国之力来铸造彰显他们尊贵身份的青铜礼器。这些王公贵族一定相信，铸造的这些青铜器，会将他们的记忆一代代流传下去，不管经历多少年，都可以让儿孙们发现他们的世界，探索他们的世界。

自然的血缘关系因为汉字而升级为神圣的仪式和信仰。也正是有了这样的仪式与信仰，才逐渐发展成最初的中国古文明，并最终发展成华夏民族文字的源头。

二、汉字与汉文化相辅相成

（一）文字的统一，汉文化魅力所在

汉字没有失去传承，北魏孝文帝功不可没。公元495年，孝文帝拓跋宏宣布“停止说鲜卑话，一律讲中原汉语的正音”。在此七个月后，又将皇族的拓跋姓氏改为汉姓元，并将鲜卑族的所有姓氏一律改为汉姓。

人类的高明之处就在于他有语言沟通的能力，要是都说一种语言，那他形成的智慧之力真的是能与天比肩的！说到这里插一则关于人类语言的神话故事。

《圣经·旧约》上说，人类的祖先最初讲的是同一种语言。因此交流起来没有障碍，干活也齐心协力，最终在两河流域诞生了繁华的巴比伦城。巴比伦城非常的繁华富有。为了能在世界上留下持久永恒的建筑，富有的城市管理者下定决心修建一座高塔，通过这座高塔，人们可以直达天上。通到天上之后，就可以与上帝一样高大、威严，人民就会更加的信服他们，进一步凸显出他们的强大。随着塔越建越高，都已经高耸入云了，上帝看到后显得又惊又怒：“我的威严岂是凡人可比拟的！”于是上帝就改变了他们的语言，让他们不能很好地沟通，也就限制

了他们的生产力。直到有一天，修建高塔的工人发现同其他人已经不能保持顺畅的沟通了，最终高塔也就被迫停工，直至荒废。

由于孝文帝是一个高明的政治家，能够提前认识到如果不适应农耕文明，不进行改革的话，肯定不能长久地统治国家和人民，而更严重的是，鲜卑族没有文字，最终会被历史淘汰，所以除了适应农耕文明外，还应去沿用汉族的文字。

在孝文帝之前，秦始皇也有两件事对后世影响深远，一个是修筑了万里长城，另一个就是书同文，也就是统一了文字。文字统一之后，就有了一个整体表意系统，这个表意系统让汉字一直延续和发展，到现在仍然经久不衰。尽管语言的发展由于各种原因形成了例如广东、福建、四川等许多方言，有些方言甚至很复杂，但是因为汉字的存在，让我们有共同的主流文化，并将这种文化不断地延续下来。

汉字的统一也离不开商鞅和李斯。商鞅变法后秦国开始积攒力量，最终让秦王嬴政并吞六国，一统江山，为汉字的统一提供了一个稳定的政治环境。而李斯则奉旨去整理战国时期其他国家的文字，“罢其不与秦文合者”，统一文字为小篆。

北京师范大学文学院教授赵平安曾说过：“第一个方面，对于原来单字也好，合字体也好，对它们的写法进行规范，也就是把它们的写法固定下来；第二方面，把每一个字的字式固定下来，也就是一个字是左右结构，还是上下结构，把它统一起来；第三方面，改变某些字和词的配置关系。通过这三方面的工作，小篆就成了一种更加严密的文字系统。”

公元前223年，在一份秦始皇昭告天下的告示中，提出了“书同文字”，这是将“文”与“字”首次合成一个词。自此“文字”一词开始在汉字的长河中出现。虽然在语言发展过程中出现了几百种不同的方言还有子方言，但他们读的是一样的书，写的是一样的字，吸收的是一样的文化，学习的是一样的历史经验。

因为文字的统一，不同的族群汇聚成了一个大民族团体。岁月变迁，朝代交替，天下分分合合，汉字的形态也一直在发生变化。但是“书”必同“文”这一根本原则，却从未改变过。

泰山刻石上面的小篆，据说是出自李斯的手笔。虽然历经了两千多年的严寒酷暑，日晒雨淋，碑面已经残缺，但残石上的笔画，依然让我们觉得端庄，感到亲切！（图1–11）

小篆是承继甲骨、金文的象形文字发展演变而来的。很多文字是表形的，这导致书写起来繁琐费事。大道至简，小篆在诞生的那一刻，也注定了将来会被更简单的文字取代。（图1–12）

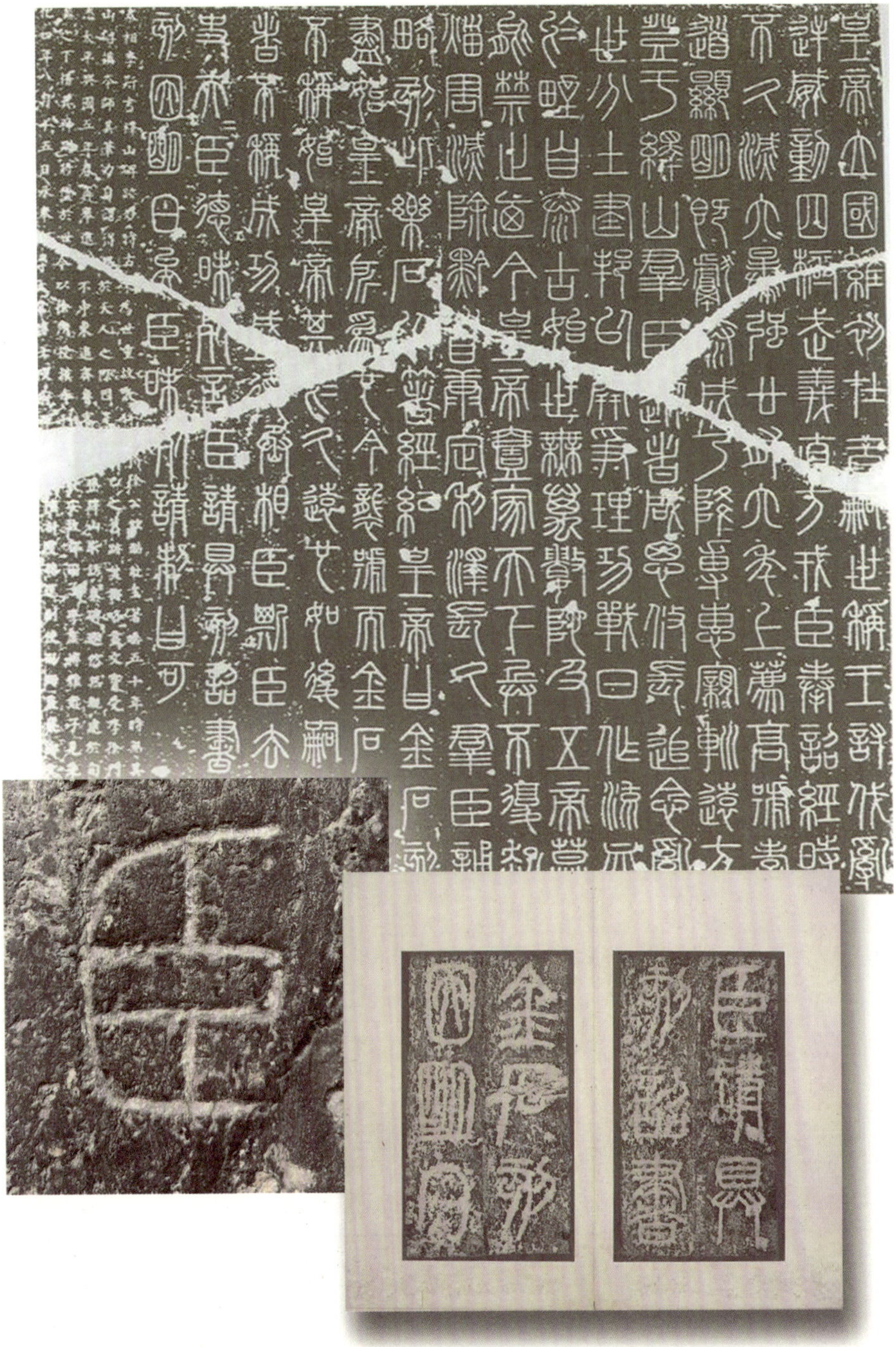

注：本图形由著者组合设计

图1–11　泰山刻石

注：本图形由著者组合设计

图1-12 泰山刻石

（二）书写快捷是汉字传承的不二法门

陕西师范大学汉学院教授赵学清曾说过：人们使用文字的时候，是想文字简单易写，方便快捷，而小篆书写费时间，显然不具备这样的特点。

北京师范大学文学院教授王宁则举了一个更直观的例子："本来想写一个马字，最后变成我画了一匹马，我想写一个凤凰，最后连它头上的冠，身上的翅膀，全身的羽毛，甚至是脚，都得明明白白画出来，一天根本写不了几个字。所以汉字在发展过程中间，它就出现两个系统。"

尽管小篆为秦王朝的标准字体，但曲线多，写字像画画一样，要想写好更需要长时间的练习，而秦朝官员大部分都是通过军功获取官位，写字本来就不擅长。加上秦朝刚刚一统天下，来往文书数量庞大。最后，一些下级官员便开始简化小篆，随着时间的推移，形成了一种新的字体——"隶书"。这个过程在汉字发展史上被称作"隶变"。秦代也被文字界公认为是古今汉字的分水岭。

首都师范大学文学院教授黄天树说过："隶书之前的文字，基本上保持了象形原则，也因为如此，字体比较接近，辨识度相对较低。但是经过隶变，这个根本原则基本上就被抛弃了。通过解散篆体，抛弃了原来'随体诘诎，画成其物'的这种手法，反而把汉字变成了一横一竖，一撇一捺，变成笔画化。另外，由图形文字变成了方块汉字。"（图1–13）

昙花一现的秦朝很快就被汉朝取代，汉朝的人们将前朝略显粗糙的秦隶经过提升，逐渐展现出了汉字应有的庄重和气度。到汉武帝时，隶书已经完全发展成熟，文字也由最初几个孤孤单单的契刻符号，变成了一个丰富的大家族。由于文字越来越多，最终出现了一个不可避免的问题——汉字是靠不同的字形来区别字义的，新文字越来越多，如何将无限增长的汉字区别开来呢？

东汉永元十二年（公元100年），在河南漯河一个叫许庄村的小村子里，许慎撰写了一部关于汉字的书，这本书叫《说文解字》。

要说到《说文解字》的历史地位，可以采用首都师范大学文学院教授黄天树曾说过的一句话："《说文解字》是中国第一部正式的字典。原来的汉字可以说是一盘散沙，而许慎分析了汉字的字形结构，经过整理，把一万多个汉字进行分类，归纳到五百四十个部首的下面，这是前所未有的成绩，此书一出，整个中国汉字就可以检索了。"（图1–14）

部首的整理使识别汉字变得简单，因为所有的汉字都可以通过拆分找到基础造字部件，只要掌握了基础的造字部件，也就相当于可以记忆所有汉字。一直到

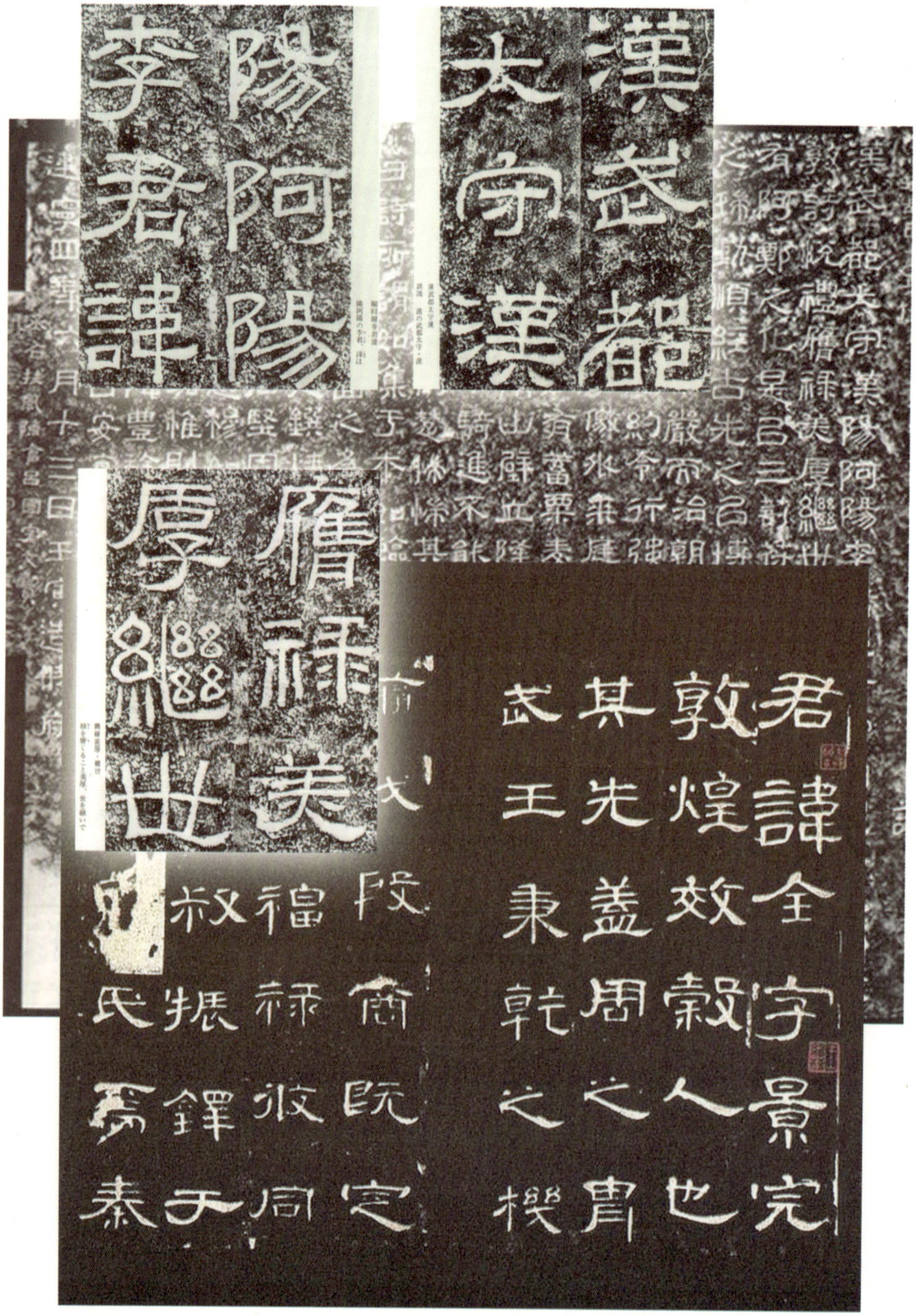

注：本图形由著者组合设计

图1-13　汉隶刻石

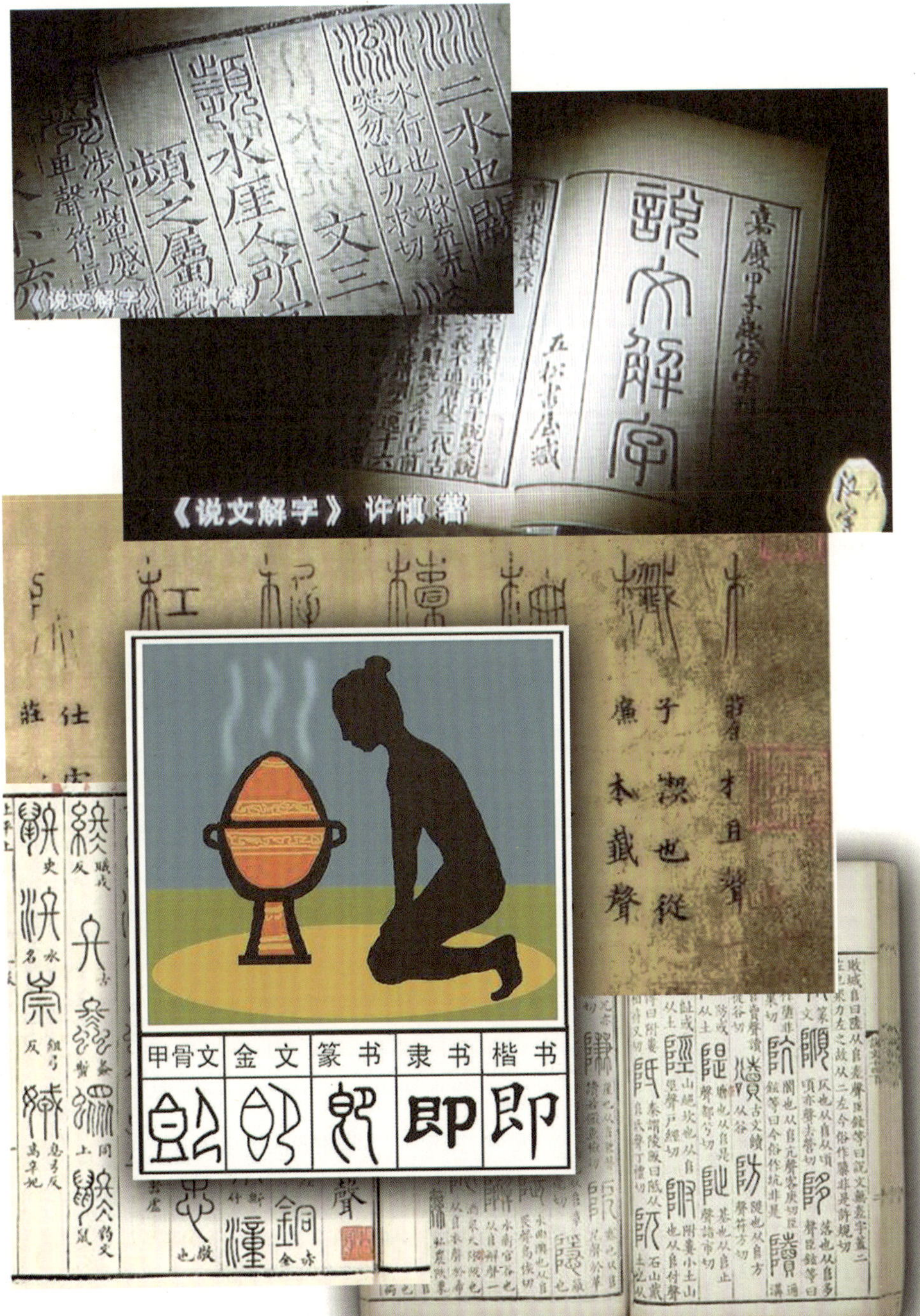

注：本图形由著者组合设计

图1–14　说文解字

今天，汉字的偏旁部首检索仍然承袭着许慎发明的方法。

（三）唐代楷书奠定了宋体美术字的今天

东晋王羲之的一件《兰亭集序》让唐太宗李世民无法割舍，王羲之也就此被推上了“书圣”这一至高位置。但如果只是依靠政治追捧，王羲之绝不可能千百年来一直稳坐“书圣”宝座，太宗皇帝也不可能开创出举世闻名、千古流传的大唐盛世。后人对于王羲之的《兰亭集序》评价极高，从最开始的“永”字到最后的“文”字，一气呵成，不粘不脱，既有人心之美，又兼具自然之美，真正达到了“尽善尽美”。

在唐太宗李世民的积极倡导下，中国书法将“中和之道”的内涵发扬光大，在探索黑与白、虚与实、动与静的平衡点与对立点时，逐渐有了中国书法独特的审美坐标，这种坐标为每一种字体都设置了一种必须遵循的“法帖”，这个法帖规范着人们的书写习惯，只有符合规范，才能通过科举考试并顺利进入仕途。通过规范书法，知识分子的思想被唐朝的统治者牢牢地与儒家的“中和之道”绑定到一起，其影响深远。时至今日，只要想学毛笔字，首要就是身正、笔正、纸正，在学习楷书的时候，仍要一笔一画地临摹这些流传了上千年的法帖。

唐朝的汉字是如何成为书法殿堂的坐标呢？

公元783年正月的长安，气氛紧张，李希烈拥兵自重，其军队势如破竹，在攻陷汝州后，军队已经直逼长安城。此时的唐王朝，刚经历安史之乱，元气大伤，完全没有退敌的底气，统治者所希望的唯有和平谈判了，但是满朝文武，又有谁能堪此大任呢？掌权的大臣们只能向皇帝建议，派鲁郡开国公颜真卿前往敌营。

其实颜家在“安史之乱”中也受到了巨大打击，当时颜真卿与他的兄弟在平原郡一起抗击“安史之乱”，最后全家有三十多口人战死沙场，代价极其惨重。但是颜家世代坚守儒学传统，受儒家思想的影响非常深，因此当被群臣建议前往进行和平谈判的时候，颜真卿是不会选择其他道路的。这个唐代伟大的书法家，历经坎坷，最终仍未能完成使命，被叛军杀害。但他用威武不屈的气节，书写了生命中最后的一撇一捺。颜真卿这种气节也代表着中国书法的灵魂，指引着一代又一代读书人，用毕生精力，甚至生命去钻研书法，此过程除了打磨了技巧，更修炼提高了读书人的人格。

颜真卿既是大书法家，又是大政治家，对于国家的统一做出了巨大贡献。颜真卿把自己的书法，融入他的政治生涯和文化生涯中，创造了气势磅礴的“颜体”。“颜体”结构严谨，间架适度，因此写出来的字很壮美，而学习“颜体”的人，很容易将字写大，展现出一种壮美的气势。

“法”就是楷模，就是标本。现在的照排字体大标宋、小标宋就是脱颖于颜体标本。（图1–15）

自唐代之后，书法的要求便是“抄”，老老实实地模仿比任何形式的创造都显得重要。图1–16其实就是现在印刷字体的前身了！后来形成了馆阁体，天下学子必写的一种标准书体。印刷术的普遍兴起之后，印刷字体取代了这种天下雷同的馆阁体，使书法和美术字彻底形成了纯艺术和实用美术的两个领域。

书法讲求个性，讲求继承与发展，形成自身的风格。印刷字体（美术字）讲的是整齐公信的美、普世的美，讲的是秩序与重复的节奏美。造字成本低、易排版、易传播，广泛性好；易识别，是当今及今后重要的宣传媒介。

印刷技术成熟的今天，尤其是数字阅读的蓬勃发展，印刷字体的发展变化也是有目共睹的，但针对书皮和内文来说，唐楷演变过来的宋体美术字的普世审美地位，还是举足轻重的。设计者需要考虑的是整体空间的变化和主次虚实的统一，达到大众化的独特审美。

三、汉字印刷体在伟人著作中的成功应用

（一）活字印刷的创造，印刷字体步入了实用美术的殿堂

从唐朝开始，要想科举入仕，必先“书”之有形，书写与仕途挂钩；到了宋代，衣食无忧的士大夫们，正在以笔为犁，以纸为田，日复一日地辛勤耕耘着；而明代，书法发展得更加极致，朝廷强调“馆阁”书法……

书法艺术，在中国已有千年历史，但在这千年历史长河中，仕子们的心里除了十年寒窗、科举入仕、光大门楣、出人头地、让祖上沾光，恐怕从没想过要去成为一个书法家，因为他们只是将书法作为一个入仕的重要的敲门砖。

而到了清朝，考生练字首先需要记住的是——“黑、大、圆、光”的“馆阁体”的四字要求。甚至当时有学者评价，“馆阁体”的出现，基本导致了每个人的书写风格几乎雷同。

而宋代活字印刷术的发明，以致印刷业蓬勃发展，印刷字体取代了馆阁体，适应了大量印刷出版的要求。中国书法由纯艺术演变到实用美术的领域，是书籍装帧不可或缺的重要视觉形式，这种规范与秩序的美为广大受众所接受。中国汉字的书写已成为书法家研究的专业领域了。

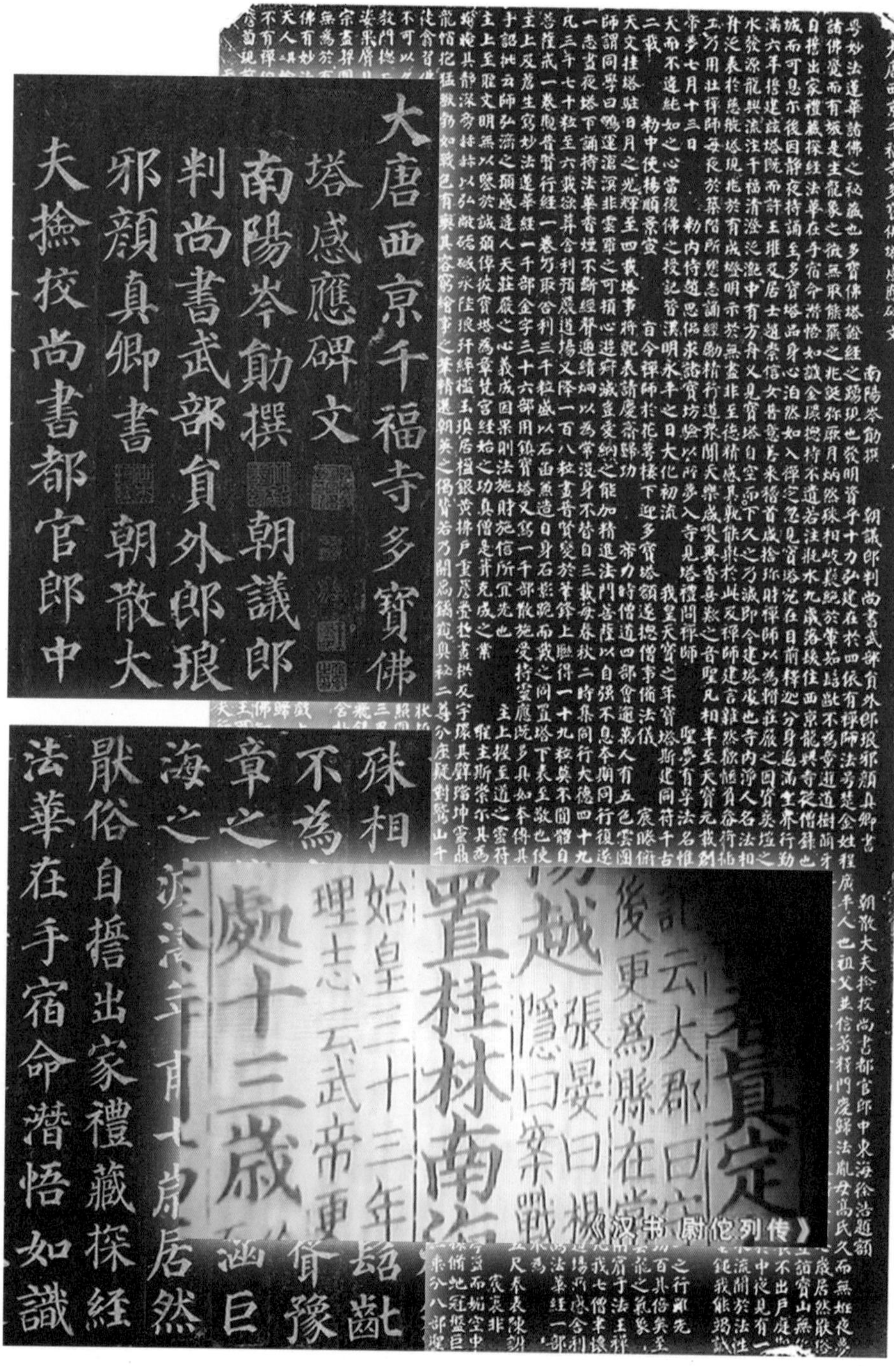

注：本图形由著者组合设计

图1–15　颜真卿《多宝塔碑》小标宋渊源所在

注：本图形由著者组合设计

图1–16　活字印刷术工艺展示

说了这么多，无非就是告诉大家，中国汉字来源于绘画，从象形文字演变而来，经过甲骨、金文、小篆、汉隶、楷书的不断简化，到新中国成立后的简化字的推广，横、竖、撇、捺、点、钩的结构空间，使汉字更美了，表形、表意也很到位。在封面书名（刊名）中，伟人著作、学术论著没有多余的图形来烘托造势的，一律采用汉字本身来表现，既简洁大方又庄重好看，既降低了成本，又视觉效果清新。

（二）伟人著作之整体设计是学术期刊的范本

纵观伟人著作封面设计的历史视觉，都属于这种突出中国汉字之美的文字型封面设计。以书名文字的书写或设计为封面创意的表现形式，书名的思想内涵构成封面的视觉中心。书名为手写宋体字为多，如图1–18的第一本书的封面，只有“毛泽东”三字为书法签名，其余都是宋体美术字。字体设计不宜呈现个性化过强、难以辨识的形态，以保证大众视觉的辨识度。有的加个红五角星标识，代表革命著作、红色政权的寓意；有的加上著者的伟人头像，黑白版画木刻，增加书皮的设计档次，与现在的起鼓鎏金一样，均体现出一种低调的奢华。突出标题文字就是突出内容主题，突出中国特有的方块汉字之美，是我们的优势，也是我们的长项，一定要继承发展。

（三）伟人著作的封面设计格局

1. 横向型 即标题从左至右横排，可置于封面的上半部分，也可出现在下半部分，标题以外的其他文字均采用这种走向。（图1–17、1–18）

图1–17 标题左右横排型

图1-18 书名横排上下型

2. 纵向型 即标题纵向自上而下书写，其纵行可从左至右位于封面右端，顺应标题的走向，作者名、出版社名等信息也可纵向排列。也叫左右格局，书名通常纵向排列，无论切口在左或右，书名通常在居中偏离切口，靠近订口的位置。以文字和色彩为主要视觉元素。（图1–19）

3. 上中下型 即将封面重要的信息——书名居中，将相关图像（矢量图片、数码照片），出版社名称等编排在书名的上下位置。（图1–20）

4. 点块型 即将书名以边框、色块等形式组成独立的视觉区域。点块型书名将文字转换为更具有设计性、图像性的视觉元素，书名形式更突出。（图1–21）

5. 框式型 即运用色彩和图形将图书封面装饰为边框的形式，书名、图像等主要视觉元素集中在边框内，突出书名的视觉效果。框式格局的视觉集中在封面中部，易产生视觉重点。（图1–22）

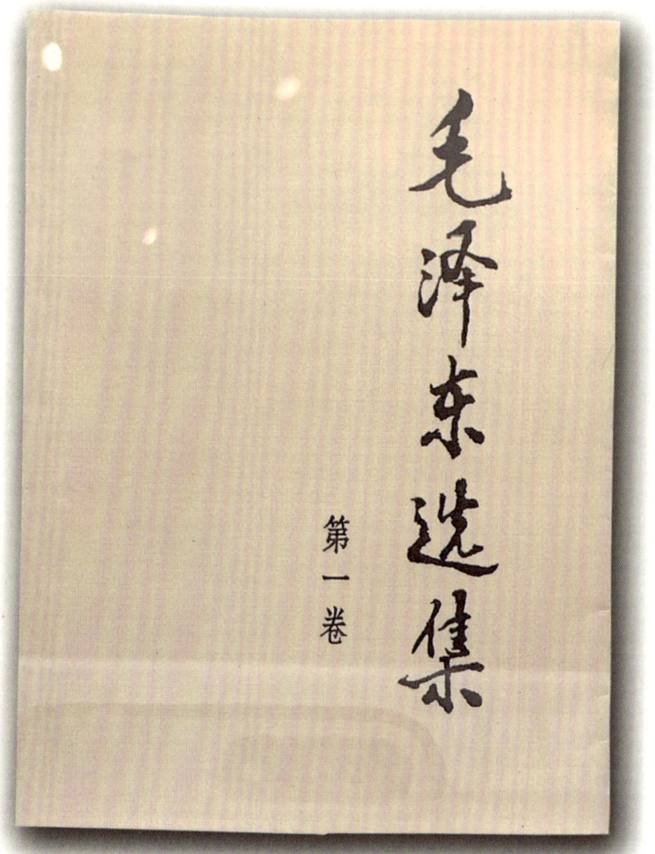

图1–19 标题上下竖排型

1949—2019
新中国
砥砺奋进的七十年
（手绘插图本）
张士义——著
人民东方出版传媒
东方出版社
中国共产党
党员权利保障条例
中国方正出版社
结构性改革
中国经济的问题与对策
黄奇帆◎著
推动生财型、聚财型、资源优化配置型改革
以供给侧结构性改革新成效激发增长新动能
释放中国经济改革新红利
中信出版集团
中国社会科学院历史研究所
《简明中国历史知识手册》编写组编写
简明中国历史
知识手册
中国社会科学出版社

图1-20　标题上中下型

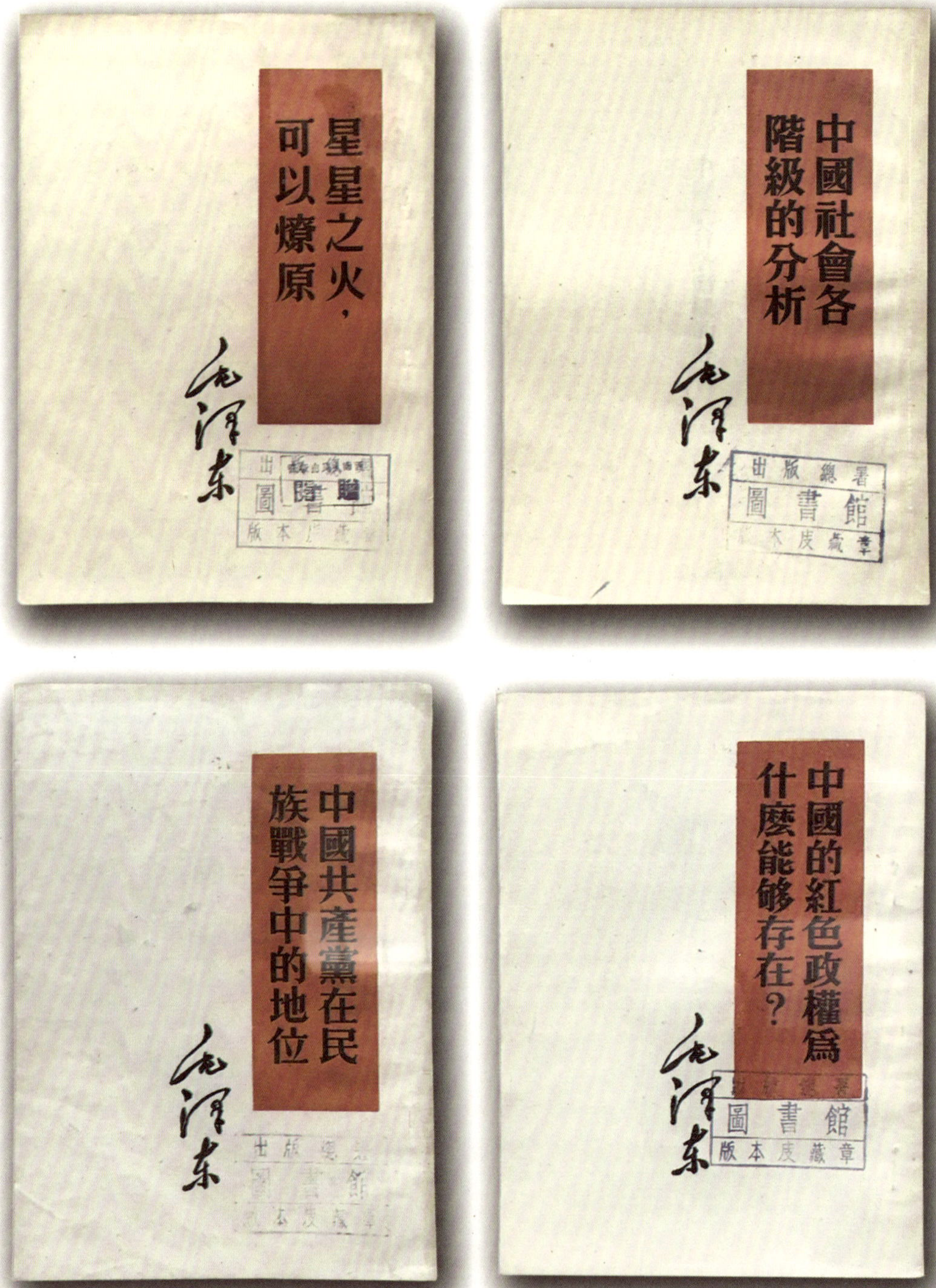
星星之火，
可以燎原
中國社會各
階級的分析
出版總署
圖書館
中國共產黨在民
族戰爭中的地位
中國的紅色政權爲
什麼能夠存在？
圖書館
版本庋藏章

图1–21　标题点块型

图1-22　书名横排框式型

6. 一体型 即对封面格局不做线形分割，而是作为整体进行创意设计，书名与封面创意结合在一起。一体型格局需考虑图形的特点及与矩形版面、书名等信息的结合。图片型封面设计：以图片信息直观地表现图书的内容、背景、意境等主体信息的设计类型。

常用的图片类型包括人物、事件、场景、静物、历史资料等，以摄影图片为主，有时采用电脑合成图片、手绘图等，使用图片的形式可为单张图片或多张图片的组合。（图1–23）

我刊的定位就是以简洁大气突出汉字的本身之美，与时俱进，为学术期刊做出表率。

图1–23 封面字图一体型

小结

人类是先有语言后有文字，先有图画后有文字，先有版式后有图书，先有图书后有杂志。从今天发现的考古文物资料来看是这个先后顺序。

人类最早的文字就是图画。从甲骨文到宋体美术字，中国汉字是表形表意的，每一个中国字都很美，寓意、象征俱佳。放在一起，只有字题画，没有画释文，图画书是给小孩子看的，因为图画产生文字，图画没有种族国界，是孩提时代的表达。一般学术论著或期刊不用配图，有图也是技术插图。

以前，封面文字都是设计者手工书写的宋体美术字，没有现在激光照排的千篇一律（规范）。现在方正字库的宋体美术字就不下十几种，比较先后最合适论文表现的，无论是封面字体还是内文字体，当以方正书宋或方正宋三最为合适。标题一般用黑体，要是用宋体，主要也是小标宋，报纸头条有时用到大标宋。因为这些美术字（中国汉字）本身就很美了，所以无需创意图片和内文插图来诠释整体内容，那样会有画蛇添足之感，反而降低了学术论文的本身地位。

伟人著作的封面设计，是以书名文字的书写或设计为封面创意的表现形式，书名的思想内涵构成了封面的视觉中心。其突出汉字本身的美，或再施以简洁的装饰点缀，使封面主题突出，形式引人入胜。

文化贵有源流。伟人著作经典版本的恒久魅力，给我们学术期刊的整体设计打了一个经典的样本。

参考文献：

[1] 大型人文纪录片《汉字五千年》第一集至第八集视频解说词.

[2] 说词解字辞书研究中心. 图说汉字：讲述汉字的故事[M]. 北京：华语教学出版社，2019.

[3] 满都拉. 美术编辑工作指南[M]. 北京：清华大学出版社，2012.

第二节 舒适和谐的内页版式

舒适，顾名思义，给人以安乐、舒服的感觉。安乐，安全、高兴、痛快、惬意等美好的感觉。和谐，泛指一切事物配合得当，例如：音调和谐、图画的色彩和谐、相处的气氛和谐、版式的各个要素和谐等等。期刊内文版式要想达到舒适和谐的设计效果，必须知道期刊版式设计的基础要求。

一、版式设计的基础要求

版式是版面的形式，内容是文字，形式与内容是要完美统一的，也可以说形式与内容相得益彰组成一个协调的整体。

（一）版式设计（学术期刊的版式设计）

版式设计是指在既定的开本上，通过将刊物的内容结构、图表、脚注、参考文献等方面进行分层次、虚实地做艺术又科学的编排处理，使刊物各空间元素达到协调美观的效果，读者看后有赏心悦目的感觉。

1. 栏目设定美观大方且需规格统一，讲求栏目变化。在多页面的杂志中，搭配协调、层次分明、连续性强。

2. 虽然要充分合理地利用版面，保证信息的时效性与广博性，尽量为读者增加信息量，但是不能让人有版面拥挤的感觉，观感上要舒朗、宽松、清秀。

3. 为读者提供阅读的舒适度。一定范围内的字体字号和编排形式的变换，可以有效缓解读者的视觉疲劳感。

4. 充分发挥排版软件的智能化功能，设计上做到简洁易排，精研软件操作，把编辑中易出现的常规问题消灭在排版环节中，方便校对、审读工作的把关，也为核红、付印赢得效率。

5. 要保持刊物连续性的设计风格。版式需要在保证学术期刊的基本特色的前提下进行调整，这样版式有变化，既不呆板，又不至于变化太多，失去辨识度和风格特征；除此之外需防止形式影响文字内容，禁止出现喧宾夺主的现象。

（二）版式设计的十三种基本形式

这十三种基本形式在学术期刊中大多数都用不上，但作为艺术修养你需要了解。

1. 骨骼型

骨骼型（即传统的网格设计）是一种规范的分割方法（老三样新的叫法：通栏、双栏、三栏。四栏是在2000年前，时兴大十六开本之后有的。学术期刊很少用三栏，侧重社会效益的学术期刊，多采用五号或小四号字体，通栏的排法）。

骨骼型设计还运用一些诸如比例、方向、对称、均衡、空白、对比、分割等艺术规律，来得到预想的设计效果。之后细分出古典式、网格式（骨架式）等十余种版式设计形式，自由格式也是传统的设计形式。建筑艺术对其风格的形成产生了深刻影响。它同时也将数学的比例（如黄金比例）等内容融入其中。使其具有紧密连贯、结构严谨的明显特点。

骨骼型设计比较常见，如书刊的常用风格和分栏的设计。

骨骼型的设计风格主要包括竖向通栏、双栏、三栏、四栏（横排文字）和横向通栏、双栏、三栏和四栏（竖排文字）等。一般情况下竖向分栏使用风味广泛。在图表编排上需要严格按照比例进行编排配置，从而呈现出严谨、和谐、理性的美。在此传统的分栏（骨骼）基础上，经过现代发展变化后的版式，除了具有理性、条理的特点，更兼具活泼和弹性的特点。（图1–24）

2. 满版型

以图像充满整个版面，通过图像将诉求直观地强烈地传递给读者。文字与图像完美结合在一起，使其看起来大方、舒展，商业广告一般都选择此种风格。（图1–25）

3. 上下分割型

整个版面分为上下两个部分，在两部分分别放置文字和图片。图片内容感性有活力，文案内容理性而静止。整个版面还可以根据具体的需要增加图片的数量。（图1–26）

通栏式

双栏式

三栏式

四栏式

注：通栏、双栏、三栏、四栏版式均包含在“骨骼型”里面。

图1–24　版式十三型之一：骨骼型

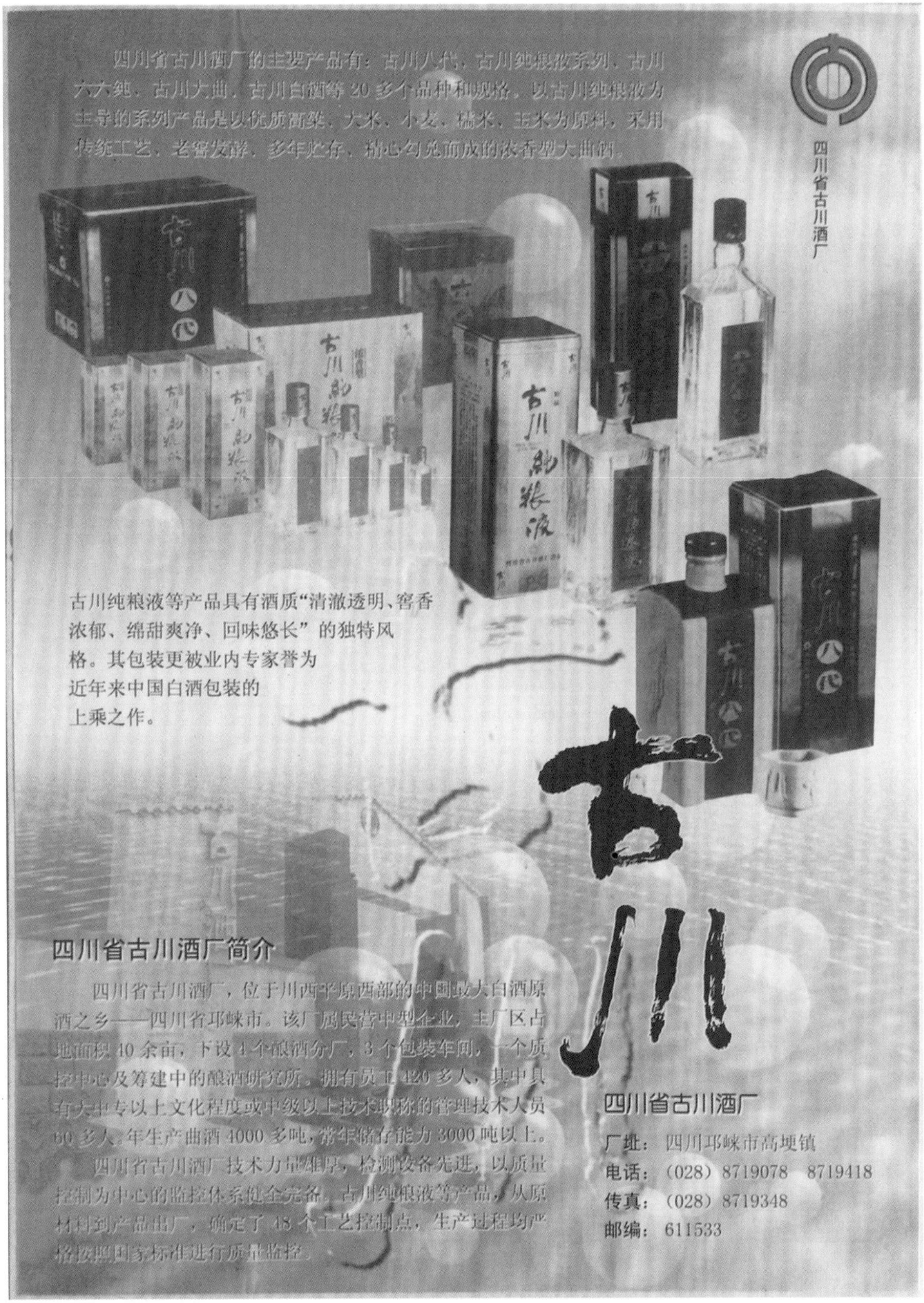

注：本广告由著者设计

图1-25　版式十三型之二：满版型

（资料来源：《中国税务》2000年12期.P53.）

注：本广告由著者设计，中国国际税收咨询公司标识亦由著者设计

图1-26　版式十三型之三：上下分割型

（资料来源：《涉外税务》2010年1期.封底。）

4. 左右分割型

与上下分割型类似，主要是将版面进行左右分割，在合适位置配置文案。设计时，需要注意视觉习惯，尽量避免因为内容的强弱对比造成阅者不舒服的视觉心理，因此有时候呈现效果反而弱于上下分割型。不过，使用虚化分割线、左右重复或穿插文字等一些好的处理方法，也可以让最终效果变得和谐。（图1–27）

5. 中轴型

以水平或者垂直的方式配置图片，同时以上下或左右的方式配置文案。在视觉呈现上，水平版面能带给人们稳定、安静、平和与含蓄，而垂直版面则给人以强烈的动感。（图1–28）

6. 曲线型

根据需要，用曲线来编排图片或文字，产生一种唯美和谐的节奏和韵律。（图1–29）

7. 倾斜型

在版面上将内容做倾斜编排，版面呈现出的不稳定因素带给人强烈的动感，往往更加引人注目。（图1–30）

8. 对称型

这是现代比较常用的版式形式，作为典雅、均衡、对称的古典版式，对称型版式呈现出来的都是稳定、庄重和理性的效果。在排版时以订口为轴心，左右两面对称，字据、行距具有统一尺寸标准，页眉、页脚、留白的搭配比例关系组成一个保护性框子，文字、油墨与版心内的图片的颜色关系都做出了非常严格的要求。有时候也使用相对对称的方式来规避过于严谨的情况。大部分情况下会采用左右对称来排版。（图1–31）

9. 中心型

中心型有三种概念。除了轮廓分明的独立形象以外，还有向心型跟离心型的设计风格。这种设计通常会传递强烈且突出的感官效果。（图1–32）

注：本广告由著者设计

图1-27　版式十三型之四：左右分割型

（资料来源：《中国税务》2001年3期.封底。）

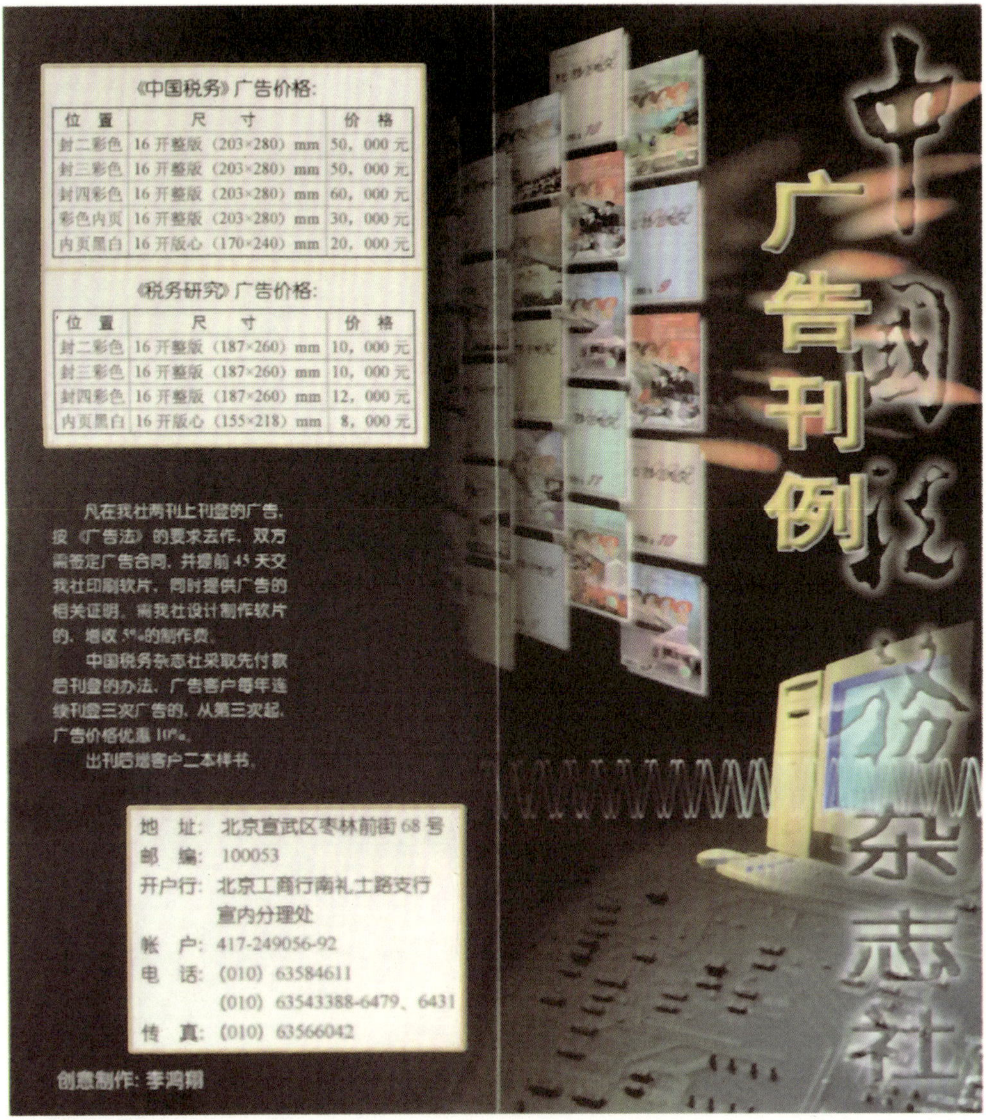

注：本广告由著者设计

图1–28　版式十三型之五：中轴型

（资料来源：中国税务杂志社2001—2002年广告刊例）

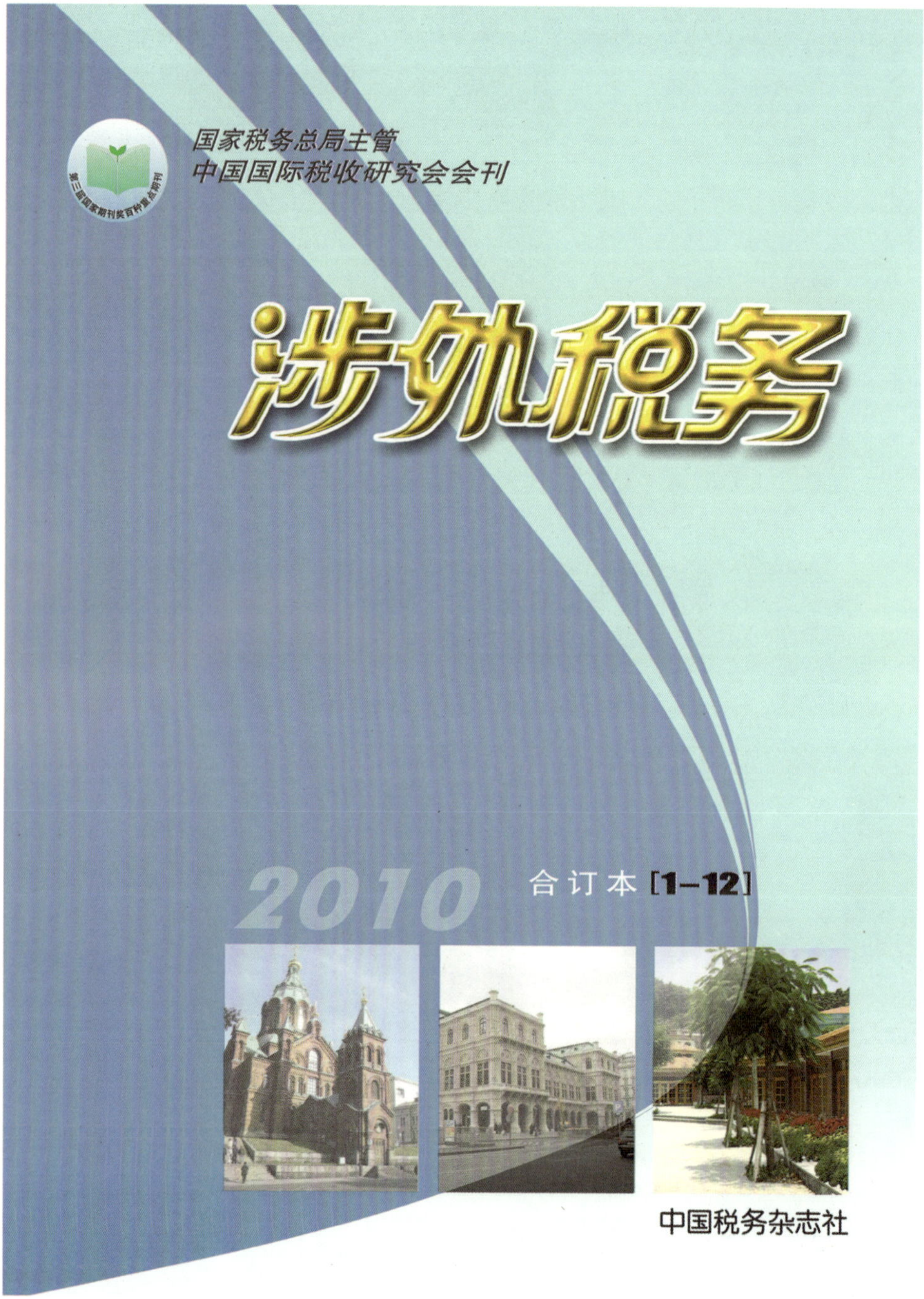

注：本广告由著者设计

图1-29 版式十三型之六：曲线型

（资料来源：《涉外税务》2010年.合订本封面）

注：本公益广告由著者设计

图1-30　版式十三型之七：倾斜型

（资料来源：《涉外税务》2012年4期.封底）

注：本公益广告由著者设计

图1–31 版式十三型之八：对称型

注：本公益广告由著者设计

图1-32　版式十三型之九：中心型

10. 三角型

正三角形（金字塔形）是多边图形中是最安全的形态，而在设计中为了让人们感受到动感和不稳定感，我们通常也会采用倒三角形甚至加入圆形的设计方法。（图1–33）

11. 并置型

将需要使用图片（也可以是相同的照片）作大小相同而位置不同的重复排列，将复杂喧嚣的感觉调整为有次序、安静、调和，并且富有一定的节奏感。这样的版面通常用来进行比较和讲解。（图1–34）

12. 自由型

自由型结构打破了排版的常规风格，将图片和文字在不影响阅读的前提下打破固有结构重新编排，散发出活泼、轻快的视觉效果，是一种传统型版式。

现代排版技术为设计者赋能，天马行空的想法都能够通过技术实现，真正的达到了“只要你想，你就能做”。这种设计具有如下特点：

◎版心自由：自由版式设计，既不用像古典版式结构严谨、对称，也不用像网格设计那样去分割栏目，只需要自由地设计字体和图形，设计软件就自动呈现出很好的效果，并给人丰富的想象空间，真正达到了天马行空。

不仅仅是图片，就连文字也能经过处理变成图形的一部分，把文字和图形完美结合，使之成为一个绘画作品，当然还要用到形式美的韵律。（图1–35）

◎字图一体：自由版式时，排版人员通常将文字视为图形的组成部分，通过垂直或倾斜的方向调整，虚实的显示风格，将此“文字、图形”完美地创作出一幅绘画作品，达到字图一体；也可以通过将文字叠加、重合等，达到增加空间厚度以及层次的效果。如果用得好，可以大大增加美感。这种版式多用于广告设计和画报版式。（图1–36）

13. 四角型

四角型指在版面四角以及连接四角的对角线结构上编排的图形。这种结构的版面，给人以严谨、规范的感觉。（图1–37）

注：本公益广告由著者设计，获得第二届全国税收公益广告作品大赛平面公益广告类优秀奖

图1-33　版式十三型之十：三角型

注：本公益广告由著者设计

图1-34　版式十三型之十一：并置型

注：本公益广告由著者设计，获得首届全国税收公益广告作品大赛平面媒体公益广告类三等奖

图1-35　版式十三型之十二：自由型

（资料来源：《涉外税务》2008年3期.封三）

注：本公益广告由著者设计，获得第三届全国税收公益广告作品大赛平面公益广告类二等奖

图1-36　版式十三型之十二：自由型之字图一体性

注：本公益广告由著者设计

图1-37　版式十三型之十三：四角型

二、《国际税收》的版式形式

（一）三种基础版式形式

《国际税收》2019年定位为纯学术期刊，学术期刊的视觉特点就是庄重、大方，有自己的独特风格等，它的版式以双栏为主。“主编视点”一页为通栏变化的版式，“国际税讯”一页为三栏版式。（图1–38、1–39、1–40）

2020年去掉“主编视点”和“国际税讯”两个栏目，现在只有双栏版式了。

这是一种通栏版式的变通排法，左边留出空白，使文章即显饱满而又富于变化。

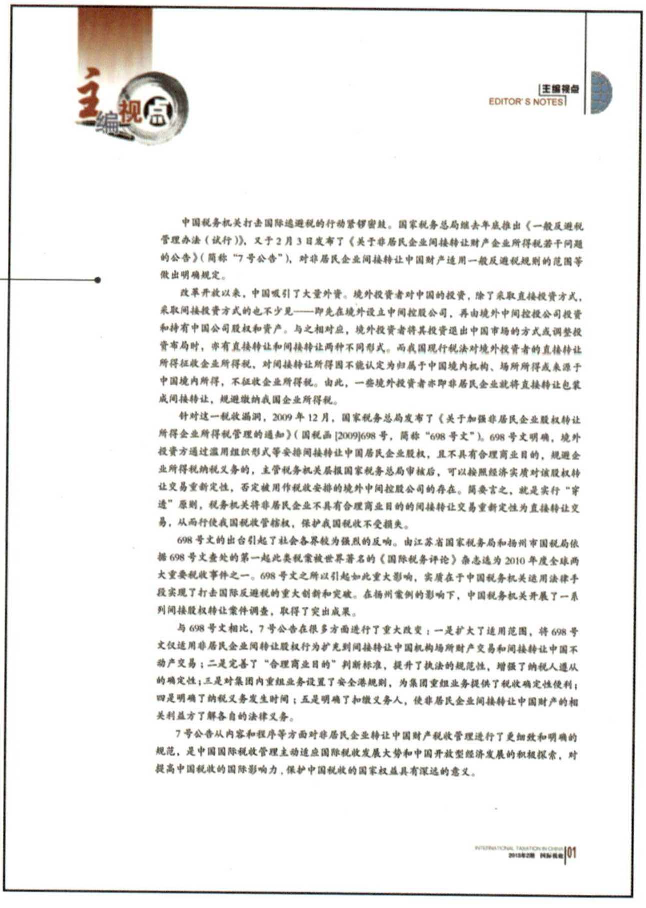

中国税务机关打击国际逃避税的行动紧锣密鼓。国家税务总局继去年底推出《一般反避税管理办法（试行）》，又于2月3日发布了《关于非居民企业间接转让财产企业所得税若干问题的公告》（简称“7号公告”），对非居民企业间接转让中国财产适用一般反避税规则的范围等做出明确规定。

改革开放以来，中国吸引了大量外资。境外投资者对中国的投资，除了采取直接投资方式，采取间接投资方式的也不少见——即先在境外设立中间控股公司，再由境外中间控股公司投资和持有中国公司股权和资产。与之相对应，境外投资者将其投资退出中国市场的方式或调整投资布局时，亦有直接转让和间接转让两种不同形式。而我国现行税法对境外投资者的直接转让所得征收企业所得税，对间接转让所得因不能认定为归属于中国境内机构、场所所得或来源于中国境内所得，不征收企业所得税。由此，一些境外投资者亦即非居民企业就将直接转让包装成间接转让，规避缴纳我国企业所得税。

针对这一税收漏洞，2009年12月，国家税务总局发布了《关于加强非居民企业股权转让所得企业所得税管理的通知》（国税函[2009]698号，简称“698号文”）。698号文明确，境外投资方通过滥用组织形式等安排间接转让中国居民企业股权，且不具有合理商业目的，规避企业所得税纳税义务的，主管税务机关层报国家税务总局审核后，可以按照经济实质对该股权转让交易重新定性，否定被用作税收安排的境外中间控股公司的存在。简要言之，就是实行“穿透”原则，税务机关将非居民企业不具有合理商业目的的间接转让交易重新定性为直接转让交易，从而行使我国税收管辖权，保护我国税收不受损失。

698号文的出台引起了社会各界较为强烈的反响。由江苏省国家税务局和扬州市国税局依据698号文查处的第一起此类税案被世界著名的《国际税务评论》杂志选为2010年度全球两大重要税收事件之一。698号文之所以引起如此重大影响，实质在于中国税务机关运用法律手段实现了打击国际反避税的重大创新和突破。在扬州案例的影响下，中国税务机关开展了一系列间接股权转让案件调查，取得了突出成果。

与698号文相比，7号公告在很多方面进行了重大改变：一是扩大了适用范围，将698号文仅适用非居民企业间转让股权行为扩充到间接转让中国机构场所财产交易和间接转让中国不动产交易；二是完善了“合理商业目的”判断标准，提升了执法的规范性，增强了纳税人遵从的确定性；三是对集团内重组业务设置了安全港规则，为集团重组业务提供了税收确定性便利；四是明确了纳税义务发生时间；五是明确了扣缴义务人，使非居民企业间接转让中国财产的相关利益方了解各自的法律义务。

7号公告从内容和程序等方面对非居民企业转让中国财产税收管理进行了更细致和明确的规范，是中国国际税收管理主动适应国际税收发展大势和中国开放型经济发展的积极探索，对提高中国税收的国际影响力，保护中国税收的国家权益具有深远的意义。

INTERNATIONAL TAXATION IN CHINA 2015年2期 国际税收 01

图1–38 《国际税收》通栏版式实例

（资料来源：《国际税收》2015年2期.P1）

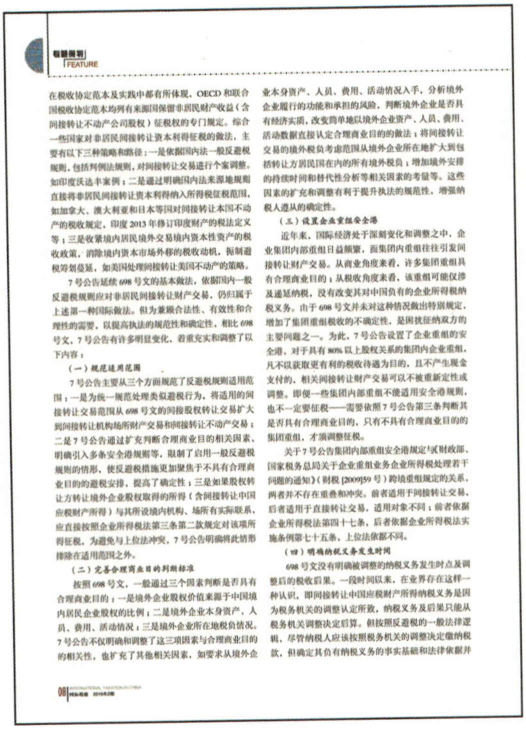

图1-39 《国际税收》双栏版式实例

（资料来源：《国际税收》2015年2期.P8）

图1-40 《国际税收》"国际税讯"三栏版式实例

（资料来源：《国际税收》2013年2期.P80-81）

（二）根据文章内容编排，大致有以下几种形式

1. 版心的设定——版心是图书阅读中视觉移动的主要区域。要注意处理好版心和信息量的关系，版心大，表示信息量大，容易造成视觉阅读的断续，产生视觉疲劳，学术期刊不适合这种设定。字号、行距决定版心大小，“行距与文字字号的比例一般为1.2 ：1，不适宜超过2 ：1”。《国际税收》的内文字号为9.5点，行距16点，版心为40行，每行通栏字数是47–48字。这样版心和天头地脚、左右切口的比例最合适，方便读者快速浏览以及翻页。通常情况下，行距大于字距，段距大于行距，版心周围的留白大于段距。（图1–41）

《书法》杂志是竖排，其他学术期刊没见过竖排，而比如InDesign排版软件等不支持竖排格式，故非用方正维思排版不可。（图1–42）

2. 重点式版面——重点栏目排在前面，在目录中自然就在前面显示，重点文章在目录中给出导读，排在前面的还要加题图以重点构思安排，以达到引起读者注意的目的。（图1–43）

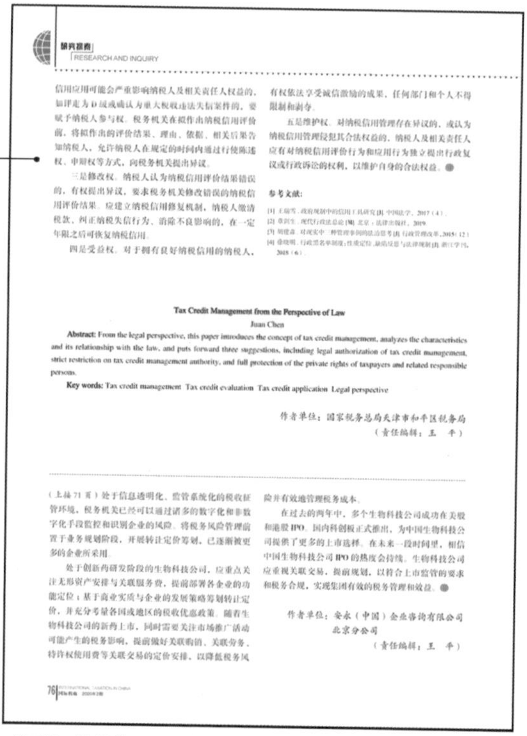

研究探索
RESEARCH AND INQUIRY

信用应用可能会严重影响纳税人及相关责任人权益的，如评定为D级或确认为重大税收违法失信案件的，要赋予纳税人参与权。税务机关在拟作出纳税信用评价前，将拟作出的评价结果、理由、依据、相关后果告知纳税人，允许纳税人在规定的时间内通过行使陈述权、申辩权等方式，向税务机关提出异议。

三是修改权。纳税人认为纳税信用评价结果错误的，有权提出异议，要求税务机关修改错误的纳税信用评价结果。应建立纳税信用修复机制，纳税人缴清税款、纠正纳税失信行为、消除不良影响的，在一定年限之后可恢复纳税信用。

四是受益权。对于拥有良好纳税信用的纳税人，有权依法享受诚信激励的成果，任何部门和个人不得限制和剥夺。

五是维护权。对纳税信用管理存在异议的，或认为纳税信用管理侵犯其合法权益的，纳税人及相关责任人应有对纳税信用评价行为和应用行为独立提出行政复议或行政诉讼的权利，以维护自身的合法权益。

参考文献：

[1] 王瑞雪．政府规制中的信用工具研究[J]．中国法学，2017（4）．
[2] 章剑生．现代行政法总论[M]．北京：法律出版社，2019．
[3] 胡建淼．对现实中三种管理事例的法治思考[J]．行政管理改革，2015（12）．
[4] 徐晓明．行政黑名单制度：性质定位、缺陷反思与法律规制[J]．浙江学刊，2018（6）．

Tax Credit Management from the Perspective of Law

Juan Chen

Abstract: From the legal perspective, this paper introduces the concept of tax credit management, analyzes the characteristics and its relationship with the law, and puts forward three suggestions, including legal authorization of tax credit management, strict restriction on tax credit management authority, and full protection of the private rights of taxpayers and related responsible persons.

Key words: Tax credit management Tax credit evaluation Tax credit application Legal perspective

作者单位：国家税务总局天津市和平区税务局

（责任编辑：王 平）

（上接71页）处于信息透明化、监管系统化的税收征管环境，税务机关已经可以通过诸多的数字化和非数字化手段监控和识别企业的风险。将税务风险管理前置于业务规划阶段，开展转让定价筹划，已逐渐被更多的企业所采用。

处于创新药研发阶段的生物科技公司，应重点关注无形资产安排与关联服务费，提前部署各企业的功能定位；基于商业实质与企业的发展策略筹划转让定价，并充分考量各国或地区的税收优惠政策。随着生物科技公司的新药上市，同时需要关注市场推广活动可能产生的税务影响，提前做好关联购销、关联劳务、特许权使用费等关联交易的定价安排，以降低税务风险并有效地管理税务成本。

在过去的两年中，多个生物科技公司成功在美股和港股IPO。国内科创板正式推出，为中国生物科技公司提供了更多的上市选择。在未来一段时间里，相信中国生物科技公司IPO的热度会持续。生物科技公司应重视关联交易，提前规划，以符合上市监管的要求和税务合规，实现集团有效的税务管理和效益。

作者单位：安永（中国）企业咨询有限公司北京分公司

（责任编辑：王 平）

图1–41 《国际税收》文尾转文版式实例

（资料来源：《国际税收》2020年2期.P76）

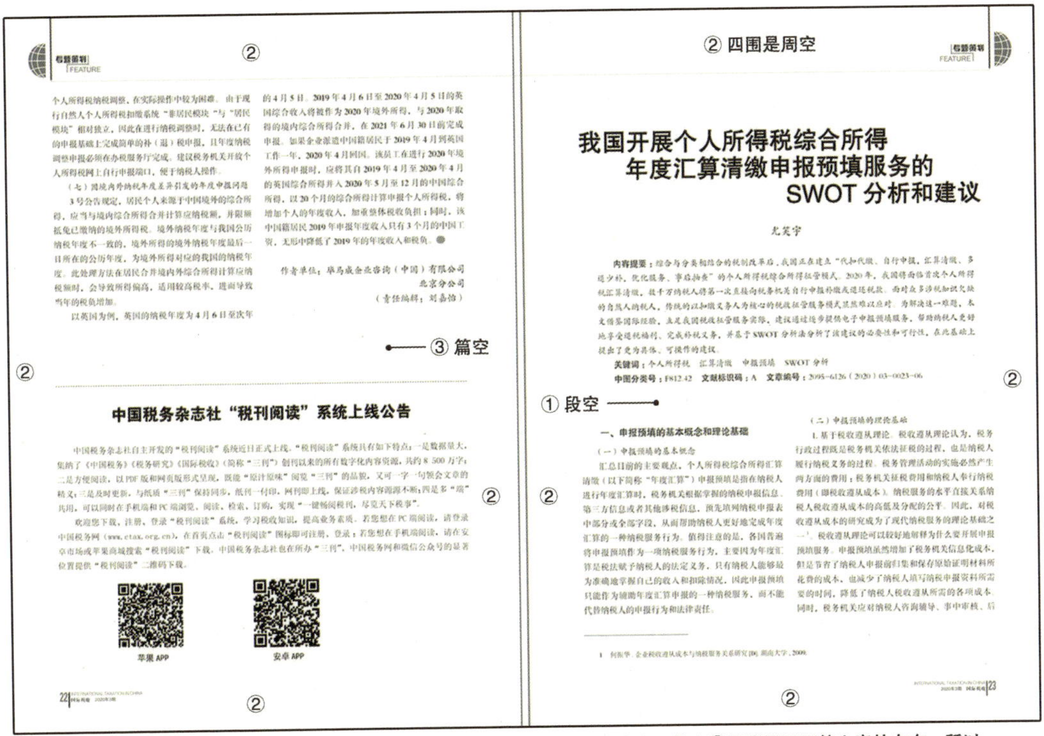

注：段空①小于周空②，这样视觉上很舒服，气运是连贯的，是一篇文章的内容。篇空③是要显示两篇文章的存在，所以空间要留得大一些。

图1–42 《国际税收》字距、段空版式实例

（资料来源：《国际税收》2020年3期.P22–23）

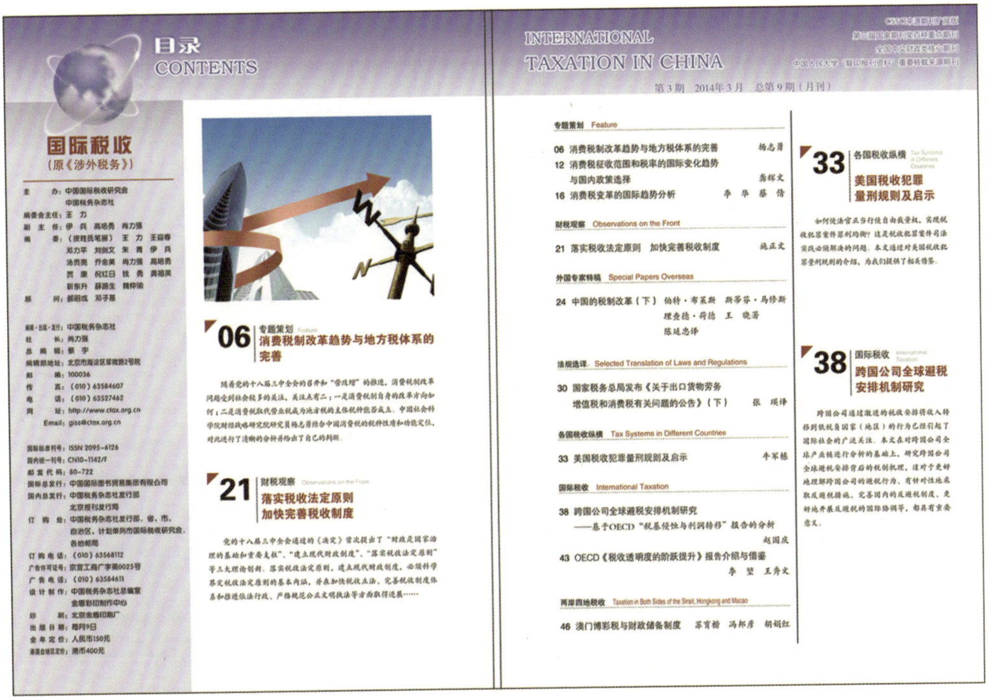

图1–43 《国际税收》目录导读版式实例

（资料来源：《国际税收》2014年3期.P2–3.）

重点文章封面要目上再给予体现，标题以及正文字体要能够与其他文章区别开来，以及栏式有别等。在纯学术期刊中可以不予考虑，以简洁、单纯为美。

3. 集中式版面——指将内容相近、题材相近的文章，编排在一个栏目里，集中反映，给读者以较强的印象，在一定程度上起到集中宣传一个选题、扩大影响、重点突出的效果。需要避免杂乱无章、没有次序等情况。

杂志的信息内容具有多样性，这就要求杂志在感官上要保证信息的分类清楚，更要保证相关信息整体性，除了用多版面组合的方式展现信息的深度，还可以用单个版面体现信息的多样性。

栏目作为杂志原创的信息组成方式，将同一类别的信息统筹在一起，不同栏目之间相互区别，赋予多页面杂志层次分明、连续性的阅读视觉，形成杂志独特的视觉特点，保证了信息的时效性、广博性。

（三）有层次、讲节奏的版面

版面主要有标题、内容提要、正文、表格、图表及表号、表题、表下注、资料来源、脚注以及参考文献信息，需通过改变字体、字号或色彩等安排得体。

以上这些版面元素包括在版心和周空里。版心又包括字空、行空、段空、栏空、标题、图片、表格、四周的边缘空。周空包括天头、地脚、订口、切口。书眉、页码、中缝不是在版心里，是在周空里。在parseInt本尺寸规定的面积中，设计人员需决定版心的大小、位置，版面的布局，天头、地脚、内文白边的面积大小；确定各种文字（如标题、正文、书眉、页码、表格、序言、注释等）的字体、字号、字距、行距以及图片的大小、位置。这些概括起来叫版面结构。版面结构设计要做到易读、字体清晰、排列舒畅，以使读者阅读轻松。（图1–44、1–45）

1. 标题

标题是用简洁的语言对正文内容进行重点概括或提示的文字，字号要大于正文，同时不能出现在版面最后一行。多层标题可设置网线、框线、斜体、下划线等，各章、节、项的标题可使用不同的组合方式和色彩以区分。

（1）稿件标题的种类及一般的字体字号

现在字库的字体比较多，但都是根据基础的四种字体：宋体、楷体、仿宋、黑体演变而来的，以宋体为例，图1–46。故学术期刊内文用字还是这基础的四种字体，因为经过时间的检验，只有这四种字体搭配起来最舒服、最和谐、最好看。

期刊正文字体一般为方正宋体（书宋–GBK、宋体、宋三–GBK），标题采用方正小标宋–GBK或方正黑体–GBK可加粗0.05级，署名采用方正楷体–GBK。

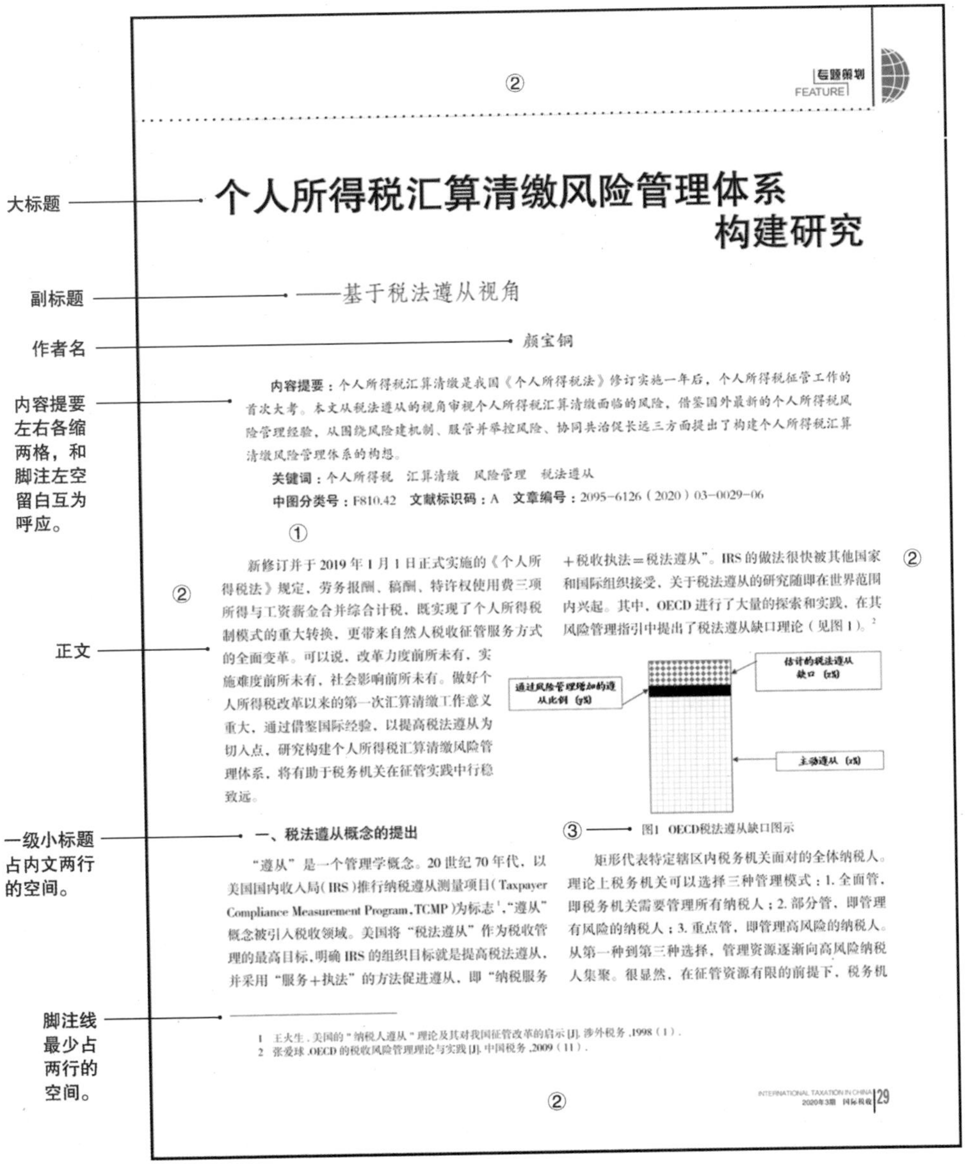

专题策划
FEATURE

个人所得税汇算清缴风险管理体系构建研究

——基于税法遵从视角

颜宝铜

内容提要：个人所得税汇算清缴是我国《个人所得税法》修订实施一年后，个人所得税征管工作的首次大考。本文从税法遵从的视角审视个人所得税汇算清缴面临的风险，借鉴国外最新的个人所得税风险管理经验，从围绕风险建机制、服管并举控风险、协同共治促长远三方面提出了构建个人所得税汇算清缴风险管理体系的构想。

关键词：个人所得税　汇算清缴　风险管理　税法遵从

中图分类号：F810.42　**文献标识码：**A　**文章编号：**2095-6126（2020）03-0029-06

新修订并于2019年1月1日正式实施的《个人所得税法》规定，劳务报酬、稿酬、特许权使用费三项所得与工资薪金合并综合计税，既实现了个人所得税制模式的重大转换，更带来自然人税收征管服务方式的全面变革。可以说，改革力度前所未有，实施难度前所未有，社会影响前所未有。做好个人所得税改革以来的第一次汇算清缴工作意义重大，通过借鉴国际经验，以提高税法遵从为切入点，研究构建个人所得税汇算清缴风险管理体系，将有助于税务机关在征管实践中行稳致远。

一、税法遵从概念的提出

“遵从”是一个管理学概念。20世纪70年代，以美国国内收入局（IRS）推行纳税遵从测量项目（Taxpayer Compliance Measurement Program，TCMP）为标志[1]，“遵从”概念被引入税收领域。美国将“税法遵从”作为税收管理的最高目标，明确IRS的组织目标就是提高税法遵从，并采用“服务+执法”的方法促进遵从，即“纳税服务+税收执法=税法遵从”。IRS的做法很快被其他国家和国际组织接受，关于税法遵从的研究随即在世界范围内兴起。其中，OECD进行了大量的探索和实践，在其风险管理指引中提出了税法遵从缺口理论（见图1）。[2]

通过风险管理增加的遵从比例（y%）
估计的税法遵从缺口（z%）
主动遵从（x%）

图1　OECD税法遵从缺口图示

矩形代表特定辖区内税务机关面对的全体纳税人。理论上税务机关可以选择三种管理模式：1.全面管，即税务机关需要管理所有纳税人；2.部分管，即管理有风险的纳税人；3.重点管，即管理高风险的纳税人。从第一种到第三种选择，管理资源逐渐向高风险纳税人集聚。很显然，在征管资源有限的前提下，税务机

1　王火生.美国的“纳税人遵从”理论及其对我国征管改革的启示[J].涉外税务，1998（1）.
2　张爱球.OECD的税收风险管理理论与实践[J].中国税务，2009（11）.

INTERNATIONAL TAXATION IN CHINA　2020年3期　国际税收　29

注：1. 这是一页层次、节奏比较舒适、和谐的版式实例。应有的版式内容各得其位，互为衬托、依附。
2. 段空：① 留白要小于周空；②的留白。图号、图题；③要居中排在图表的下方。

图1-44　《国际税收》版面设计实例

（资料来源：《国际税收》2020年3期.P29）

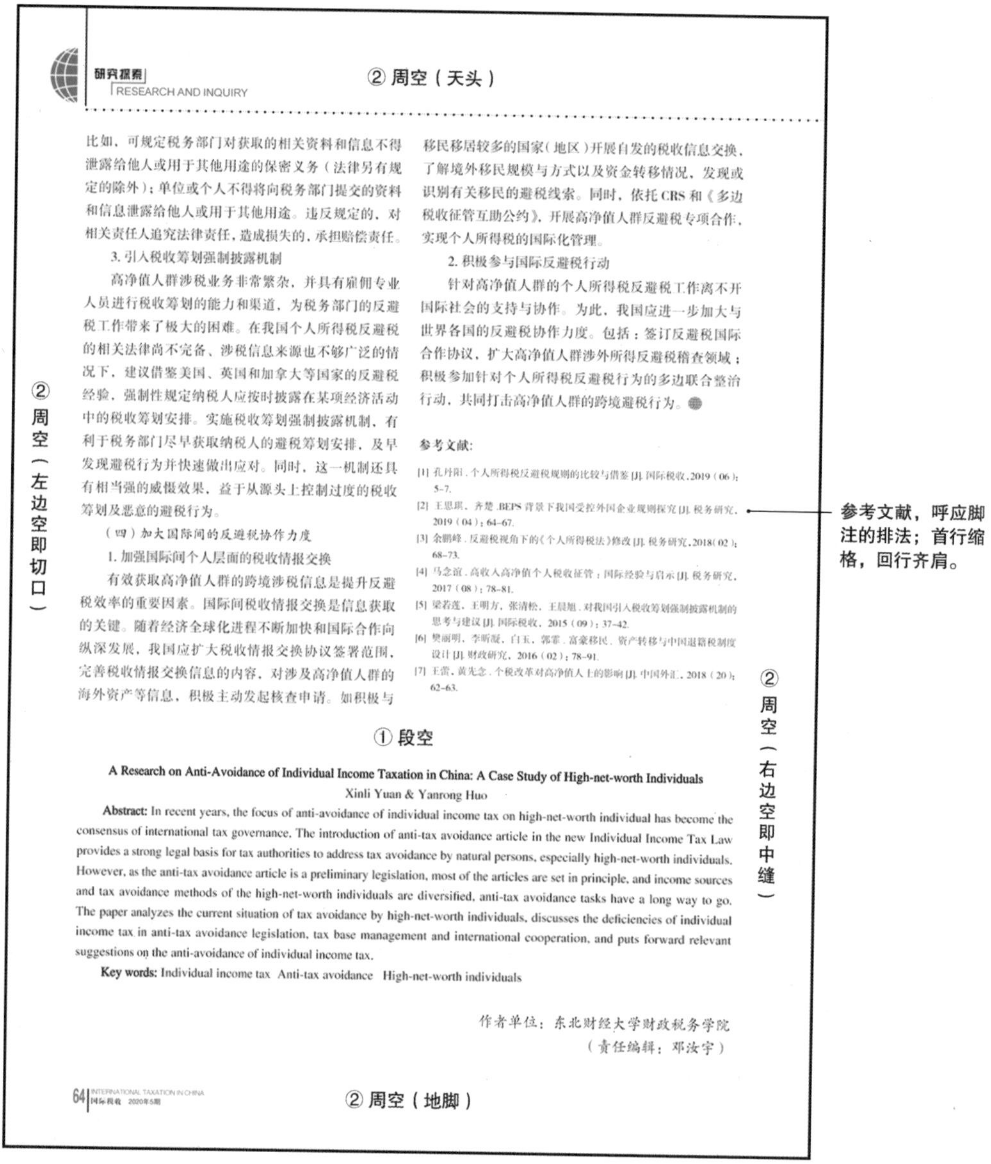

比如，可规定税务部门对获取的相关资料和信息不得泄露给他人或用于其他用途的保密义务（法律另有规定的除外）；单位或个人不得将向税务部门提交的资料和信息泄露给他人或用于其他用途。违反规定的，对相关责任人追究法律责任，造成损失的，承担赔偿责任。

3. 引入税收筹划强制披露机制

高净值人群涉税业务非常繁杂，并具有雇佣专业人员进行税收筹划的能力和渠道，为税务部门的反避税工作带来了极大的困难。在我国个人所得税反避税的相关法律尚不完备、涉税信息来源也不够广泛的情况下，建议借鉴美国、英国和加拿大等国家的反避税经验，强制性规定纳税人应按时披露在某项经济活动中的税收筹划安排。实施税收筹划强制披露机制，有利于税务部门尽早获取纳税人的避税筹划安排，及早发现避税行为并快速做出应对。同时，这一机制还具有相当强的威慑效果，益于从源头上控制过度的税收筹划及恶意的避税行为。

（四）加大国际间的反避税协作力度

1. 加强国际间个人层面的税收情报交换

有效获取高净值人群的跨境涉税信息是提升反避税效率的重要因素。国际间税收情报交换是信息获取的关键。随着经济全球化进程不断加快和国际合作向纵深发展，我国应扩大税收情报交换协议签署范围，完善税收情报交换信息的内容，对涉及高净值人群的海外资产等信息，积极主动发起核查申请。如积极与移民移居较多的国家（地区）开展自发的税收信息交换，了解境外移民规模与方式以及资金转移情况，发现或识别有关移民的避税线索。同时，依托CRS和《多边税收征管互助公约》，开展高净值人群反避税专项合作，实现个人所得税的国际化管理。

2. 积极参与国际反避税行动

针对高净值人群的个人所得税反避税工作离不开国际社会的支持与协作。为此，我国应进一步加大与世界各国的反避税协作力度。包括：签订反避税国际合作协议，扩大高净值人群涉外所得反避税稽查领域；积极参加针对个人所得税反避税行为的多边联合整治行动，共同打击高净值人群的跨境避税行为。

参考文献:

[1] 孔丹阳．个人所得税反避税规则的比较与借鉴[J]．国际税收，2019（06）：5-7.
[2] 王思琪、齐楚．BEPS背景下我国受控外国企业规则探究[J]．税务研究，2019（04）：64-67.
[3] 余鹏峰．反避税视角下的《个人所得税法》修改[J]．税务研究，2018(02)：68-73.
[4] 马念谊．高收入高净值个人税收征管：国际经验与启示[J]．税务研究，2017（08）：78-81.
[5] 梁若莲、王明方、张清松、王晨旭．对我国引入税收筹划强制披露机制的思考与建议[J]．国际税收，2015（09）：37-42.
[6] 樊丽明、李昕凝、白玉、郭霏．富豪移民、资产转移与中国退籍税制度设计[J]．财政研究，2016（02）：78-91.
[7] 王雷、黄先念．个税改革对高净值人士的影响[J]．中国外汇，2018（20）：62-63.

A Research on Anti-Avoidance of Individual Income Taxation in China: A Case Study of High-net-worth Individuals

Xinli Yuan & Yanrong Huo

Abstract: In recent years, the focus of anti-avoidance of individual income tax on high-net-worth individual has become the consensus of international tax governance. The introduction of anti-tax avoidance article in the new Individual Income Tax Law provides a strong legal basis for tax authorities to address tax avoidance by natural persons, especially high-net-worth individuals. However, as the anti-tax avoidance article is a preliminary legislation, most of the articles are set in principle, and income sources and tax avoidance methods of the high-net-worth individuals are diversified, anti-tax avoidance tasks have a long way to go. The paper analyzes the current situation of tax avoidance by high-net-worth individuals, discusses the deficiencies of individual income tax in anti-tax avoidance legislation, tax base management and international cooperation, and puts forward relevant suggestions on the anti-avoidance of individual income tax.

Key words: Individual income tax Anti-tax avoidance High-net-worth individuals

作者单位：东北财经大学财政税务学院

（责任编辑：邓汝宇）

注：1. 这是文章尾页，节奏比较舒适、和谐的版式实例。参考文献的排法呼应着脚注和内容摘要。
2. 段空：①留白要小于周空；②的留白。

图1-45 《国际税收》版面设计实例

（资料来源：《国际税收》2020年5期.P64）

学术期刊的整体设计研究	方正报宋 _GBK
学术期刊的整体设计研究	方正粗宋 _GBK
学术期刊的整体设计研究	方正大标宋 _GBK
学术期刊的整体设计研究	方正仿宋 _GBK
学术期刊的整体设计研究	方正书宋 _GBK
学术期刊的整体设计研究	方正宋黑 _GBK
学术期刊的整体设计研究	方正宋三 _GBK
学术期刊的整体设计研究	方正宋一 _GBK
学术期刊的整体设计研究	方正小标宋 _GBK
学术期刊的整体设计研究	方正新报宋 _GBK
学术期刊的整体设计研究	方正新舒宋 _GBK
学术期刊的整体设计研究	仿宋 _GBK
学术期刊的整体设计研究	宋体
学术期刊的整体设计研究	宋体 –18030
学术期刊的整体设计研究	宋体 – 方正超大字符集

注：著者电脑里装的方正字库宋体字

图1–46　方正字库宋体字样本

学术期刊的特点就是有内容摘要、表格、图表、脚注、参考文献等，它们的字体与正文有别，字体无别的则要比正文小两号字。内容摘要字体通常选用方正楷体-GBK，字号与内文保持一致。表格、图表、脚注、参考文献字体一般用方正仿宋-GBK，也可同内文字体。因为中英文混排时，书宋的英文字体更接近于黑正体，单词间距合理，阿拉伯数字的千分空间距合适，适合传统的视觉审美。（图1-47）

① 大标题——一般为小特号字，有时也用一号或二号字。

a. 通栏标题：一行要居中排；标题长要回行，即排成两行或三行；有左齐和右齐排法，也有居中和阶梯的排法，视具体的空间环境和整体变化而定。（图1-48、1-49）

汉字字体示例

基本字体：报宋	作者编辑实用手册
书宋	作者编辑实用手册
小标宋	作者编辑实用手册
仿宋	作者编辑实用手册
黑体	作者编辑实用手册
楷体	作者编辑实用手册
可选字体：隶书	作者编辑实用手册
魏碑	作者编辑实用手册
小姚	作者编辑实用手册
行楷	作者编辑实用手册
大黑	作者编辑实用手册

图1-47 期刊汉字字体示例

（资料来源：蔡鸿程.作者编辑实用手册[M]北京：中国标准出版社，2004.1.P105）

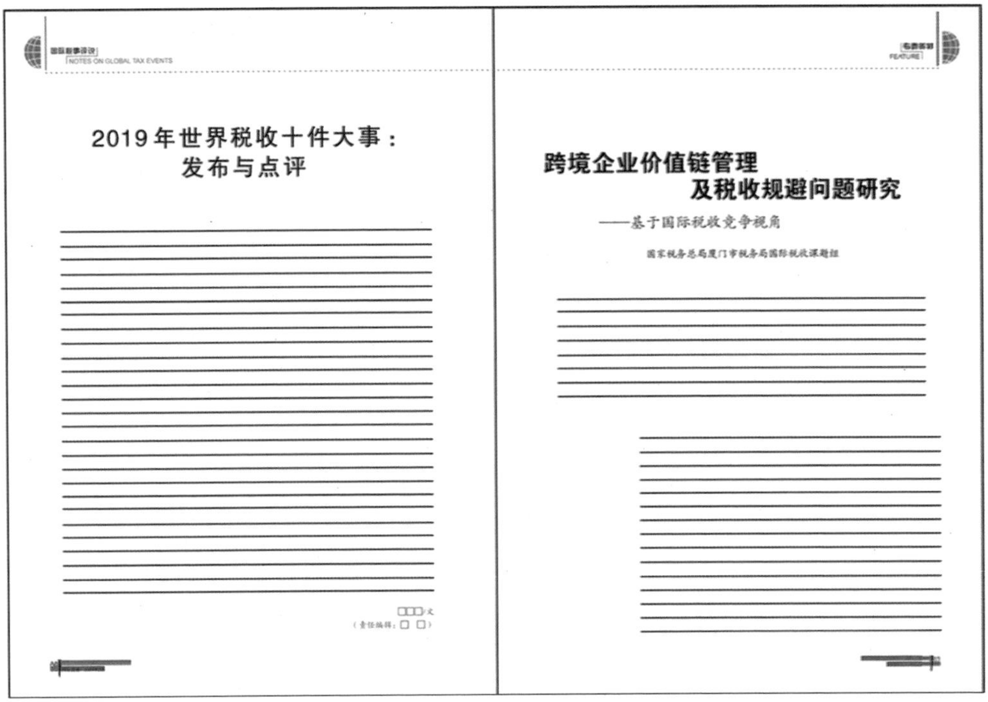

注：以《国际税收》版式实例为蓝本画的示意图。

图1-48　通栏标题示例

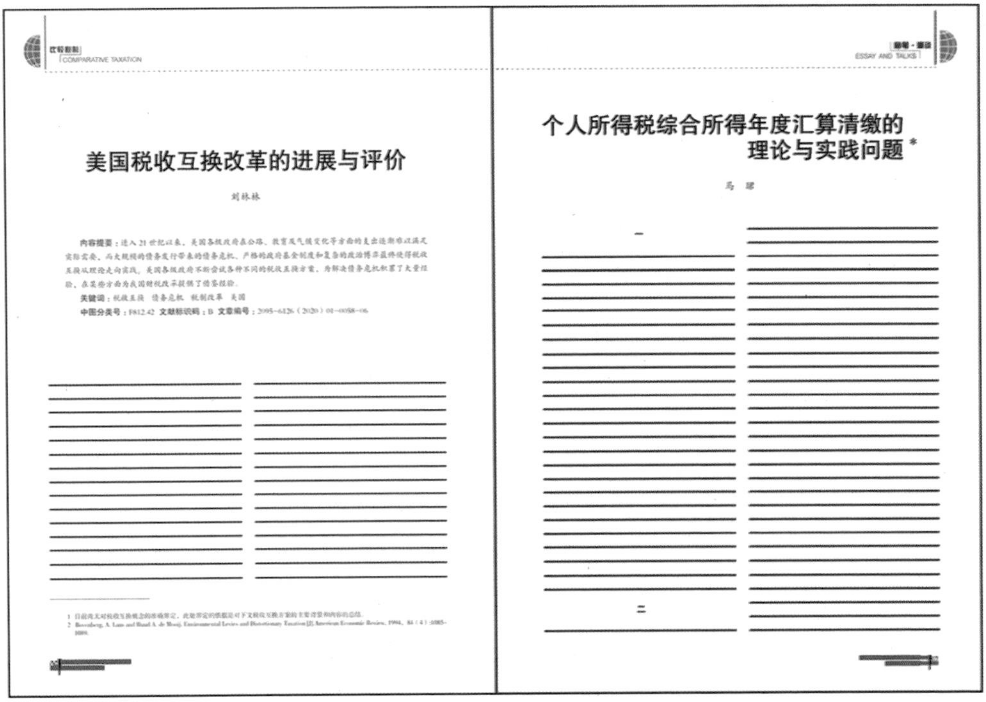

注：以《国际税收》版式实例为蓝本画的示意图。

图1-49　双栏标题示例

图1-50　《国际税收》跨中缝标题实例
（资料来源：《国际税收》2013年1期.P52-53）

b. 跨中缝标题（纯学术期刊不这么用）。（图1-50）

c. 单栏标题（现学术期刊多用于小标题）:《国际税收》“国际税讯”栏目就是这种单栏标题的排法。（图1-51）

d. 中心标题。（图1-52）

e. 包文标题：为了节省空间，综合期刊还可能用到。（图1-53）

f. 竖标题。（图1-54）

g. 双文标题。（图1-55）

h. 多豆腐块标题:《国际税收》“国际税讯”栏目的单栏标题，也可叫作多豆腐块标题。（图1-51）

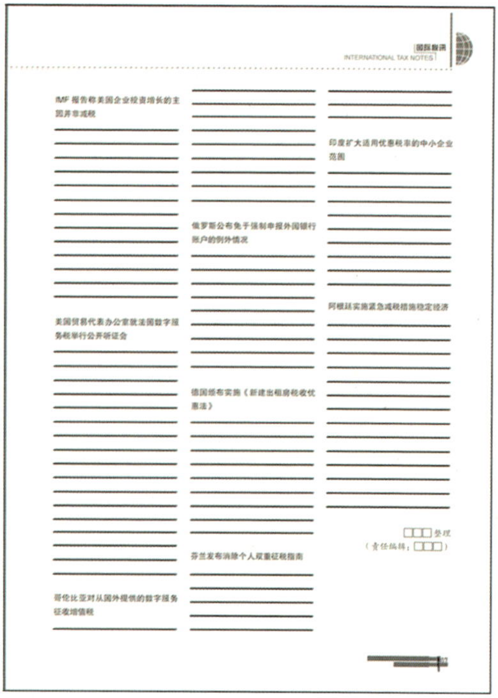

注：以《国际税收》版式实例为蓝本画的示意图。

图1-51　《国际税收》单栏标题示例

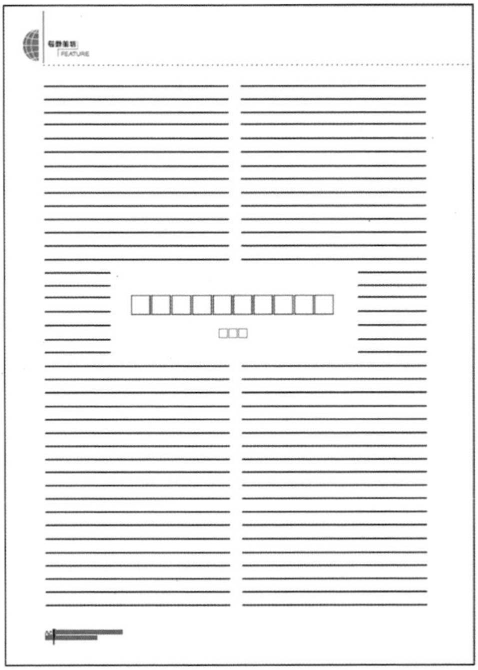

图1-52　中心标题示例

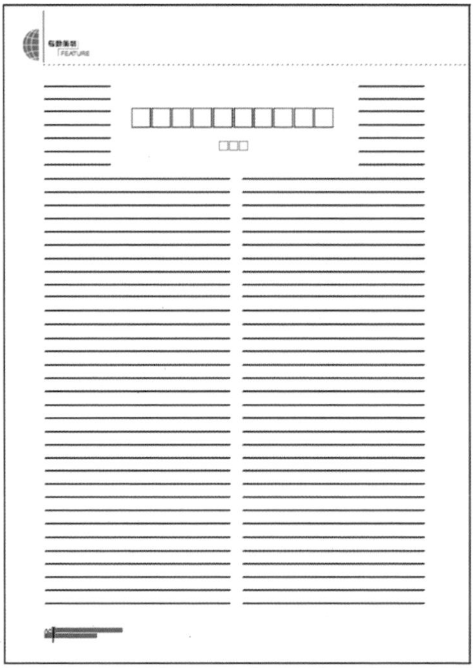

图1-53　包文标题示例

图1-54　竖排标题示例

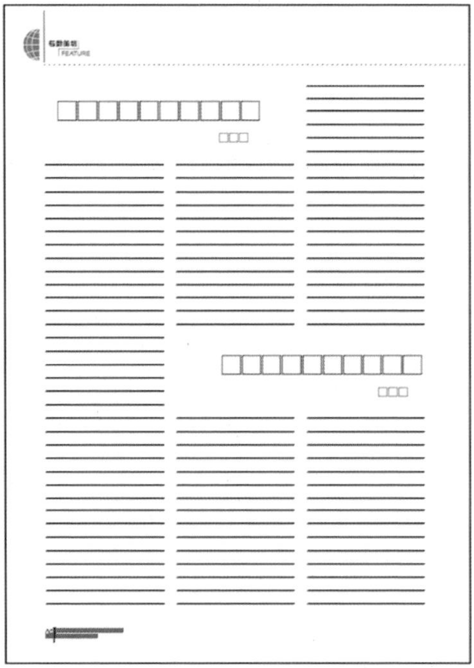

图1-55　双文标题示例

② 副题——一般为四号字；

③ 引题——一般为四号字；

④ 小标题——一般为四号字或五号字。

（2）小标题的层次

在一篇文章中，小标题采用区别于正文的字体和字号，可以引起读者的注意，因此小标题的层次不宜超过两层，否则会让人产生杂乱的感觉。

第一层小标题可用四号字，第二层小标题可用五号并且不同于正文字体的字。

小标题排四号字，可占正文五号字三行或二行的位置；小标题排五号字，可占二行字或一行字的位置。

小标题的字要精炼。最好排一行，一般不宜排两行，否则，小标题就会显得啰唆。

（3）标题的装饰

综合性期刊还在使用此类装饰，以前的梅花形、菱形、方形等线、面装饰手法，早已被电脑制作的各种效果的字体所替代，也可再加上阴影、叠加、外发光等制作效果来装饰。学术期刊突出的是汉字自身的结构美、寓意美、风格美，综合性期刊追求的是写实美。

（4）作者姓名的编排

刊物上一般都将作者姓名排在标题下，也有排在文后的。

标题下排作者姓名的，有居左、居中、居右三种排法。

作者姓名排在文后，除了要用不同于正文的字体方便直观显示之外，字号不用调整。如果是排在标题下方，大多数情况下选用楷体或仿宋，并且字号比正文大一号。

2. 内容提要

内容提要采用不同于正文的字体，或加边框、底纹、线等形式突出设计，成为版面视觉点；也可做左右缩两格处理，以达到层次突出的效果。（图1–56）

内容提要的形式，既突出了信息，又使版面富于变化，让读者在正文的阅读中发现重点、形成间歇。（图1–57）

跨境税收
CROSS-BORDER TAXATION

数字经济给增值税征管带来的挑战及应对思路*

李淼焱*（中国财政科学研究院博士后流动站　北京　100142）

内容提要：在经济全球化背景下，数字经济具有流动性、数据依赖性、网络效应等特征，并具有多层面商业扩展、垄断或寡头垄断的倾向，这些特点为跨国公司规避增值税提供了可能。本文旨在讨论数字经济模式给传统增值税征管带来的挑战，并借鉴欧盟经验，为完善我国增值税管理制度提出建议。

关键词：数字经济　税基侵蚀与利润转移　增值税

中图分类号：F810.42　文献标识码：B　文章编号：2095-6126(2017)07-0051-03

以信息和通讯技术为基础的数字经济，不仅改变了传统的商业模式，也改变了跨国公司整合全球价值链的方式，同时对全球税收规则和税收体系造成巨大冲击。除了传统的跨境所得税问题，数字经济还带来了新的货物劳务税问题，特别是对全球普遍开征的增值税带来了征管难题。近年来，数字技术的运用使得增值税欺诈日益增多，增值税税收收入严重流失。

在国际贸易中，不同国家对同一笔交易的征税权评定标准不同，是造成国际贸易中双重征税风险的重要原因。为了应对数字经济发展对增值税征管体系带来的挑战，欧盟作出了一系列应对措施。2016年6月欧盟议会通过了欧盟委员会提交的《增值税行动计划》，制定出2016~2017年欧盟的增值税改革计划，其中提出了多项针对数字经济带来的征管问题的应对建议。数字经济在中国方兴未艾，电商平台的跨境交易如火如荼，有必要借鉴欧盟经验，尽早制定办法，积极应对数字经济模式带来的增值税征管风险。

一、数字经济的概念及其与税收相关的基本特征

数字经济是信息和通讯技术转型过程带来的产物。数字经济的商业模式主要包括电子商务、各类应用软件商店、在线广告、云计算、极速贸易和在线支付服务等。通讯技术的革新使得科技变得更加廉价、更具影响力、更为标准化，同时激励经济的各领域不断优化商业流程和创新。跨国公司可以依靠其全球业务网络，运用数字经济改变公司的全球价值链分布。

数字经济很多特征与税收相关，包括以下几个方面：其一，数字经济具有流动性；其二，数字经济对大数据有依赖性；其三，数字经济具有网络效应、整合效应和协同效应。某些商业模式在高度依赖网络效应的同时，也越来越显现出垄断或者寡头垄断的趋势；其四，数字经济条件下，多层次的商业模式有利于交易双方处于不同管辖地；其五，数字经济的准入门槛较低，显现出技术升级引起的经济波动性。

数字经济依赖无形资产，可以从免费产品的外部性中获得有价值的商业模式，从而给税务机关造成确定价值产生地管辖权方面的困难。比如企业在数字经济中如何创造价值及获取利润，如何联系数字经济与税收概念中的"居民地"、"来源地"及"收入定性"概念，等等。

* 本文是教育部人文社会科学研究青年基金项目"供给侧结构性改革视角下我国税制改革的方向研究"（项目编号：16XJC790132）中期成果。
* 李淼焱，江苏南通人，副教授，财政科研学院博士后，主要研究方向财政和税收。

INTERNATIONAL TAXATION IN CHINA 2017年7期 国际税收 51

图1-56　《国际税收》内容提要排法实例

（资料来源：《国际税收》2017年7期.P51）

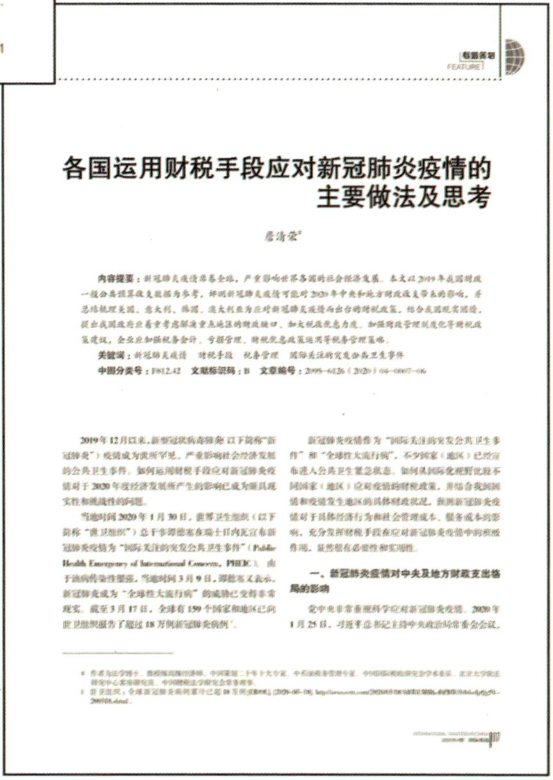

专题策划
FEATURE

各国运用财税手段应对新冠肺炎疫情的主要做法及思考

詹清荣*

内容提要：新冠肺炎疫情席卷全球，严重影响世界各国的社会经济发展。本文以2019年我国财政一般公共预算收支数据为参考，评测新冠肺炎疫情可能对2020年中央和地方财政收支带来的影响，并总结梳理美国、意大利、韩国、澳大利亚为应对新冠肺炎疫情而出台的财税政策，结合我国现实国情，提出我国政府应着重考虑解决重点地区的财政缺口、加大税收优惠力度、加强财政管理制度化等财税政策建议，企业应加强税务会计、分类管理、财税优惠政策运用等税务管理策略。

关键词：新冠肺炎疫情　财税手段　税务管理　国际关注的突发公共卫生事件

中图分类号：F812.42　文献标识码：B　文章编号：2095-6126（2020）04-0007-06

2019年12月以来，新型冠状病毒肺炎（以下简称"新冠肺炎"）疫情成为世所罕见、严重影响社会经济发展的公共卫生事件。如何运用财税手段应对新冠肺炎疫情对于2020年度经济发展所产生的影响已成为颇具现实性和挑战性的问题。

当地时间2020年1月30日，世界卫生组织（以下简称"世卫组织"）总干事谭德塞在瑞士日内瓦宣布新冠肺炎疫情为"国际关注的突发公共卫生事件"（Public Health Emergency of International Concern，PHEIC）。由于该病传染性强，当地时间3月9日，谭德塞又表示，新冠肺炎成为"全球性大流行病"的威胁已变得非常现实。截至3月17日，全球有159个国家和地区已向世卫组织报告了超过18万例新冠肺炎病例[1]。

新冠肺炎疫情作为"国际关注的突发公共卫生事件"和"全球性大流行病"，不少国家（地区）已经宣布进入公共卫生紧急状态。如何从国际化视野比较不同国家（地区）应对疫情的财税政策，并结合我国国情和疫情发生地区的具体财政状况，预测新冠肺炎疫情对于具体经济行为和社会管理成本、服务成本的影响，充分发挥财税手段在应对新冠肺炎疫情中的积极作用，显然很有必要性和实用性。

一、新冠肺炎疫情对中央及地方财政支出格局的影响

党中央非常重视科学应对新冠肺炎疫情。2020年1月25日，习近平总书记主持中央政治局常委会会议，

图1-57　《国际税收》内容提要版式实例

（资料来源：《国际税收》2020年4期.P07）

3. 正文

期刊的正文主要采用横排和竖排两种，横排采用从左到右，从上到下的顺序，左手页是主页。竖排则从上到下，从右到左，右手页是主页。版面为通栏、双栏，还是三栏，主要由期刊的性质而定。对于学术期刊，大多采用大16开双栏排法比较符合人体阅读视域。最初的《涉外税务》和2019年之前的《国际税收》是偏学术的综合类期刊，有插图、题图，用的是双栏和三栏的混合形式，以双栏为主，增加了期刊的活泼性。（图1–58、1–59）

正文字号一般采用五号或小五号。表格、图表、脚注、参考文献字号要比正文字号小两号。学术性期刊的标题选择醒目、庄重的字形，正文则选择自然、清新的字形。（图1–60）

版式设计人员要把控好版面的字距与行距，因为这将直接体现一本刊物的品位。内文字距一般都是零字距。标题要有一点字距，显得不过于拥挤，如果标题字少的话，半字空、一字空都是可以有的。行距决定了版心的行数。

此书着重介绍横排，竖排期刊如《书法》杂志。（图1–81）

各国税收纵横 TAX SYSTEMS IN DIFFERENT COUNTRIES

涉外税务 INTERNATIONAL TAXATION IN CHINA

地方税制的国际经验与借鉴

（湖北经济学院财政与公共管理学院 湖北 武汉 430205）

内容摘要 本文通过对美、德、日、法四国的地方税制进行比较分析，归纳出四国地方税制的特征，并在此基础上提出了对我国地方税制改革的建议：建立分级地方税制，选择财产税为地方税主体税种，采用集权为主的税权模式。

关键词：地方税制 国际比较 主体税种

Abstract: This paper compares local tax systems in USA, Germany, Japan and France by summing up their characteristics and experiences. Based on the comparison it suggests that China's local tax system reform should be based on a local federalism framework, property tax be the … tax of local tax system, and tax power be … Key words: Local taxation International comparison …

一、地方税制的国际比较

（一）地方税税权划分

所谓税权，简要地讲是国家（包括中央和地方）所拥有的征税权力。至于税权包含的内容，理论界的看法不尽相同，笔者比较认同"税权主要由税收立法权、税收政策制定权和税收征管权构成"的观点。从各国政府的情况看，地方税税权划分主要有高度分权型、高度集权型及集权分权结合型三种模式。

……代表的集权分权结合型。其中日本侧重于分权，德国侧重于集权。因此，本文选择了美国、法国、日本和德国四个具有代表性的国家，就其地方税制的特征及运行情况加以分析比较，以期对我国的地方税制改革有所裨益。

在分权型分税制国家，地方政府对地方税拥有较为广泛的管理权限，以及不同程度的地方税收立法权，并且地方税权的大小基本与地方政府的自治程度相一致。比如，美国税权高度分散，州和地方拥有独立的税收立法权和税收征管权，对本级地方税种的设置与变动、税率的设计与调整和税款的征收管理等方面都拥有广泛的权力，各州和地方政府之间在税种、税率和征税范围等方面有很大的不同。

在集权型分税制国家，地方政府对地方税只拥有有限的管理权力，几乎所有地方税的立法权都掌握在中央政府手中。如法国，税收立法权和行政权主要集中于中央，地方只能按国家的法律政策执行。尽管如此，地方政府在地方税方面还是享有一定的机动权，如可以决定地方税的税率，有权对纳税人采取某些减免措施，有权开征一些捐费等。

在集权与分权结合型的分税制国家，地方税权的分布又因为集权与分权的程度不同而呈现出不同的特点。侧重分权的日本，在税收立法权集中于中央的前提下，也赋予地方一定的衍生权力。地方政府（都道府县、市町村）有权根据内阁颁布的政令制定条例，同时可以出于贯彻税法的需要而制定各种各样的内部文件。此外，当地方政府出现财政赤字时，在经地方议会讨论和自治大臣批准后，可以开征用于弥补部分财政赤字的法定外普通税。侧重集权的德国，由于受共同立法权的限制，税收立法权基本控制在联邦一级，州政府一般只能对地方性的小税种行使立法权，也可以对某些地方税的税率、减免等做出规定，州以下的地方政府没有税收立法权，但税收管理权基本上集中在州一级，州一级管理的税收包括州的专享税和全部共享税，联邦政府只对很少一部分专享税进行管理。

从以上分析可知，一国地方税税权的分布状况与该国分税制的财政管理体制呈同向相关性。

（二）地方税与中央税的税种划分

要建立并完善分税制必然要在中央与地方之间划分税种，不同分税制的国家税种划分的状况不同，即使同一类型的分税制国家，税种划分也有所区别。

在高度分权的美国，地方税与中央税划分较为彻底，三级政府都有自己的固定税收，即将税收分为中央税、地方税，不设置共享税，但主要地方税实行同源共享。三级政府中的联邦政府以个人所得税、公司所得税、遗产税、赠与税和关税为主，州一级政府以个人所得税、公司所得税、社会保险税、销售税和国内消费税等为主，地方政府则以财产税、地方销售和使用税以及所得税为主。由于没有共享税，联

图1–58 《涉外税务》有插图的版式实例

（资料来源：《涉外税务》2007年4期.P48–49）

专题策划 FEATURE

构建绿色税收体系 促进绿色经济发展*

国家税务总局税收科学研究所课题组

2015年5月，中共中央、国务院印发《关于加快推进生态文明建设的意见》，首次在中央文件中明确提出"绿色化"概念，要求协调推进新型工业化、城镇化、信息化、农业现代化和绿色化，加快推进生态文明建设。2015年10月，中共十八届五中全会强调实现"十三五"时期发展目标，必须牢固树立并切实贯彻"创新、协调、绿色、开放、共享"五大发展理念。2017年10月18日，十九大报告强调要推进绿色发展，加快生态文明体制改革，建设美丽中国。与此相适应，在税收政策方面，自2016年7月1日起，全面推行资源税改革。12月25日，人大常委会通过《中华人民共和国环境保护税法》（以下简称《环境保护税法》），自2018年1月1日起施行，中国税制绿化进程有了新的突破。不过，绿色发展不仅仅需要环境保护税（以下简称环保税），更需要全面体现绿色理念的绿色税收体系。

一、绿色税收与绿化税制

绿色税收（Green Taxation）概念的提出，与自然环境恶化密切相关。二十世纪五六十年代严重的污染危机引起了人们对环保工作的重视，一些深具环保特点的经济概念，诸如绿色国民生产总值、绿色会计、绿色税收、绿色产品等被相继提出和使用。这些"绿色"概念，不仅从一个侧面反映了人们对环境保护的日益重视，更重要的是将环境资源的消耗与补偿纳入经济

* 本文是"绿色税收问题研究"课题总报告的摘选。

INTERNATIONAL TAXATION IN CHINA 2018年1期 国际税收 13

图1-59 《国际税收》有题图的版式实例

（资料来源：《国际税收》2018年1期.P13.）

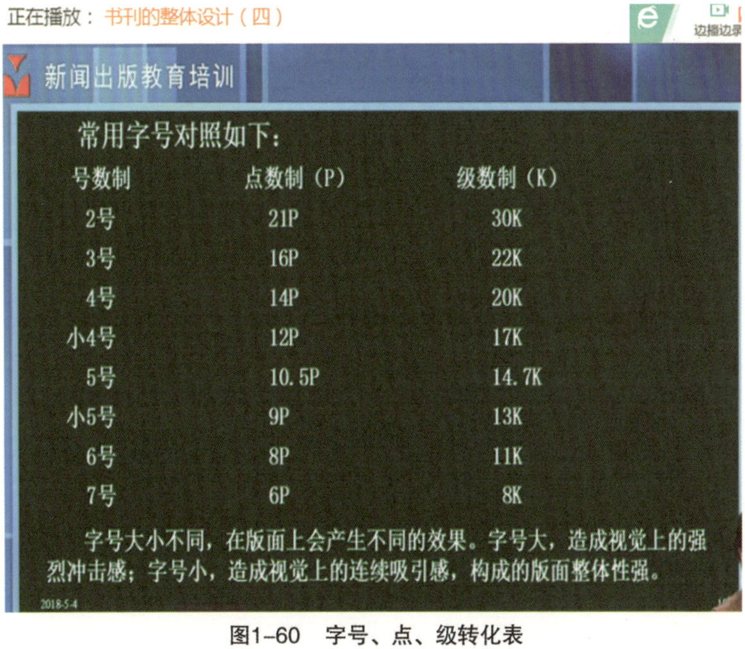

图1-60 字号、点、级转化表

4. 图表与表格

科学思想和技术知识需要用图表进行直观地表达，因为表格简洁、清晰、准确，更能强调逻辑性和对比性。另外，图表加工可以美化版面。排版过程中，为了追求协调的布局，将图表放置在文字之后，不要放在开始位置，也不许跨越自然段落。图像的分辨率宜调整到300dpi，采用tif格式，从而保证最佳阅读体验。（图1–109）

在学术期刊表格编排中，大多采用三线表形式（图1–87），小表格占半栏位置。当表格超出版心的三分之二时，均按通栏排，复杂表格可做叠栏或折栏处理，版面设计人员可根据表格的大小，排半栏或通栏。在排版时，表题字号要比表文字号大，而表文字号要比正文字号小。学术期刊除了要传递文字信息，也要将排版的美传递给读者，因此设计师要注意表格与刊物类型协调，编排也要求整齐、美观。（图1–61）

5. 图表、表格说明

图表、表格说明是对图表、表格内容加以解释的文字，包括图号、图题和图注。

图号是对图表、表格按顺序进行编码，建立索引的序号，主要由数字表示。（图1–107）

图题即图表、表格的名称，图题置于图号后。图注又称图说，是图表、表格的注释说明。

图号和图题的长度通常需要小于图的宽度，当图注过多或版面位置有限时，图题和图注的宽度可以超过图宽。图题如果较长需要转行时，完整词汇不能拆开，排版上要注意美观，第二行的

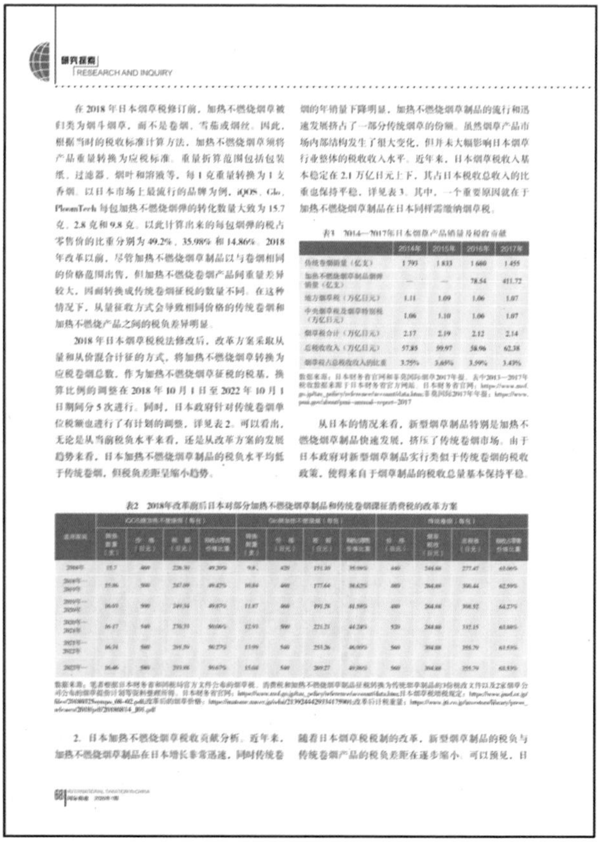

图1–61　《国际税收》表格版式实例
（资料来源：《国际税收》2020年1期.P68）

长度要小于第一行，但不能相差太多，并需要注意对齐方式。图注转行如果超过两行，第二行起可齐头排，最后一行按照美观程度，齐头排和居中排两种形式均可以选择，字数不能太短。（图1–107）

6. 注释

注释是对图书内容加以解释的总称。注释能够让阅读更顺畅，其类型主要包括：脚注、尾注、页旁注。

脚注以版面为单位，在版心内用1/4版心线进行分割，需要保持两行字间距，同时左右两边还需要各缩两格。脚注同一版面连续编号，尾注放在正文最后，所以不分版面，是按照顺序进行编号的。脚注和尾注均需要采用小于正文两点的字号排注。（图1–44）

三、如何计算版面字数

（一）如何计算版面字数

正确计算字数是对后续排好版式、增减字数的基础。一般分为以下几个步骤：

在计算字数前，首先要知道正文的栏式（是通栏，还是双栏等），标题的排法（是横排，还是竖排）。

1. 知道标题、副标题、作者信息所占的行数

因为期刊版面的行数是固定的，确定了标题等就知道实占版面行数了。在排版时需要将标题空出三四行，使版面更美观。用标题占的行数乘每行的字数，就可以得到标题占行的总字数。《国际税收》的标题最少占十二行。

2. 设计小标题占的行数

为使小标题醒目，《国际税收》一级小标题占二行，二级小标题占一行。

3. 正文

刊物字数计算，与word或稿费的字数计算不同，主要是计算版心字数。正文都是用段落来计算字数，用每段包含的行数乘每行的字数，如果不足一行以一行计。数字算完后，根据刊物的栏式、字体、每行字数计算该段文字应占版面的行数。

在进行以上三项工作时，可以用铅笔在原稿每一页的右侧标明占版面行数。最后，将标题占的行数、小标题占的行数及每一段正文的行数相加，即为该文占版面的总行数，亦知道了该文占多大版面。同时，如果有图表的话，要计算出此文的图表所占的行数，及脚注所占的行数，为凑整版面或半版面时，适当调整标题及小标题的行数，或脚注和内文的空间、距离，主要是进行加大或缩小处理。

另外，为使版面字数折算方便，要记住刊物的一面的版式规范是多少字。

（二）计算字数是编辑人员必备的素质要求

编辑人员应了解计算机排版的可视化，应知道如何根据行列计算要刊登稿件的字数，以及表格、脚注如何折合为内文字数。

计算字数是编辑人员应掌握的基本技能，因为编辑审校的这篇稿子在期刊中要占几页，多十行到十五行就要删掉，少于半页，就要加几百字。而美编已不用计算字数、画版了，有了计算机排版软件之后，美编把电子文档内容套入版式中，文字多不多，少不少，一排便知，省去了铅排时的画版环节。因此把控字数成了文编的基本功，字数把控合理后可减少美编不必要的重复劳动和节省稿件往返删改的时间。

四、排版设计的细节要求

（一）编排标题及设计版面时注意事项

1. 不能对题

所谓对题是指在一个版面或一对合页版面中，两个标题并列对称。此种标题在实际阅读体验中显得呆板、凝滞，需要避免。

对题举例：学术期刊几乎没有这种情况出现了，如有，排版人员把它向下错开就可以了。或者在标题行数、空间、起首上有所变化，再就是一个标题竖排就可以了。（图1–62）

2. 不能重题

如果版面中出现两个或者两个以上的标题，上下重叠，这种情况为重题。它同样给人一种呆板、凝滞的感觉，也是需要我们规避的情况。解决起来也很方便，只需要错开标题位置就可以了。重题主要指一页放两篇以上文章的情况，像《国际税收》的“国际税讯”栏目一页登八九个“豆腐块”的税讯，重题不可避免，反而会产生一种随机的节奏感。（图1–40、1–63）

注：上图就叫对页对题了。

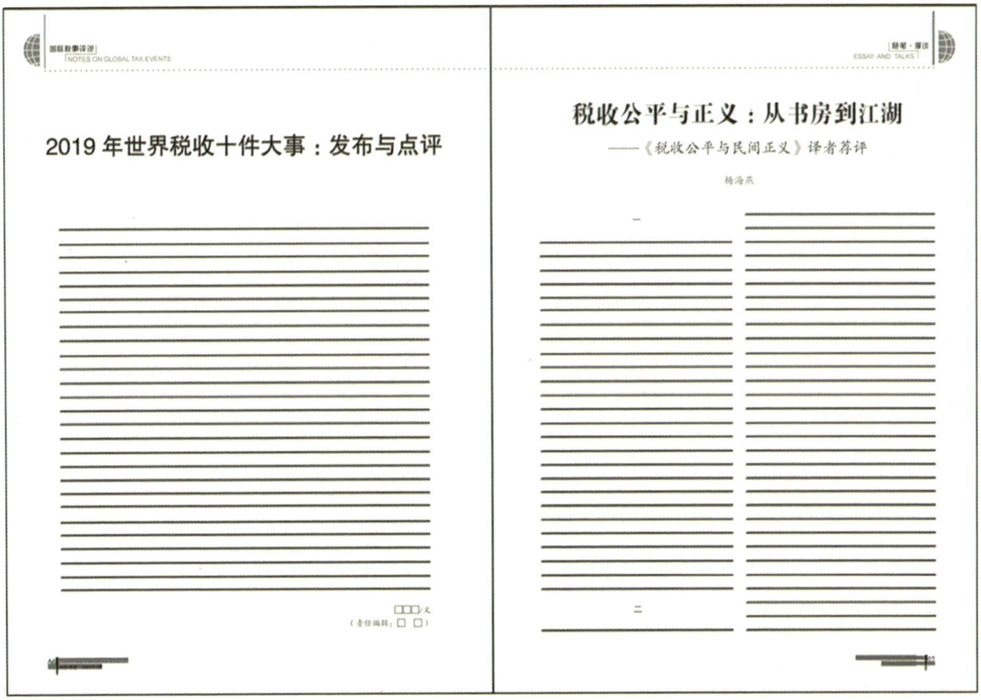

注：通栏标题和双行标题相区别。右篇正好有副标题，这样错落一下，问题就解决了。两篇文章的内文做通栏与双栏的版式变化，也是一种辅助的形式。

图1-62　对页不能对题的解决方案示例

注：左边重题了，右边上下标题错开，问题得以解决。

图1-63　重题的解决方案示例

3. 不能背题

背题是指把文章的标题赶到版面的下部以及最后，而正文只排几行或排在另一版面，这在排版中应该严格避免。此种现象可能出现在小标题编排环节。

4. 小结

对于一期稿子来说，第一，版面起首要根据前后关系决定其起首形式，应有间隔的交换，可根据文章多少，采取通栏变异、双栏下垂或双栏上升的方式。第二，标题的排法要在左齐、居中、阶梯等形式中多交换。第三，标题字体、字号（包括小标题的字体、字号）要统一，不宜变化，至多变化一种字体。第四，全期刊物要有基本字体组成，内容摘要、脚注、参考文献要与内文有所变化，起到丰富的效果，但不宜超过四种字体。

（二）转行、转版的几种处理方式

另页起，一般是从单页起开排，即横排本左侧装订的书，单页为正面。另面起，就无所谓正面反面，即无所谓单页双页。我们编排文章、设计版面时，一般都是将一篇文章从面首开始编排的，这样除了使版面美观之外，还有尊重作者的意思。最理想的编排是，每篇文章都正好排满整版，如一整版、二整版、三整版等，但篇篇都这样很难做到，因此要出现转行、转版的问题。下面，列举转行、转版的几种处理方式。

1. 文字可转页

期刊上的文章由于字数的原因，期刊页面有时候会出现一些空白，而期刊的版面宝贵，必须将空间都利用上，一部分文章的末尾的文字会转至其他版面的空白处续完。文字转页作为一种不得已的方法，不推荐使用或者尽量少用。

2. 有一些情况不宜转页

（1）末尾不足五行的版面不适合转页使用，此时我们只能进行“缩行”处理或者调整标题、插图、表格等其他非内文文字的版面面积，使文章总行数减少到排满整页。

（2）有些文字内容非常重要，不适宜删除文字；还有一些文章剩余的字数超过了半个版面，这两种情况也不能做转页处理，只能留白，将留白位置供其他文章使用。

3. 什么时候可以转页

即排完版后，多余行数超过了五行，而且不超过半个版面，此时就可以选择转页。或者正常排版，将其他多余的文字放到此版面的空白位置。

4. 必须做转页处理时应注意

（1）在转页操作后，需要在正常排版的最后位置写上“（下转第××页）”，转页处接排文章的开头也必须写上“（上接第××页）”。（图1–41）

（2）转页文章，尽量靠后，即转页页码大于正常排版文章的页码，理想状态是转到下一页。这种情况就可以省略转接的说明性文字。不推荐转页到该版面之前的页码。

（3）转页后的文字，不管转页的文字有多少，均只能放在转页版面的下半部分。

这种形式可以减少编辑加字、删字的时间占用，是一种灵活变通的方法，一本杂志最好不要超过三处，如果有五六篇文章下转上接，那么读者看起来很不方便，刊物也显太乱。必须向后转文，不可逆转。从个人工作经验来看，以后英文摘要也可转页接排了。

参考文献：

[1] 马春峰. 第六讲 版式设计[A]. 期刊编辑讲座（86–97）[C]. 北京：中国财政经济出版社，1989.

[2] 李晓娟. 学术期刊的风格与编辑的品位[J].http://www.cnki.com.cn/Article/CJFDTotal-XXTS200104029.htm

[4] 夏利瑛. 期刊的整体设计（[一]—[五]）[Z]. 新闻出版广电总局培训中心[2019]. http://www.gappedu.gov.cn/xwzscms/.

[5] 满都拉. 美术编辑工作指南[M]. 北京：清华大学出版社，2012.

设计作品成绩展示

第三节　于细微处见精神

学术期刊在思想上要有创新性，在主体上要有个性和特色。学术期刊在普世的基础上要形成自己的风格才能在期刊界、学术界凸显和发展。作为期刊的美术编辑，要知道这些版式的细节。

期刊内页设计是对期刊内容版面的编排设计，包括目录页的版式设计及版权页的装帧设计。

一、空间元素

空间元素用于确定版面整体结构和其他元素的位置，期刊内页设计的空间元素包括版心、分栏、字距、行距等。

（一）版心

版心是杂志内容放置的位置，是杂志阅读中视觉移动的主要区域。版心大，则信息量大，容易产生视觉疲劳。版心小，则信息量相应减少，方便读者快速浏览版面、翻转页面。版心四周的空白叫周空，分别叫：天头、地脚、左白边、右白边。天头与地脚的空白是有比例关系的。（图1–64）

（二）分栏

分栏是将版心纵向平均分割为等宽的视觉区域，现在大多数大16开期刊都做分栏处理，采用单栏或通栏的期刊很少。

图1-64 《国际税收》双栏版心实例

（资料来源：《国际税收》2020年1期.P11）

两栏或双栏，即版心纵向平均分隔成两栏，缩短眼球移动距离，增加了信息容量。

三栏或多栏，即版心纵向平均分成三栏或者更多，信息容量更大。（图1-65、1-66、1-67、1-68）

（三）目录

目录是杂志正文前表明基本内容和层次结构的部分，题列栏目和各栏目标题，指导读者了解本期内容兼有检索和介绍功能。

目录设计首先要栏目清晰，栏目和标题之间用不同的字体和字号进行区分，栏目与标题之间留出一定的空间，栏目与栏目之间也要留出一定的空间。为了便于读者阅读，有副标题的目录标题也要区分出字体来，最好比正标题小一号字。（图1-69）

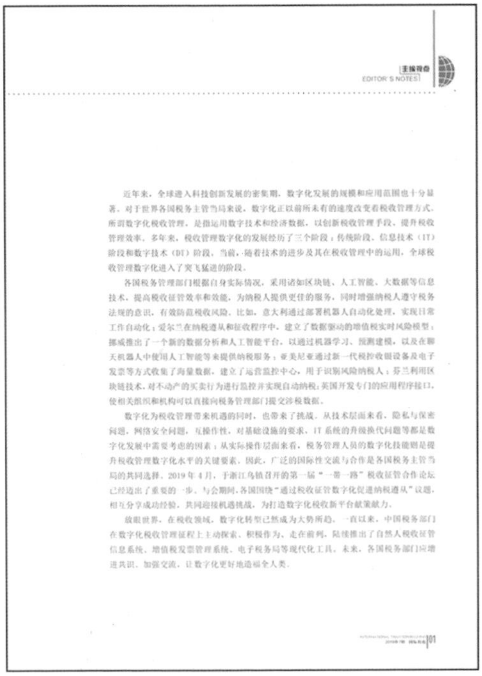

注：一栏或称通栏。版面视线从左至右移动，适用于文字量小、字数少的文章内容。

图1–65 《国际税收》通栏版式效果实例

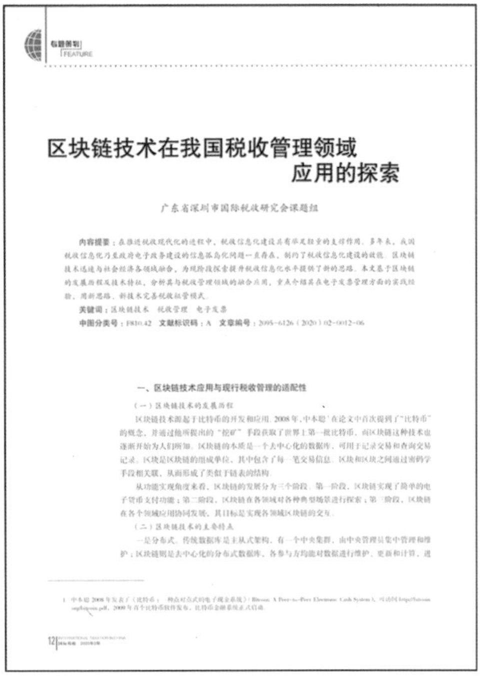

注：一栏格式也可用于调剂文章布局，如此实例，起首用一栏排法，与双栏配合使用，解决背题、脚注对应不到本页、文尾空间不足的问题。

图1–66 《国际税收》通栏版式效果实例

注：双栏，版心纵向等分为两栏。现代国际大16开本的学术期刊适用于双栏版式，文字量大，图片不多，符合人体视觉工学，便于阅读。

图1–67 《国际税收》双栏版式效果实例

注：三栏，版心纵向等分为三栏。适用于小块文章的摆放、安排，如有图形，摆放起来使之变化多样。

图1–68 《国际税收》三栏版式效果实例

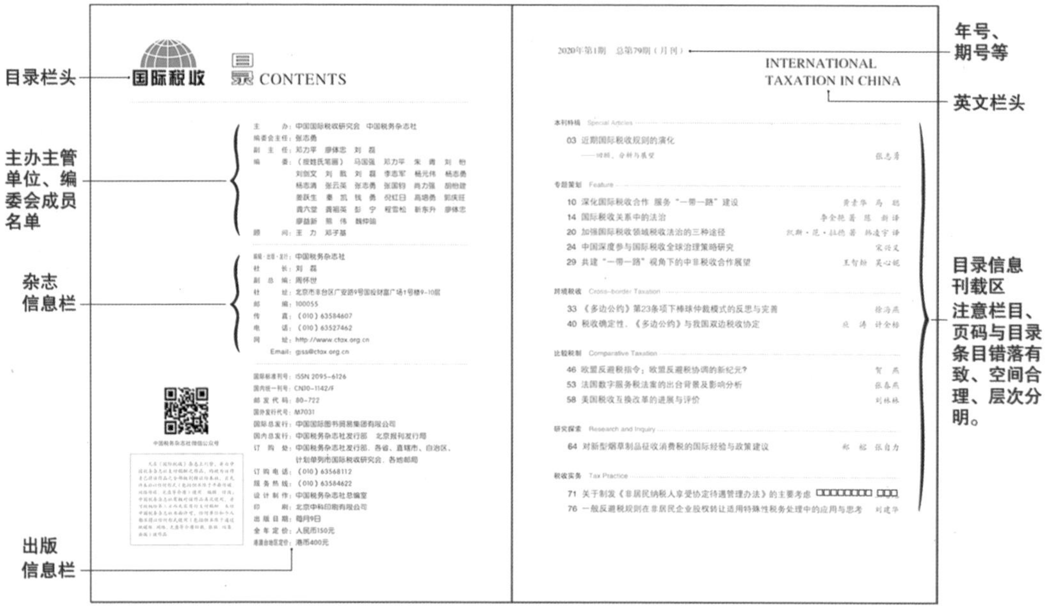

注：双版目录+版权

图1-69《国际税收》目录、版权页实例

（资料来源：《国际税收》2020年1期.封二、P1）

（四）刊眉

刊眉（页眉）是印在版心之上的天头位置的文字，有区隔不同栏目的作用，一般用比正文小的字级排列。此处既可以刊名和栏目名分别放置单双页，也可都放栏目名，既方便翻阅，又丰富了期刊内容和风格。对于单码版面和双码版面在放置刊名和栏目名的时候如何分配位置，并没有一个统一标准，但是要保证单本排版统一。（图1–70、1–71）

跟正文相比，刊眉文字内容的字号更小一些，色彩要弱一些，字体多变一些。同时要用一条“页眉线”使之与内文区别开来。页眉线的长度可超过版心宽度。刊眉文字过长的，可作适当删节，但全刊必须一致。当编辑部无法对刊眉文字进行删节时，用长字（变形同体文字，即字高不变，字宽变窄）的办法，排下过长的目录文字。直排期刊的页眉，排印在切口，也可排在折缝处中间，所以也称“中缝”。

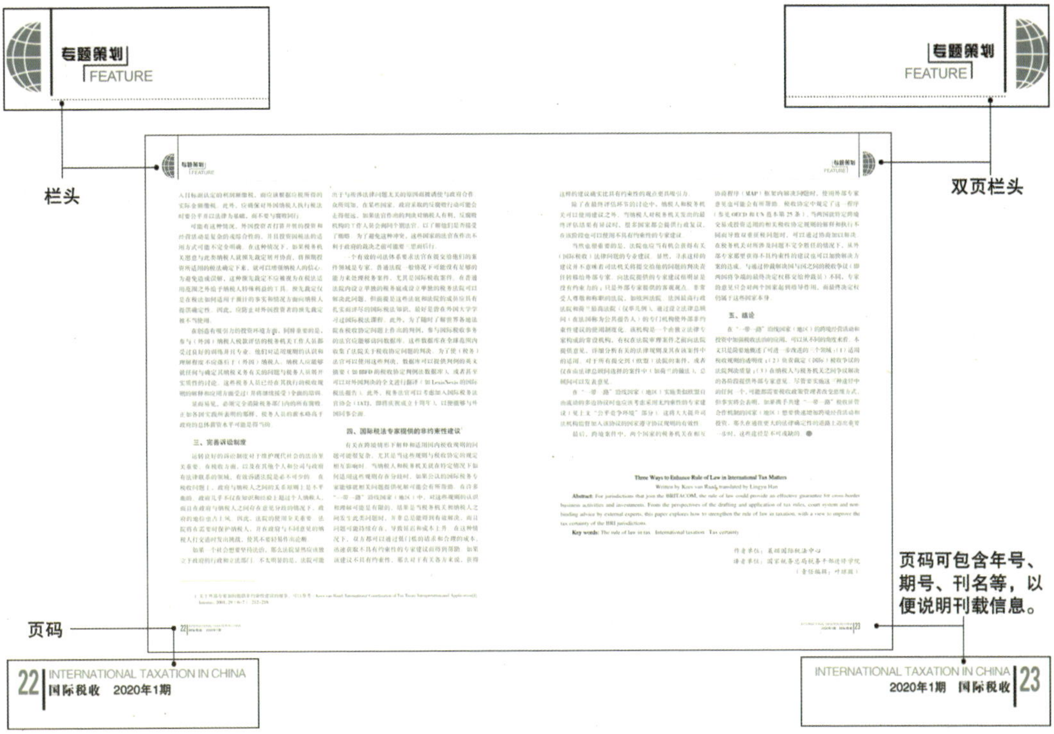

图1-70 《国际税收》双栏头、页码实例

（资料来源：《中国税务》2020年1期.P22-23）

图1-71 《涉外税务》单页栏头实例

（资料来源：《中国税务》2007年2期.P6-7）

（五）页码

页码是标明版面顺序的数字，期刊中的页码一般都为阿拉伯数字。除了少部分刊物选择将页码放在天头位置或者居中后与刊眉排在一行，大部分刊物的页码都在地脚空间靠近切口处的位置。

期刊的页码相对于图书要复杂得多，期刊页码需要包含出版年号、期号、杂志名称等信息。封二、封三如果没有广告的话可以排内文的内容，如版权页、目录、文章。封二不编入页码，页码一般从杂志第一页开始到刊末最后一页连续编号。正文之前的主编视点、目录、编委会名单等，通称“文前页”，一般作为暗码（编入页码的序列）。当某一页面有整版的图片或者图标，也应该使用暗码。卷首以及目录位置所用暗码通常被叫作空码，是一个专业词汇。最后根据期刊的性质、开本和版式选用合适的页码字号。（图1–70）

对于竖排的期刊，页码可使用汉字，便于竖排。

二、文本元素

文本元素主要有标题、文中内容摘要、关键词、正文、图表、图注（或表注）、脚注、参考文献等不同内容的信息，需通过改变字体、字号或色彩等体现。

（一）标题

学术期刊标题常用字体要按“强弱”顺序来编排，有黑体、大标宋、小标宋、楷体、仿宋体等。（图1–72）

同一级的标题，字体的选择必须按由重到轻的规则（黑、标宋、宋、楷、仿宋）。

标题除了这些常用的字体，还可包括基本字体的变体，但学术期刊基本不用变体字。

标题有大标题和小标题之分，在学术期刊小标题最多可以分为四级。在字体字号的使用上，除了一级标题字号比正文字号大一号外，二、三、四级标题的字号与正文字号相同，需要注意的是二级标题建议使用不同字体，以示区分。也有一些刊物，一级、二级标题的字号是一样的，但它们的字体一定是不同的，这样才可使文章层次分明。要避免将标题处于版面的最后一行。

小标题不可背题：书刊版面中较大的标题出现在版末，题下无正文行是必须避免的。

不同的标题层级，对正文行数也有一定要求，二级标题通常要有三行及以上文字，三级标题至少需要一行正文，四级标题后面可以不带正文。而学术期刊对此要求有所区别，一、二级标题后面至少一行正文，三、四级标题都可以不带正文。小标题在排版时可设置网线、框线、斜体、下划线等来装饰，也可使用不同的灰度和色彩区分。（图1–73）

各级标题的占行和风格一经设定，全书必须一致。只有在两级标题连排的时候，才能省减一行，其目的也是为了避免两级标题因为接排而导致空间过于稀疏。当一面有占行数较多的一级标题时，这个一级标题的占行数可做减少一行的特例

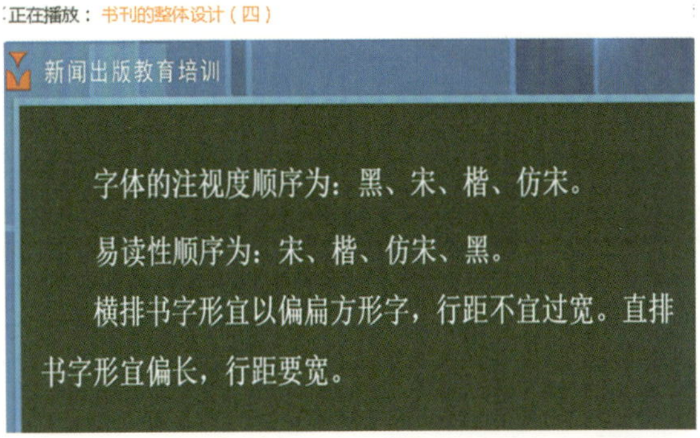

图1–72　书刊的整体设计（四）主讲人：夏利瑛

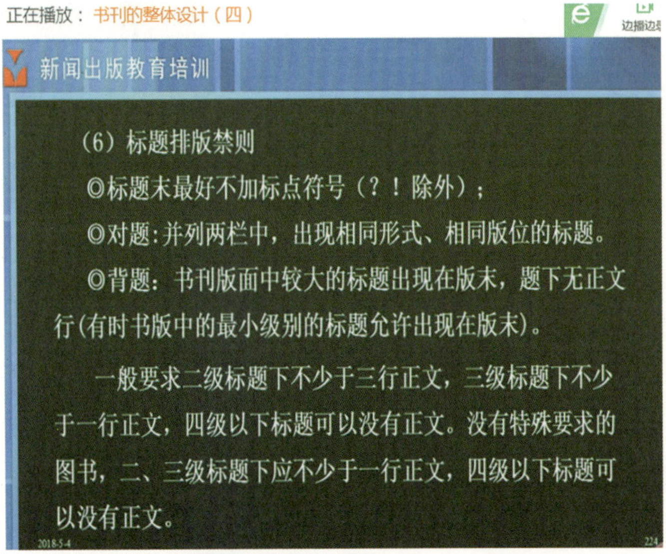

图1–73　书刊的整体设计（四）主讲人：夏利瑛

处理。这不造成背题，全刊又比较均衡。我们要掌握这些技巧来做好我们的期刊。

大标题一般用一号字或小特号字，字体只用黑体和小标宋体。标题所占空间不得小于正文通栏的十行，小了就显得拥挤了。大标题的排法除靠左对齐、靠右对齐、居中对齐、阶梯排法外，两行标题要注意行距的舒适度，不要过近，也不可过远，要恰到好处。（图1–74）

字数较少的标题文字，除每一个字本身所具有的字间空外，必须再适当增加字空。二字间空2个字或1.5个字，三字间空1个字或1.5个字，四字间空1/2个字或1个字，五字间空1/2或1/4个字，六字以上不空或空1/4个字。也可以视版心大小来定字空，这是一个间空原则。（可参考夏利瑛主讲，期刊整体设计）（图1–75、1–76、1–77）

标题方正黑体；加粗0.05点，右齐排法。

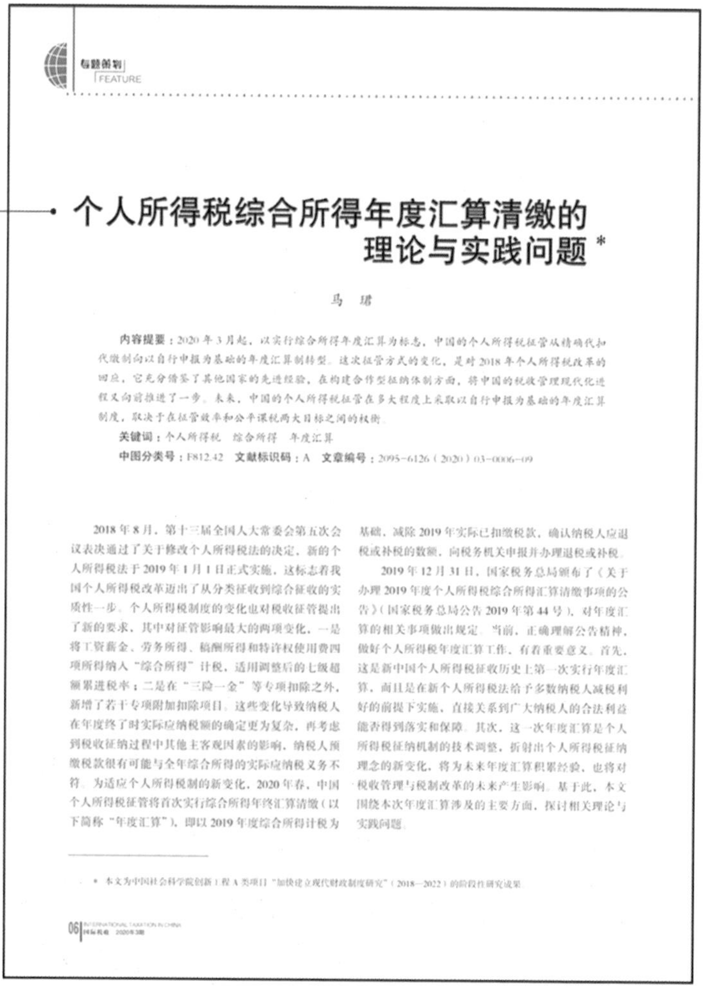
专题策划
FEATURE

个人所得税综合所得年度汇算清缴的理论与实践问题*

马 珺

内容提要：2020年3月起，以实行综合所得年度汇算为标志，中国的个人所得税征管从精确代扣代缴制向以自行申报为基础的年度汇算制转型。这次征管方式的变化，是对2018年个人所得税改革的回应，它充分借鉴了其他国家的先进经验，在构建合作型征纳体制方面，将中国的税收管理现代化进程又向前推进了一步。未来，中国的个人所得税征管在多大程度上采取以自行申报为基础的年度汇算制度，取决于在征管效率和公平课税两大目标之间的权衡。

关键词：个人所得税 综合所得 年度汇算

中图分类号：F812.42 文献标识码：A 文章编号：2095–6126（2020）03–0006–09

2018年8月，第十三届全国人大常委会第五次会议表决通过了关于修改个人所得税法的决定，新的个人所得税法于2019年1月1日正式实施，这标志着我国个人所得税改革迈出了从分类征收到综合征收的实质性一步。个人所得税制度的变化也对税收征管提出了新的要求，其中对征管影响最大的两项变化，一是将工资薪金、劳务所得、稿酬所得和特许权使用费四项所得纳入“综合所得”计税，适用调整后的七级超额累进税率；二是在“三险一金”等专项扣除之外，新增了若干专项附加扣除项目。这些变化导致纳税人在年度终了时实际应纳税额的确定更为复杂，再考虑到税收征纳过程中其他主客观因素的影响，纳税人预缴税款很有可能与全年综合所得的实际应纳税义务不符。为适应个人所得税制的新变化，2020年春，中国个人所得税征管将首次实行综合所得年终汇算清缴（以下简称“年度汇算”），即以2019年度综合所得计税为基础，减除2019年实际已扣缴税款，确认纳税人应退税或补税的数额，向税务机关申报并办理退税或补税。

2019年12月31日，国家税务总局颁布了《关于办理2019年度个人所得税综合所得汇算清缴事项的公告》（国家税务总局公告2019年第44号），对年度汇算的相关事项做出规定。当前，正确理解公告精神，做好个人所得税年度汇算工作，有着重要意义。首先，这是新中国个人所得税征收历史上第一次实行年度汇算，而且是在新个人所得税法给予多数纳税人减税利好的前提下实施，直接关系到广大纳税人的合法利益能否得到落实和保障。其次，这一次年度汇算是个人所得税征纳机制的技术调整，折射出个人所得税征纳理念的新变化，将为未来年度汇算积累经验，也将对税收管理与税制改革的未来产生影响。基于此，本文围绕本次年度汇算涉及的主要方面，探讨相关理论与实践问题。

* 本文为中国社会科学院创新工程A类项目“加快建立现代财政制度研究”（2018—2022）的阶段性研究成果。

06 INTERNATIONAL TAXATION IN CHINA
国际税收 2020年3期

图1–74 《国际税收》版式实例

（资料来源：《国际税收》3期.P06）

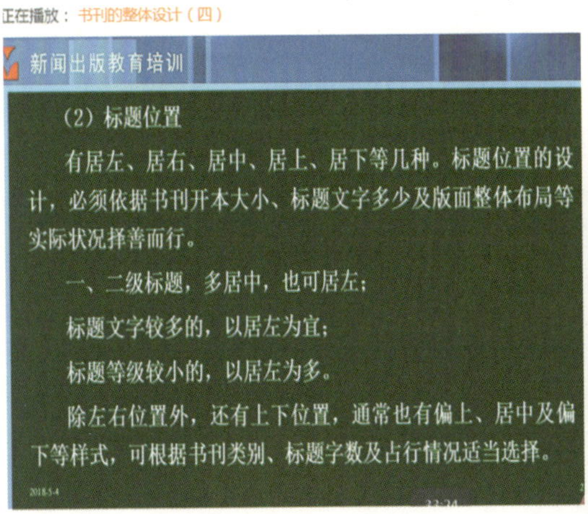

图1–75　夏利瑛主讲.书刊的整体设计（四）课件

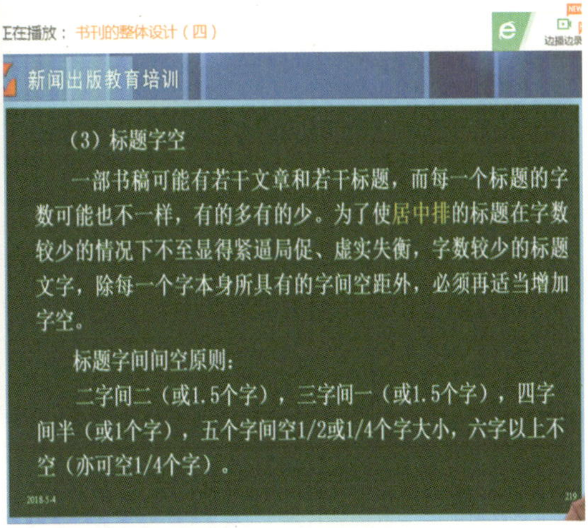

图1–76　夏利瑛主讲.书刊的整体设计（四）课件

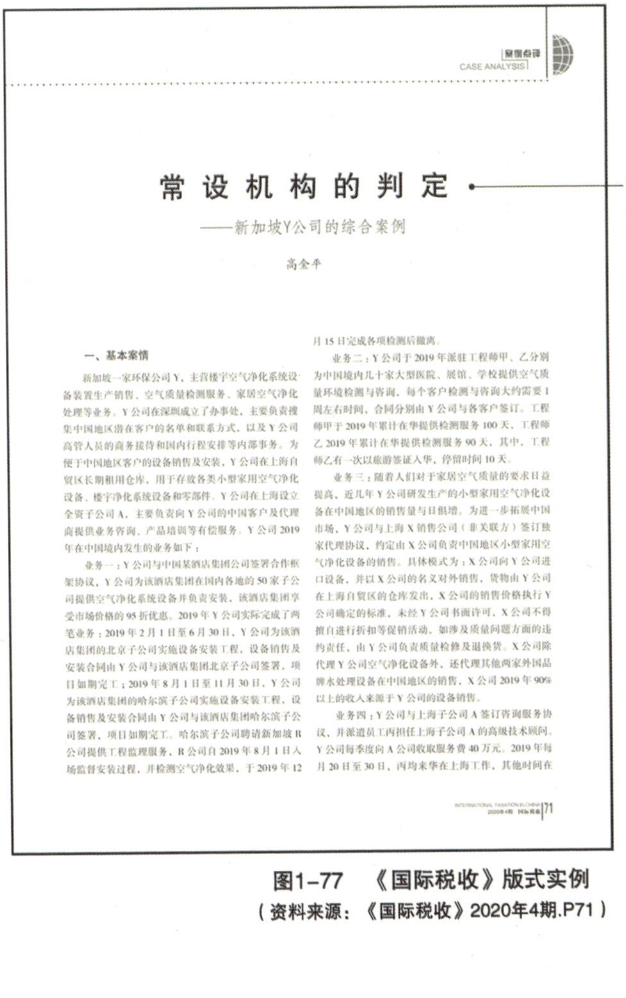
案例点评
CASE ANALYSIS

常 设 机 构 的 判 定

——新加坡Y公司的综合案例

高金平

一、基本案情

新加坡一家环保公司Y，主营楼宇空气净化系统设备装置生产销售、空气质量检测服务、家居空气净化处理等业务。Y公司在深圳成立了办事处，主要负责搜集中国地区潜在客户的名单和联系方式，以及Y公司高管人员的商务接待和国内行程安排等内部事务。为便于中国地区客户的设备销售及安装，Y公司在上海自贸区长期租用仓库，用于存放各类小型家用空气净化设备、楼宇净化系统设备和零部件。Y公司在上海设立全资子公司A，主要负责向Y公司的中国客户及代理商提供业务咨询、产品培训等有偿服务。Y公司2019年在中国境内发生的业务如下：

业务一：Y公司与中国某酒店集团公司签署合作框架协议，Y公司为该酒店集团在国内各地的50家子公司提供空气净化系统设备并负责安装，该酒店集团享受市场价格的95折优惠。2019年Y公司实际完成了两笔业务：2019年2月1日至6月30日，Y公司为该酒店集团的北京子公司实施设备安装工程，设备销售及安装合同由Y公司与该酒店集团北京子公司签署，项目如期完工；2019年8月1日至11月30日，Y公司为该酒店集团的哈尔滨子公司实施设备安装工程，设备销售及安装合同由Y公司与该酒店集团哈尔滨子公司签署，项目如期完工。哈尔滨子公司聘请新加坡R公司提供工程监理服务，R公司自2019年8月1日入场监督安装过程，并检测空气净化效果，于2019年12月15日完成各项检测后撤离。

业务二：Y公司于2019年派驻工程师甲、乙分别为中国境内几十家大型医院、展馆、学校提供空气质量环境检测与咨询，每个客户检测与咨询大约需要1周左右时间，合同分别由Y公司与各客户签订。工程师甲于2019年累计在华提供检测服务100天，工程师乙2019年累计在华提供检测服务90天，其中，工程师乙有一次以旅游签证入华，停留时间10天。

业务三：随着人们对于家居空气质量的要求日益提高，近几年Y公司研发生产的小型家用空气净化设备在中国地区的销售量与日俱增。为进一步拓展中国市场，Y公司与上海X销售公司（非关联方）签订独家代理协议，约定由X公司负责中国地区小型家用空气净化设备的销售。具体模式为：X公司向Y公司进口设备，并以X公司的名义对外销售，货物由Y公司在上海自贸区的仓库发出，X公司的销售价格执行Y公司确定的标准，未经Y公司书面许可，X公司不得擅自进行折扣等促销活动，如涉及质量问题方面的违约责任，由Y公司负责质量检修及退换货。X公司除代理Y公司空气净化设备外，还代理其他两家外国品牌水处理设备在中国地区的销售，X公司2019年90%以上的收入来源于Y公司的设备销售。

业务四：Y公司与上海子公司A签订咨询服务协议，并派遣员工丙担任上海子公司A的高级技术顾问。Y公司每季度向A公司收取服务费40万元。2019年每月20日至30日，丙均来华在上海工作，其他时间在

INTERNATIONAL TAXATION IN CHINA
2020年4期　国际税收｜71

遇短标题可适当加大字距，以整体舒适、好看、不散为原则。

图1–77　《国际税收》版式实例
（资料来源：《国际税收》2020年4期.P71）

在标题文字单行长度超过正文单行长度3/4的时候，标题需要实施转行操作。

小标题转行有转行顶格，转行齐肩、转行居中三种形式，应根据标题字数多寡，上行标题文字排法（如上行居中，转行则必须居中）等实际情况而定。

在处理标题排版的时候，必须坚持“不损文意、便于阅读”的规范：

1. 标题转行不能割裂复音词，不能分解词语；

2. 所、者、之以及叹词都不能转为标题换行后的第一字；

3. 介词（如：以、为、于）与连词（如：而、则、与）不能单独留在上行末尾。（图1–78）

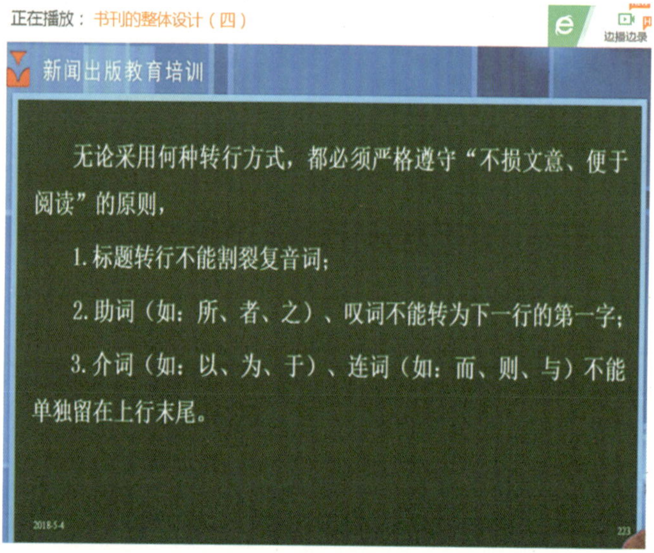

图1–78　夏利瑛主讲.书刊的整体设计（四）课件

（二）内容提要

内容提要，将正文中重要、精华的文字编辑摘录，采用不同于正文的字体、加边框、加线等形式突出设计，成为版面视觉点。

内容提要的形式，一方面突出了信息，一方面使版面富于变化，使读者的视觉在正文的阅读中形成重点与间歇。内容提要前后要比左右版心缩进两个字，在空间上形成变化，达到层次互补的作用。（图1–79、1–80）

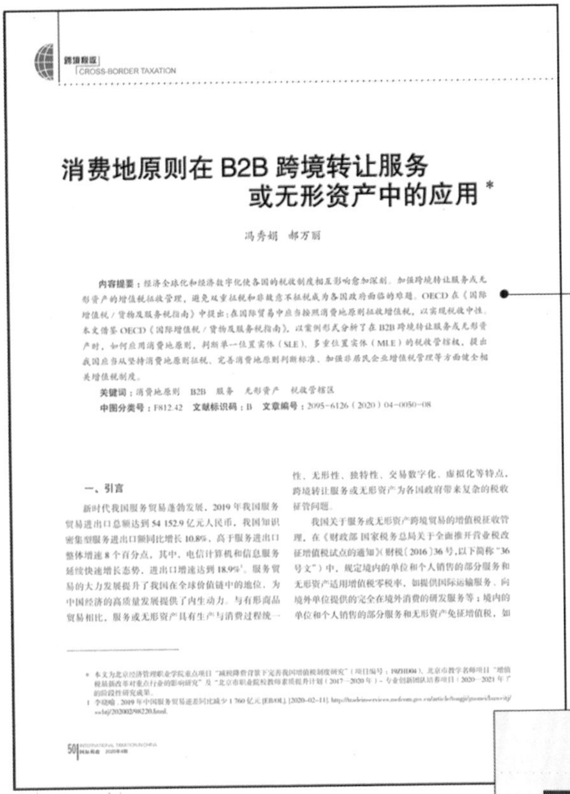
跨境税收
CROSS-BORDER TAXATION

消费地原则在 B2B 跨境转让服务或无形资产中的应用 *

冯秀娟　郝万丽

内容提要：经济全球化和经济数字化使各国的税收制度相互影响愈加深刻。加强跨境转让服务或无形资产的增值税征收管理，避免双重征税和非故意不征税成为各国政府面临的难题。OECD 在《国际增值税／货物及服务税指南》中提出：在国际贸易中应当按照消费地原则征收增值税，以实现税收中性。本文借鉴 OECD《国际增值税／货物及服务税指南》，以案例形式分析了在 B2B 跨境转让服务或无形资产时，如何应用消费地原则，判断单一位置实体（SLE）、多重位置实体（MLE）的税收管辖权，提出我国应当从坚持消费地原则征税、完善消费地原则判断标准、加强非居民企业增值税管理等方面健全相关增值税制度。

关键词：消费地原则　B2B　服务　无形资产　税收管辖区

中图分类号：F812.42　文献标识码：B　文章编号：2095-6126（2020）04-0050-08

一、引言

新时代我国服务贸易蓬勃发展，2019 年我国服务贸易进出口总额达到 54 152.9 亿元人民币，我国知识密集型服务进出口额同比增长 10.8%，高于服务进出口整体增速 8 个百分点，其中，电信计算机和信息服务延续快速增长态势，进出口增速达到 18.9%[1]。服务贸易的大力发展提升了我国在全球价值链中的地位，为中国经济的高质量发展提供了内生动力。与有形商品贸易相比，服务或无形资产具有生产与消费过程统一性、无形性、独特性、交易数字化、虚拟化等特点，跨境转让服务或无形资产为各国政府带来复杂的税收征管问题。

我国关于服务或无形资产跨境贸易的增值税征收管理，在《财政部 国家税务总局关于全面推开营业税改征增值税试点的通知》（财税〔2016〕36 号，以下简称“36 号文”）中，规定境内的单位和个人销售的部分服务和无形资产适用增值税零税率，如提供国际运输服务、向境外单位提供的完全在境外消费的研发服务等；境内的单位和个人销售的部分服务和无形资产免征增值税，如

* 本文为北京经济管理职业学院重点项目“减税降费背景下完善我国增值税制度研究”（项目编号：19ZH004）、北京市教学名师项目“增值税扩围改革对重点行业的影响研究”及“北京市职业院校教师素质提升计划（2017—2020 年）- 专业创新团队培养项目（2020—2021 年）”的阶段性研究成果。

1 李晓喻．2019 年中国服务贸易逆差同比减少 1 760 亿元 [EB/OL]. [2020-02-11]. http://tradeinservices.mofcom.gov.cn/article/tongji/guonei/buweitj/swbtj/202002/98220.html.

50 国际税收 2020年4期

文中摘要的字体、字号要不同于正文和引言，视觉要与正文有所区别。此摘要宽度比版心左右各缩两格，与脚注左方空间形成呼应，达到整体中的变化。

图1-79　《国际税收》内容摘要版式实例
（资料来源：《国际税收》2020年4期.P50）

涉外税务
INTERNATIONAL TAXATION IN CHINA

减轻银行业税负 提高银行业资本充足率

李红坤（山东经济学院财政金融学院 山东济南 250014）

内容摘要：随着加入WTO过渡期的结束，我国内资银行业普遍面临着与外资银行间开展激烈竞争，以及资本充足率不足两大问题。本文分析认为，我国银行业税负与国外银行业比较相对偏重，内资银行业税负与外资银行业相比也较重。因此，减轻税负、完善金融税制是提高我国银行业资本充足率、增强自身竞争力的当务之急。

关键词：银行业　税负　资本充足率

Abstract: After the adjustment period of entry into WTO, Chinese-funded banks are confronted with two big issues as severe competitions with foreign-funded banks and low capital abundant ratio. This article argues that tax burden of domestic banks is heavier than their counterparts in foreign countries, and tax burden of Chinese-funded banks is heavier than foreign-funded banks in China. Therefore, lightening tax burden and improving financial tax system is an urgent task for enhancing capital abundant ratio of banks in China.

Key words: Banking industry　Tax Burden　Capital abundant ratio

随着2006年底我国加入WTO过渡期的结束，内资银行面临着两个严峻的问题：1.我国关税在两三年内将接近最终减让水平，非关税措施即将全面取消，服务市场开放力度迅速扩大，将逐步取消外资银行进入的地域限制、数量限制、股权份额限制等，内资银行将真正面临严峻的生存挑战，竞争会日趋激烈。2.内资银行资本充足率仍然严重不足。这些问题都将影响内资银行的生存发展，以至国家金融安全。

从税收对银行资本充足率的影响机制来看，主要是通过对内源资本的影响实现的。税收负担的轻重会影响银行税后净利润，进而影响银行所提取的盈余公积和未分配利润的大小，这两项都属于银行核心资本项目，其增加速度和规模直接关系到银行核心资本的比率。因而，税收负担会影响到银行自身资本积累的能力，降低银行税负在一定程度上有利于银行资本充足率的提高。

一、我国银行业税制存在的主要问题

（一）当前税制下我国银行业的税负偏重

一直以来，由于商业银行以货币资金为经营对象的特点和我国商业银行的国有性质，政府可以快速而稳定地从银行业取得大量财政收入，所以我国在税收方面对银行业实行了区别于其他行业的特殊政策。1994年税制改革时保留了对国有商业银行和保险公司实行55%的企业所得税税率的政策，1997年在将国有金融机构的企业所得税税率减至33%的同时，又将全部金

15

以底纹来区分文中摘要的视觉。

图1-80　《涉外税务》内容摘要版式实例
（资料来源：《涉外税务》2007年1期.P15）

（三）正文

1. 期刊正文的排式

期刊的正文整体上有横排和竖排两种，横排采用从左到右，从上到下，从左手页开始编排；竖排则从上到下，从右到左，从右手页开始编排。此书着重介绍横排，竖排期刊如图1–81所示，这里只是贴出图片，大家了解即可。

行距与文字字号的比例一般为1.2∶1，不适宜超过2∶1，否则容易造成视觉阅读的断续。竖排的行距宜比横排略宽一些，以方便阅读。

通常情况下，行距大于字距，段距大于行距，版心周围的空白大于段距。

2. 正文排版的禁则

① 出版行规：单字不占行、单行不占面（一面起码要有三行）、单面不占版（印刷时的印版）。

② 公式转行：要求不要翻页转行。需要转行时，在“＝”前转行，其次可在两项之间的运算符号后转行。

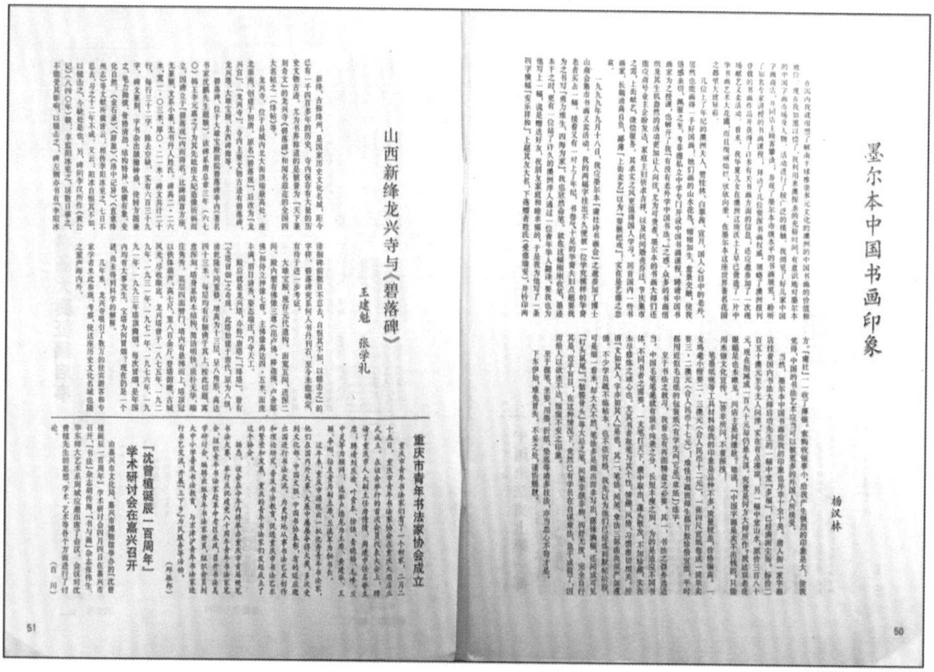

图1–81 竖排版式实例

（资料来源：《书法》2000年3期.P50–51）

③ 数码转行：数码性质的文字不能拆开换行。如“2020年”、3.14159265、mm、kg、No、→、%等均不能拆散分离转行。阿拉伯数字间、汉字数字间应使用一字线连接，如：1949—2018年，一九三七—二〇一八年。（图1–82）

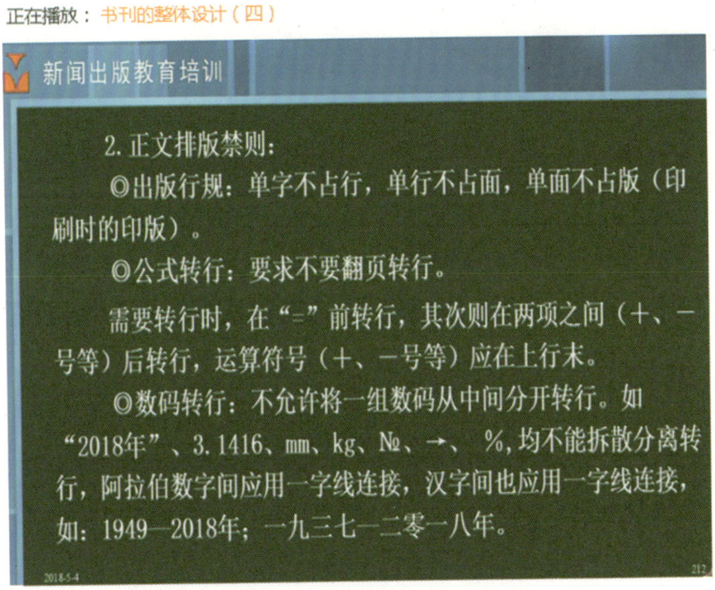

图1–82　夏利瑛主讲.书刊的整体设计（四）课件

3. 标点符号排版禁则

① 行首只允许下列符号出现：《　——　“　（行首不允许出现成对符号的后一符号：》　）｝　”行首不允许出现的还有：、　，　。　；　？　！

② 行末禁忌：不允许出现成对符号的前一符号：《　（　“　（图1–83）

③ 破折号和省略号在行末、行首可以允许出现，但不能从中间断开。引用完整的一段原文，句号放在右引号里面，如：□□：“□□□□□□。”如引文是一个分句，不加冒号，句号放右引号外面，如：“□□□□□□”。

④ 丛书名是一个集合概念，应使用双引号。标点符号、数字用法需要参阅国家标准或相应的行业标准。（图1–84）

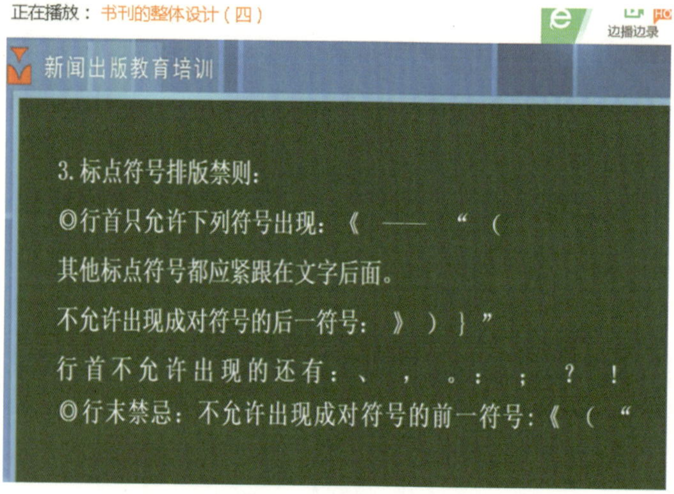

图1–83 夏利瑛主讲.书刊的整体设计（四）课件

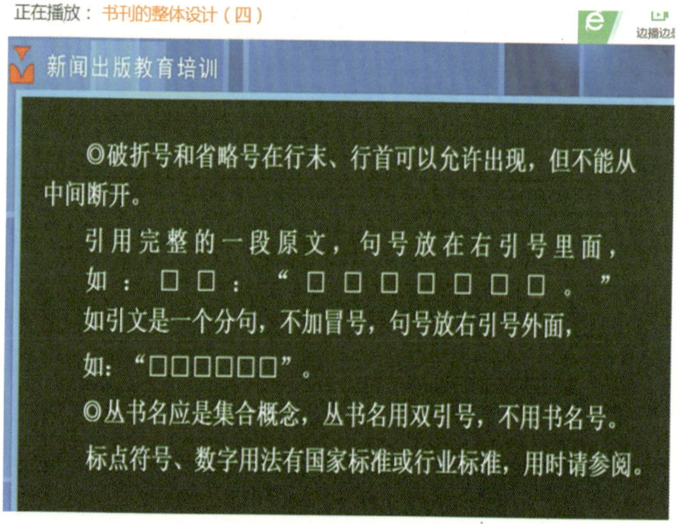

图1–84 夏利瑛主讲.书刊的整体设计（四）课件

4. 引文

引文是在正文中引用其他著作的文字。引文必须注明来源。

当引用文字较短时，可以采用引号或方括号标注出来。引用文字较长时，可另起一行，以不同于正文的字体、字号和色彩区别。

5. 表格

经济、税收论文中，经常用表格来表达，可以使内容简单明了。表格的排版格式可分为全线表、省线表、三线表和无线表四种。（图1–85、1–86、1–87、1–88）

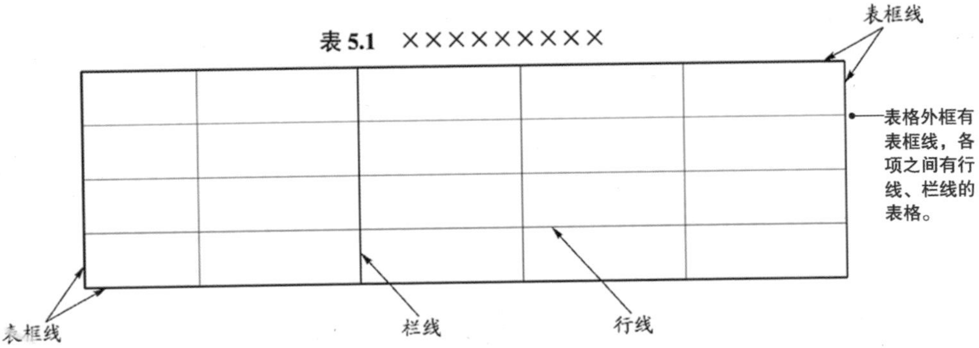

图1–85　全线表
（资料来源：CY/T 170 — 2019 学术出版规范表格.P5）

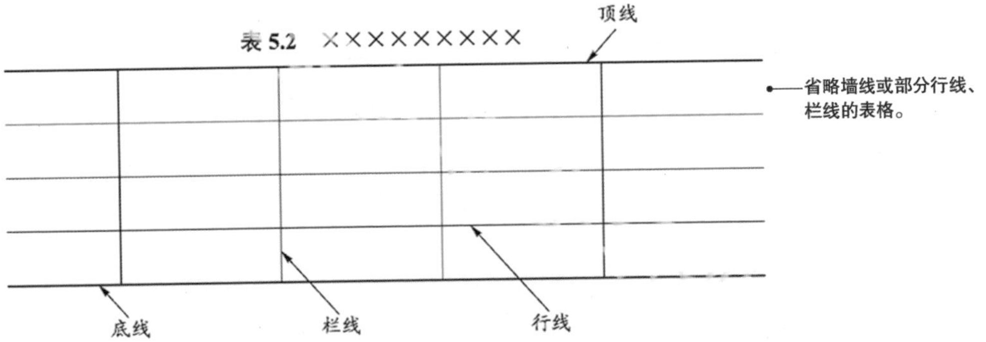

图1–86　省线表
（资料来源：CY/T 170 — 2019 学术出版规范表格.P5）

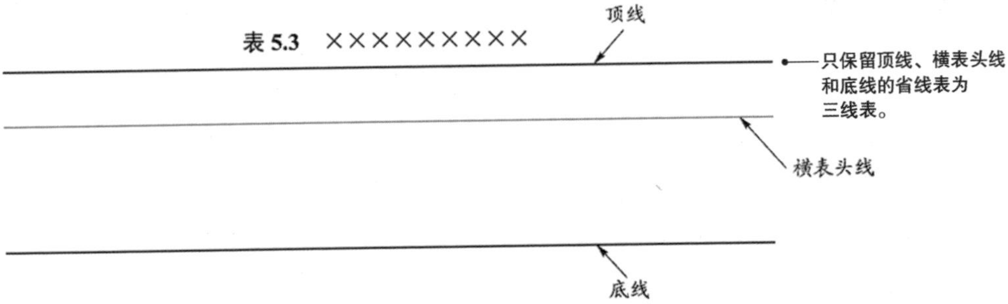

图1–87　三线表
（资料来源：CY/T 170 — 2019 学术出版规范表格.P5）

表 5.4　番茄营养液配方

肥料名称	用量/(mg·L^{-1})
硝酸钙	590
硝酸钾	606
硫酸镁	492
过磷酸钙	680

既无表框线，也无行线和栏线的表格。

图1–88　无线表
（资料来源：CY/T 170 — 2019 学术出版规范表格.P6）

表格的内容包括表号、表题、表头和表身几部分（图1–89）。

插表的序号，应在文中有标注，而且需要放在表的前面。处理插表时，序号和说明文字应接排并居中对齐。使用表格时，尽量减少横线和竖线的使用，让表显得简洁大方，同时不能用斜线表头。表格单位和书写格式应全刊统一。（图1–90）

表题和表注的宽度可以超过图宽。有些栏目的表题较长，需要换行，在换行时不能拆词，且第二行要求采用题文对齐或居中的方式排版。同时，换行时，两行字数长度不宜相差太大，第二行的长度要比第一行短。表注转行超过两行，第二行起可齐肩排，最后一行可采用齐肩排和居中排两种形式，换行的字数也需要控制好，以示美观。表注序码必须对齐。（图1–91）

表号　　表题

表1　我国签署《多边公约》时的保留立场

横表头

表身

章　节	条　目
第二章 混合错配	第三条 税收透明体
第三章 协定滥用	第九条 转让其价值主要来自于不动产的实体的股权或权益取得的财产收益（部分保留）
	第十条 针对位于第三方管辖区的常设机构的反滥用规定
第四章 规避常设机构构成	第十二条 通过佣金代理人和类似安排人为规避常设机构构成
	第十三条 通过特定活动豁免人为规避常设机构构成
	第十四条 合同拆分
	第十五条 与企业紧密关联的人的定义
第五章 改进争议解决	第十六条 相互协商程序（部分保留）

表注　资料来源：OECD. MLI Database-Matrix of Options and Reservations[EB/OL]. http://www.oecd.org/tax/treaties/mli-database-matrix-options-and-reservations.htm, 2019-09-30

注：表格各部名称见：CY/T 170—2019 学术出版规范表格.P1–3.

图1–89　表格的组成部位名称

（表格实例来源：《国际税收》2020年1期.P42）

示例 1：错误的表头形式

类型 尺寸	A	B	C

示例 2：正确的表头形式

尺寸	类型		
	A	B	C

表头中不应使用斜线。错误的表头形式见示例1，正确的表头形式见示例2。

图1–90　禁用斜线表

（资料来源：CY/T 170—2019 学术出版规范表格.P3）

表2 跨境结算服务手续费收入增值税征免规定

	跨境结算服务销售方在境内	跨境结算服务销售方在境外
跨境结算服务购买方在境内	缴纳增值税	缴纳增值税[1]
跨境结算服务购买方在境外	缴纳增值税[2]	不属于征税范围，无纳税义务

注：1 销售方如在境内未设有经营机构，则以购买方为增值税扣缴义务人。
2 如果销售方为境外单位之间开展的货币资金融通业务或其他金融业务而提供直接收费金融服务，且该直接收费金融服务与境内的货物、无形资产和不动产无关，则该直接收费金融服务免征增值税

首行缩格，回行齐肩的排法。表注序号必须对齐。

图1–91 表格注的排法实例

（资料来源：《国际税收》2019年12期.P58）

图和表上的外文全部要译成中文，编辑加工时要检查是否有漏译和错译。用原书做数字插图时，请注意扫描像素和翻拍像素，每英寸300dpi。双栏表格宽度以8厘米为准，通栏大表以16.5厘米为准，以保证阅读清晰和印刷质量。

6. 注释的编排法

注释主要是用来说明图书内容或者解释图书文字。注释有：正文夹注、脚注、文后注、呼应注。

（1）正文夹注

正文夹注通常是用来说明某个词语，或者某个词语或内容的出处，一般接在需要说明的内容之后，用圆括号标注出来。由于直接在内文中，故称为正文夹注。正文夹注对于字体没有太多硬性要求。

（2）脚注

脚注亦称“边注”“页末注”。脚注除了有与正文夹注一样的功能外，还可以对正文的内容起到订正、补充与阐述性的说明，文字相对夹注更多一些。在版心的位置上，需要用一条注线隔开，横版文字的脚注在本页文章的下方；竖排文字的脚注会放在当前文字页的左侧。脚注采用略小于正文字号的字体。需要做脚注的文字或内容需要在右上角顺序编码，称为上角标，如①、②、③等。脚注的顺序需要和内文的编码顺序一致，一一对应。其编码以本面为限，另面仍从①开始。现在也可顺码，从文章开始直到文章结束（图1–92、1–93）。译校者所加的脚注，应在标注内容后的第一个句号位置加破折号，分别写上“译者注”或“校者注”的字样。

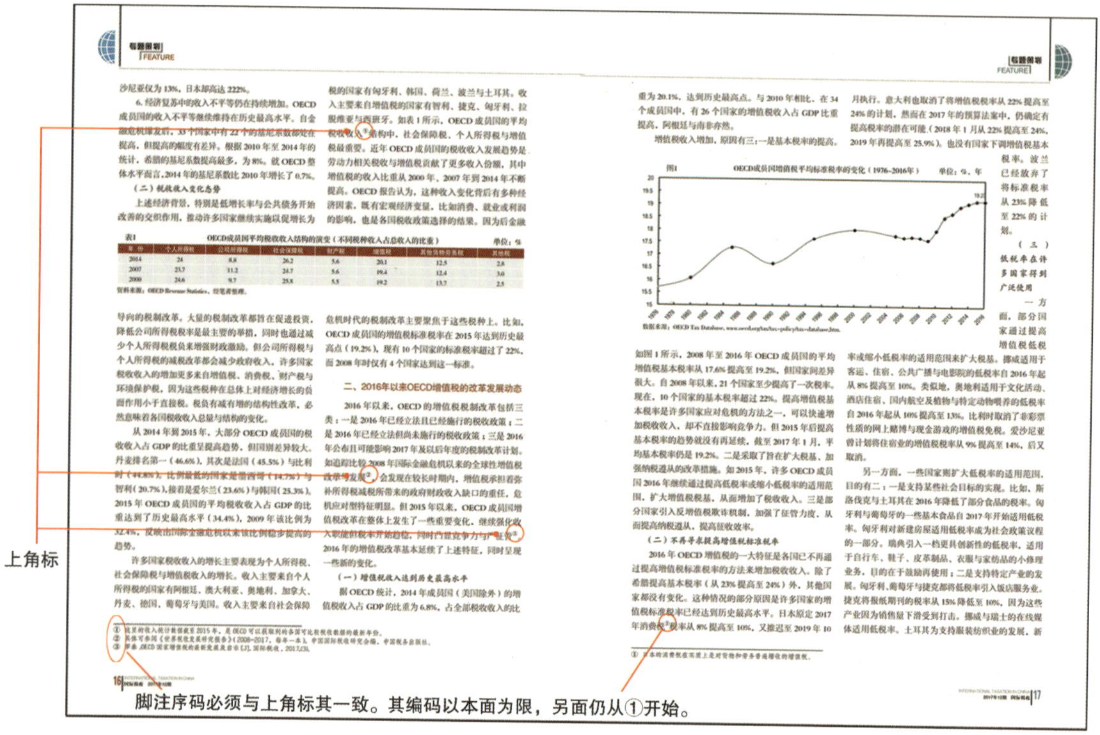

图1–92 《国际税收》脚注排法实例

（脚注实例来源：《国际税收》2017年12期.P16–17）

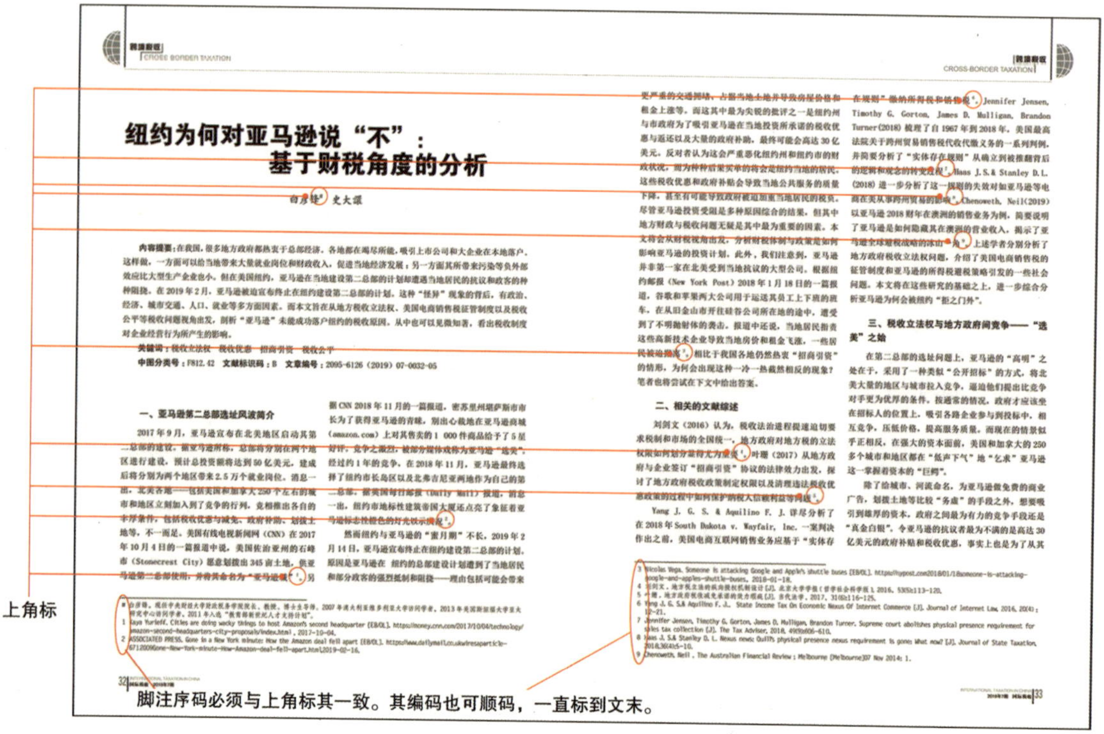

图1–93 《国际税收》脚注排法实例

（脚注实例来源：《国际税收》2019年7期.P32–33）

（3）文后注

内容与脚注相同。集中编排在本篇文章之后，固为文后注。使用要求基本与脚注相同，即必须一一对应。（图1–94、1–95）

（4）呼应注

呼应注指某一个注释在前面已经被标注出来，此处仍需要标示，只需标注参见某页某注即可。部分词语是需要着重说明其意义和使用的差异性，各有侧重，标注出来以示前后呼应。

对正文表格中的某一项目需要特别说明时，也用呼应注，列在表的下方。表中加注之处的右上角编码（上角标），如①、②等，呼应注的编码以本表为限。全表需要说明时，用“全表注”列于表的下方，前空两格写“注：”后接序号“1.”“2.”等（如只有一项全表注则可省略序号），再接写注义，转行齐肩。全表注编码以本表为限，若表中有全表注又有呼应注时，应先写全表注，后另起行写呼应注。（图1–96）。

在设计脚注时一般应掌握：

a. 要求版式美观，又能节省版面。设计效果有利于读者查阅，脚注与正文应有区别，又不妨碍正文的连贯性。

b. 用字号大小来区别正文与脚注。一般正文夹注同正文字号，脚注比正文字号小两号字。

c. 用排版格式来区分正文与脚注。脚注行长比正文行长短，行空比正文行空窄；脚注与正文之间行空加大或用线条隔开；线段长是版心的四分之一。注释符号有上角标1、2、3、……、①、②、③、……、*、#等号码或等号。排法有首行缩格回行顶格，首行缩格回行齐肩的两种排法。

d. 也可用字体来区分正文与脚注。例如正文用宋体，脚注用仿宋体或楷体。脚注的标点符号在使用时需要注意区分中英文状态，相互匹配，切不可出现英文状态下输入中文脚注的标点符号，也不可在中文状态下输入英文脚注的标点符号。阿拉伯数字需采用英文状态下输入。（详情读者可参阅CY/T 154—2017 中文出版物夹用英文的编辑规范）

7. 参考文献

参考文献是撰写文章时所参考的书籍资料的题目、作者、出版社、发行日期等信息的一览表，参考文献一般用于学术性研究性的专业文章，参考文献的格式应按照参考文献著录规则分类罗列出来。

参考文献排法主要是首行缩格排版或者首行顶格排版两种排法。排法要与脚文后注释要加“注释”两字，用线或空间与注文区分开。

注文采用首行缩格，回行齐肩的排法。每行注文空一行字，以使条目清晰可辨。
文后注文一律采用顺码，直到全章或全书注文末。

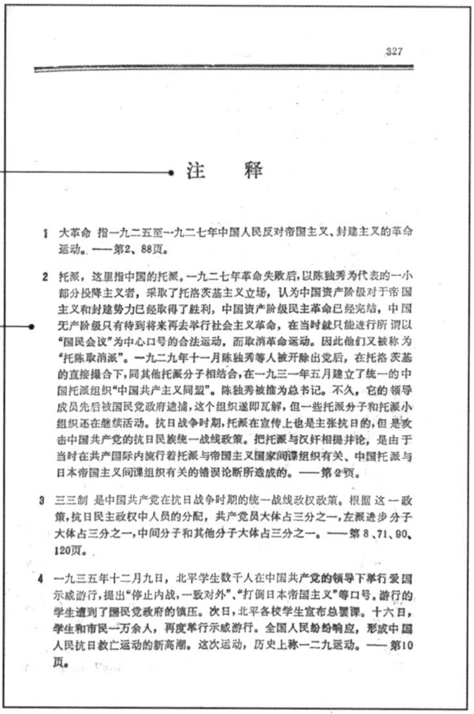
327

注　　释

1 大革命 指一九二五至一九二七年中国人民反对帝国主义、封建主义的革命运动。——第2、88页。

2 托派，这里指中国的托派。一九二七年革命失败后，以陈独秀为代表的一小部分投降主义者，采取了托洛茨基主义立场，认为中国资产阶级对于帝国主义和封建势力已经取得了胜利，中国资产阶级民主革命已经完结，中国无产阶级只有待到将来再去举行社会主义革命，在当时就只能进行所谓以“国民会议”为中心口号的合法运动，而取消革命运动。因此他们又被称为“托陈取消派”。一九二九年十一月陈独秀等人被开除出党后，在托洛茨基的直接操合下，同其他托派分子相结合，在一九三一年五月建立了统一的中国托派组织“中国共产主义同盟”。陈独秀被推为总书记。不久，它的领导成员先后被国民党政府逮捕，这个组织遂即瓦解，但一些托派分子和托派小组织还在继续活动。抗日战争时期，托派在宣传上也是主张抗日的，但是攻击中国共产党的抗日民族统一战线政策。把托派与汉奸相提并论，是由于当时在共产国际内流行着托派与帝国主义国家间谍组织有关、中国托派与日本帝国主义间谍组织有关的错误论断所造成的。——第2页。

3 三三制 是中国共产党在抗日战争时期的统一战线政权政策。根据这一政策，抗日民主政权中人员的分配，共产党员大体占三分之一，左派进步分子大体占三分之一，中间分子和其他分子大体占三分之一。——第8、71、90、120页。

4 一九三五年十二月九日，北平学生数千人在中国共产党的领导下举行爱国示威游行，提出“停止内战，一致对外”、“打倒日本帝国主义”等口号。游行的学生遭到了国民党政府的镇压。次日，北平各校学生宣布总罢课。十六日，学生和市民一万余人，再度举行示威游行。全国人民纷纷响应，形成中国人民抗日救亡运动的新高潮。这次运动，历史上称一二九运动。——第10页。

图1-94　《邓小平文选》文后注释实例

（资料来源：邓小平文选（一九三八——一九六五年）[M].北京：人民出版社，1989:327）

此注文采用首行缩格，回行顶格的排法。每条注文没有空行，由于回行是顶格排法，条与条之间也很清楚。
文后注文一律采用顺码，直到章尾。

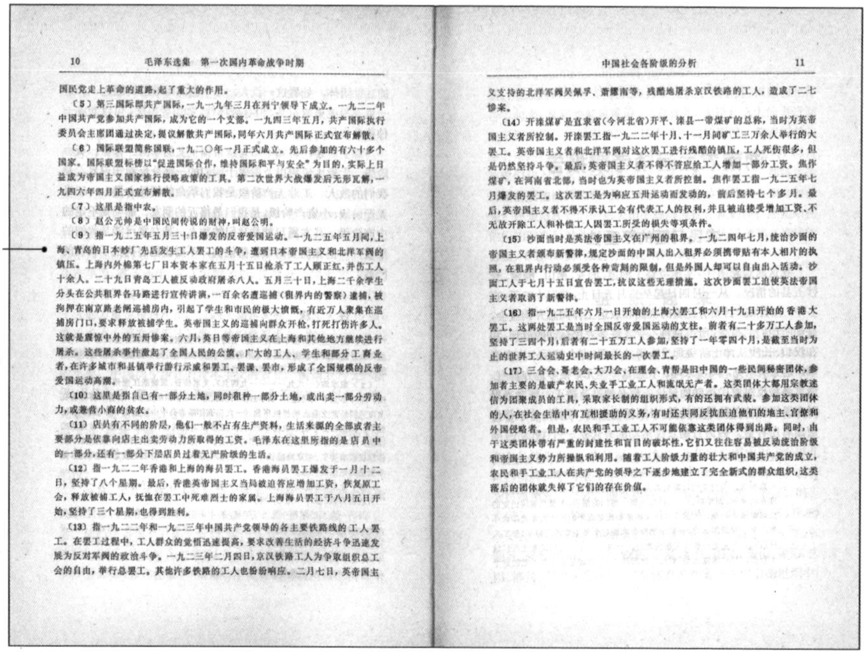
10　　毛泽东选集　第一次国内革命战争时期

国民党走上革命的道路，起了重大的作用。

〔5〕第三国际即共产国际，一九一九年三月在列宁领导下成立。一九二二年中国共产党参加共产国际，成为它的一个支部。一九四三年五月，共产国际执行委员会主席团通过决定，提议解散共产国际，同年六月共产国际正式宣布解散。

〔6〕国际联盟简称国联，一九二〇年一月正式成立。先后参加的有六十多个国家。国际联盟标榜以“促进国际合作，维持国际和平与安全”为目的，实际上日益成为帝国主义国家推行侵略政策的工具。第二次世界大战爆发后无形瓦解，一九四六年四月正式宣布解散。

〔7〕这里是指中农。

〔8〕赵公元帅是中国民间传说的财神，叫赵公明。

〔9〕指一九二五年五月三十日爆发的反帝爱国运动。一九二五年五月间，上海、青岛的日本纱厂先后发生工人罢工的斗争，遭到日本帝国主义和北洋军阀的镇压。上海内外棉第七厂日本资本家在五月十五日枪杀了工人顾正红，并伤工人十余人。二十九日青岛工人被反动政府屠杀八人。五月三十日，上海二千余学生分头在公共租界各马路进行宣传讲演，一百余名遭巡捕（租界内的警察）逮捕，被拘押在南京路老闸巡捕房内，引起了学生和市民的极大愤慨，有近万人聚集在巡捕房门口，要求释放被捕学生。英帝国主义的巡捕向群众开枪，打死打伤许多人。这就是震惊中外的五卅惨案。六月，英日等帝国主义在上海和其他地方继续进行屠杀。这些屠杀事件激起了全国人民的公愤。广大的工人、学生和部分工商业者，在许多城市和县镇举行游行示威和罢工、罢课、罢市，形成了全国规模的反帝爱国运动高潮。

〔10〕这里是指自己有一部分土地，同时租种一部分土地，或出卖一部分劳动力，或兼营小商的贫农。

〔11〕店员有不同的阶层，他们一般不占有生产资料，生活来源的全部或者主要部分是依靠向店主出卖劳动力所取得的工资。毛泽东在这里所指的是店员中的一部分，还有一部分下层店员过着无产阶级的生活。

〔12〕指一九二二年香港和上海的海员罢工。香港海员罢工爆发于一月十二日，坚持了八个星期。最后，香港英帝国主义当局被迫答应增加工资，恢复原工会，释放被捕工人，抚恤在罢工中死难烈士的家属。上海海员罢工于八月五日开始，坚持了三个星期，也得到胜利。

〔13〕指一九二二年和一九二三年中国共产党领导的各主要铁路线的工人罢工。在罢工过程中，工人群众的觉悟迅速提高，要求改善生活的经济斗争迅速发展为反对军阀的政治斗争。一九二三年二月四日，京汉铁路工人为争取组织总工会的自由，举行总罢工。其他许多铁路的工人也纷纷响应。二月七日，英帝国主

中国社会各阶级的分析　　11

义支持的北洋军阀吴佩孚、萧耀南等，残酷地屠杀京汉铁路的工人，造成了二七惨案。

〔14〕开滦煤矿是直隶省（今河北省）开平、滦县一带煤矿的总称，当时为英帝国主义者所控制。开滦罢工指一九二二年十月、十一月间矿工三万余人举行的大罢工。英帝国主义者和北洋军阀对这次罢工进行残酷的镇压，工人死伤很多，但是仍然坚持斗争。最后，英帝国主义者不得不答应给工人增加一部分工资。焦作煤矿，在河南省北部，当时也为英帝国主义者所控制。焦作罢工指一九二五年七月爆发的罢工。这次罢工是为响应五卅运动而发动的，前后坚持七个多月。最后，英帝国主义者不得不承认工会有代表工人的权利，并且被迫接受增加工资、不无故开除工人和补偿工人因罢工所受的损失等项条件。

〔15〕沙面当时是英法帝国主义在广州的租界。一九二四年七月，统治沙面的帝国主义者颁布新警律，规定沙面的中国人出入租界必须携带贴有本人相片的执照，在租界内行动必须受各种苛刻的限制，但是外国人却可以自由出入活动。沙面工人于七月十五日宣告罢工，抗议这些无理措施。这次沙面罢工迫使英法帝国主义者取消了新警律。

〔16〕指一九二五年六月一日开始的上海大罢工和六月十九日开始的香港大罢工。这两处罢工是当时全国反帝爱国运动的支柱。前者有二十多万工人参加，坚持了三四个月；后者有二十五万工人参加，坚持了一年零四个月，是截至当时为止的世界工人运动史中时间最长的一次罢工。

〔17〕三合会、哥老会、大刀会、在理会、青帮是旧中国的一些民间秘密团体，参加者主要的是破产农民、失业手工业工人和流氓无产者。这类团体大都用宗教迷信为团聚成员的工具，采取家长制的组织形式，有的还拥有武装。参加这类团体的人，在社会生活中有互相援助的义务，有时还共同反抗压迫他们的地主、官僚和外国侵略者。但是，农民和手工业工人不可能依靠这类团体得到出路。同时，由于这类团体带有严重的封建性和盲目的破坏性，它们又往往容易被反动统治阶级和帝国主义势力所操纵和利用。随着工人阶级力量的壮大和中国共产党的成立，农民和手工业工人在共产党的领导之下逐步地建立了完全新式的群众组织，这类落后的团体就失掉了它们的存在价值。

图1-95　《毛泽东选集》文后注释实例

（资料来源：毛泽东选集（一）[M].北京：人民出版社，1991:10-11）

表×.×　××××××××

	a①	
		b②

注：1. ××。

2. ××××××××××××。

① ××××××××××××。

② ××。

图1–96　表格呼应注的排法

（资料来源：蔡鸿程.作者编辑实用手册[M].北京：中国标准出版社，2003:108）

注排法相呼应。参考文献序号多用“[ ]”括起，如：[1]、[2]等，方括号与文献文字一个半角或一个全角字空。（图1–97）

三、图形元素

线条、符号与图表、图片等图形元素在图书版面运用，不仅体现了视觉装饰作用，而且具有信息表达等功能。

（一）线条

线条用于划分空间结构，主要运用于以下情况：

1. 信息的区分。不同类型的信息之间以线条区分，如正文与脚注之间加以线条，版面的图片区与文字区加以线条，对浅色的图片加以线框与浅色的底色加以区分。

2. 信息的组合。以线条组成的线框将同一类型的信息组合为一个集合。

3. 信息的装饰与视觉的聚焦。在版心的边缘加以线框，将视觉集中在版心之内。加以线框，也可突出装饰作用。（图1–98、1–99、1–100）

注：1. 参考文献实例来源于《国际税收》2020年1期.P54.
2. 参考文献实例来源于《国际税收》2019年7期.P16.
3. 参考文献实例来源于《编辑之友》2012年6期.P73.

图1-97　参考文献规范排法在期刊版面上的实例

线条是最简单有效的图形元素，它以不同的方式拆分文本，也通过将文本与其他部分隔离的方式强调文本。

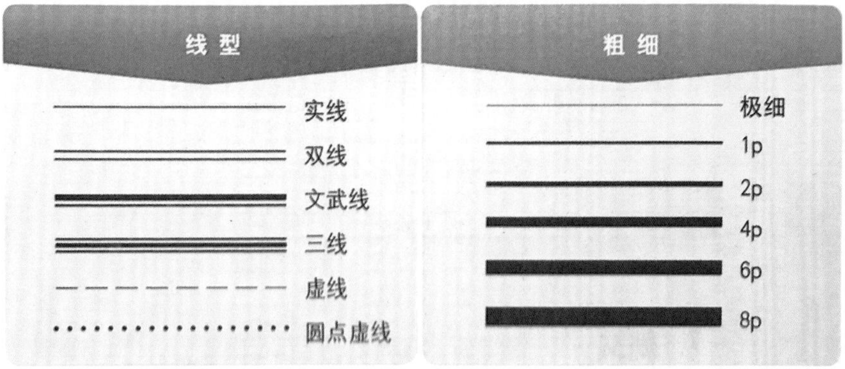

图1–98　线型、粗细元素

（资料来源：满都拉.美术编辑工作指南[M].北京：清华大学出版社，2012:188）

（二）符号

符号主要用于信息项目提示，期刊文章编号不宜超过4级，超过3级或4级时往往采用项目符号来代替，符号的使用主要由信息层次而定。（图1–101）

（三）图片

图片在期刊中主要有三种作用，记录性，即独立表达信息；解释性，即与文字配合，多角度地表达信息；装饰性，即美化版面视觉。类型包括插图、数据图表、影像图片等。直接表现内容的影像图片，多用于实用类、工具类、人物类、生活类内容；抽象图片、人文色彩浓厚的插图等，多用于思想类、文艺类、文学类、儿童读物类等期刊。

图片版面位置的首要原则是遵循大众阅读规律，不打断阅读。单一图片可配置在文章标题下方，或跨中缝标题的右侧。文内图片的编排主要有：上下编排，即将版面横向分成上下两部分，其中一部分配置图片，另一部分配置文字（图1–102）；左右编排，即将版面垂直分割为左右两部分（图1–103），图片宜配置在靠近切口的位置；L型编排，即图片配置型成L型（图1–104）；U型编排，即图片配置形成U型。

插图是在期刊论文中可以直观并形象地表达作者的意图，同时方便读者的阅读、理解和记忆，是期刊文章的重要内容。在设计图像前就要分析目的和意图，

目录
CONTENTS

国际税收
（原《涉外税务》）

主　　办：中国国际税收研究会
中国税务杂志社
编委会主任：王　力
副 主 任：伊　兵　高培勇　尚力强
编　　委：（按姓氏笔画）　王　力　王迎春
邓力平　刘剑文　朱　青　伊　兵
汤贡亮　陈荣蓁　尚力强　高培勇
贾　康　倪红日　钱　勇　龚祖英
靳东升　薛路生　魏仲瑜
顾　　问：郝昭成　邓子基

编辑·出版·发行：中国税务杂志社
社　　长：尚力强
总 编 辑：蔡　宇
编辑部地址：北京市海淀区翠微路2号院
邮　　编：100036

07 进一步加强国际税收管理 切实维护国家税收权益

全国税务系统加强国际税收管理工作会议明确提出，今后一个时期加强国际税收管理的总体思路是：认真贯彻落实党的十八大精神，以维护国家税收权益为主线，以风险管理和纳税人需求为导向，完善反避税工作、非居民税收管理、"走出去"税收管理、国际税收征管协作机制，强化国际税收法律制度保障、信息保障和人才保障，全面推进国际税收管理，不断提升为开放型经济服务的水平。

16 关于外国投资者间接转让 中国居民企业权益征收所得税的思考

CONTENTS Vol.3 No.3 2013

06 The Important Speech concerning Strengthening International Tax Administration in Tax Authorities Nationwide Made by the Commissioner of the State Administration of Taxation, Mr. Wang Jun

07 Further Strengthening International Tax Adm… Safeguarding National Taxation Rights

14 It is of Great Urgency to Enhance the Level of… Administration by Real Practice and Solid W…

16 Reflections concerning Imposing Income Tax… Transfer of Resident Enterprises by Foreign I…

24 An Analysis on 'Reasonable Business Purpos…

31 A Case Study on the Largest Equity Transfer…

34 Precautions of Two Types of Taxable Income… Enterprises

44 Tax Payment of Used Fixed Assets Sold by G… Reform of Converting Business Tax into VAT

58 Tax Policy Reform of German Pension and Its…

69 Need Breakup Fee for Expatriation: A Comm… in the USA and Its Implications

Huishan Wang & Wei Wang

72 A Review on the Impacts of the Establishment of China-Switzerland Free Trade Area

Xin Zhang,Ling Zhang & Yidan Zhang

Translated by YingZhang, Proofread by Liping Deng

政策解读
UNDERSTANDING THE POLICIES

部分对外支付项目的完税流程政策变动解析

赵希尧（毕马威企业咨询有限公司　北京　100738）

《国家税务总局 国家外汇管理局关于服务贸易等项目对外支付税务备案有关问题的公告》（以下简称40号公告）已从2013年9月1日开始生效。40号公告取消了中国境内付款人必须在付汇前提供税务证明的规定，显著加快了……

款人无需提交税务证明的支付项目（豁免情形）。

64号文的实行对保证国际贸易中跨境外汇支付业务的中国境内税款征收起到了重要的作用。然而，其也降低了商业安排的效率并减慢了合法商业交易的进程，尤其对国……

注：1. 2. 线条元素实例来源于《国际税收》2013年3期.P2、P4.
3. 线条元素实例来源于《国际税收》2013年4期.P44.

图1-99　线条元素在《国际税收》版面上的应用

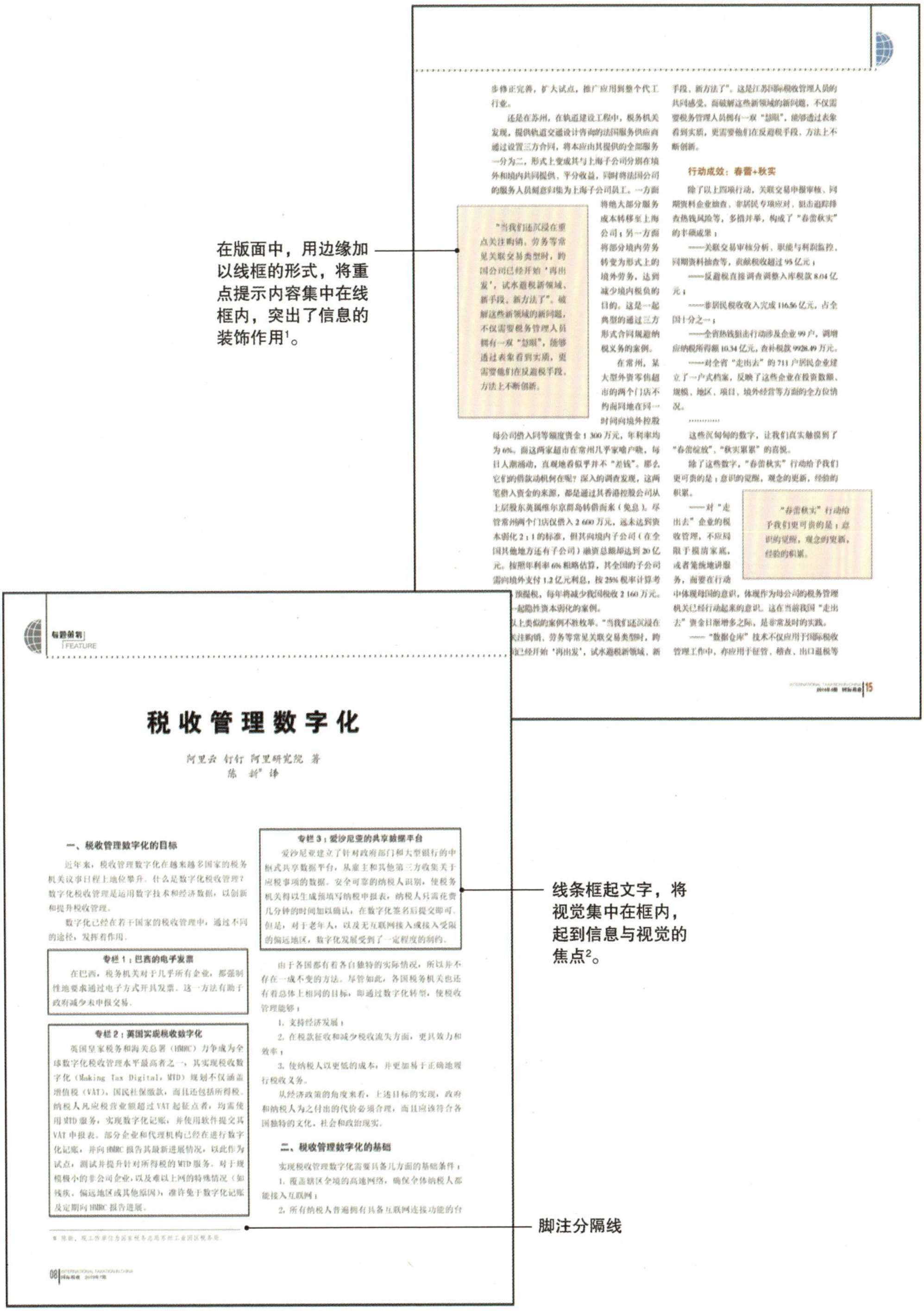

步修正完善，扩大试点，推广应用到整个代工行业。

还是在苏州，在轨道建设工程中，税务机关发现，提供轨道交通设计咨询的法国服务供应商通过设置三方合同，将本应由其提供的全部服务一分为二，形式上变成其与上海子公司分别在境外和境内共同提供、平分收益，同时将法国公司的服务人员刻意归集为上海子公司员工。一方面将绝大部分服务成本转移至上海公司；另一方面将部分境内劳务转变为形式上的境外劳务，达到减少境内税负的目的。这是一起典型的通过三方形式合同规避纳税义务的案例。

"当我们还沉浸在重点关注购销、劳务等常见关联交易类型时，跨国公司已经开始'再出发'，试水避税新领域、新手段、新方法了"。破解这些新领域的新问题，不仅需要税务管理人员拥有一双"慧眼"，能够透过表象看到实质，更需要他们在反避税手段、方法上不断创新。

在常州，某大型外资零售超市的两个门店不约而同地在同一时间向境外控股母公司借入同等额度资金1 300万元，年利率均为6%。而这两家超市在常州几乎家喻户晓，每日人潮涌动，直观地看似乎并不"差钱"。那么它们的借款动机何在呢？深入的调查发现，这两笔借入资金的来源，都是通过其香港控股公司从上层股东美属维尔京群岛转借而来（免息）。尽管常州两个门店仅借入2 600万元，远未达到资本弱化2：1的标准，但其向境内子公司（在全国其他地方还有子公司）融资总额却达到20亿元。按照年利率6%粗略估算，其全国的子公司需向境外支付1.2亿元利息，按25%税率计算考……预提税，每年将减少我国税收2 160万元。……一起隐性资本弱化的案例。

……以上类似的案例不胜枚举。"当我们还沉浸在……关注购销、劳务等常见关联交易类型时，跨……已经开始'再出发'，试水避税新领域、新手段、新方法了"。这是江苏国际税收管理人员的共同感受。而破解这些新领域的新问题，不仅需要税务管理人员拥有一双"慧眼"，能够透过表象看到实质，更需要他们在反避税手段、方法上不断创新。

行动成效：春蕾+秋实

除了以上四项行动，关联交易申报审核、同期资料企业抽查、非居民专项应对、狙击追踪排查热钱风险等，多措并举，构成了"春蕾秋实"的丰硕成果：

——关联交易审核分析、职能与利润监控、同期资料抽查等，贡献税收超过95亿元；

——反避税直接调查调整入库税款8.04亿元；

——非居民税收收入完成116.56亿元，占全国十分之一；

——全省热钱狙击行动涉及企业99户，调增应纳税所得额10.34亿元，查补税款9928.49万元。

——对全省"走出去"的711户居民企业建立了一户式档案，反映了这些企业在投资数额、规模、地区、项目、境外经营等方面的全方位情况。

…………

这些沉甸甸的数字，让我们真实触摸到了"春蕾绽放"、"秋实累累"的喜悦。

除了这些数字，"春蕾秋实"行动给予我们更可贵的是：意识的觉醒，观念的更新，经验的积累。

"春蕾秋实"行动给予我们更可贵的是：意识的觉醒，观念的更新，经验的积累。

——对"走出去"企业的税收管理，不应局限于摸清家底，或者笼统地讲服务，而要在行动中体现母国的意识，体现作为母公司的税务管理机关已经行动起来的意识。这在当前我国"走出去"资金日渐增多之际，是非常及时的实践。

——"数据仓库"技术不仅应用于国际税收管理工作中，亦应用于征管、稽查、出口退税等

INTERNATIONAL TAXATION IN CHINA 2014年4期 国际税收 15

专题策划 FEATURE

税收管理数字化

阿里云 钉钉 阿里研究院 著

陈 新* 译

一、税收管理数字化的目标

近年来，税收管理数字化在越来越多国家的税务机关议事日程上地位攀升。什么是数字化税收管理？数字化税收管理是运用数字技术和经济数据，以创新和提升税收管理。

数字化已经在若干国家的税收管理中，通过不同的途径，发挥着作用。

专栏1：巴西的电子发票

在巴西，税务机关对于几乎所有企业，都强制性地要求通过电子方式开具发票。这一方法有助于政府减少未申报交易。

专栏2：英国实现税收数字化

英国皇家税务和海关总署（HMRC）力争成为全球数字化税收管理水平最高者之一，其实现税收数字化（Making Tax Digital，MTD）规划不仅涵盖增值税（VAT）、国民社保缴款，而且还包括所得税。纳税人凡应税营业额超过VAT起征点者，均需使用MTD服务，实现数字化记账，并使用软件提交其VAT申报表。部分企业和代理机构已经在进行数字化记账，并向HMRC报告其最新进展情况，以此作为试点，测试并提升针对所得税的MTD服务。对于规模极小的非公司企业，以及难以上网的特殊情况（如残疾、偏远地区或其他原因），准许免于数字化记账及定期向HMRC报告进展。

专栏3：爱沙尼亚的共享数据平台

爱沙尼亚建立了针对政府部门和大型银行的中枢式共享数据平台，从雇主和其他第三方收集关于应税事项的数据。安全可靠的纳税人识别，使税务机关得以生成预填写纳税申报表，纳税人只需花费几分钟的时间加以确认，在数字化签名后提交即可。但是，对于老年人，以及无互联网接入或接入受限的偏远地区，数字化发展受到了一定程度的制约。

由于各国都有着各自独特的实际情况，所以并不存在一成不变的方法。尽管如此，各国税务机关也还有着总体上相同的目标，即通过数字化转型，使税收管理能够：

1. 支持经济发展；

2. 在税款征收和减少税收流失方面，更具效力和效率；

3. 使纳税人以更低的成本，并更加易于正确地履行税收义务。

从经济政策的角度来看，上述目标的实现，政府和纳税人为之付出的代价必须合理，而且应该符合各国独特的文化、社会和政治现实。

二、税收管理数字化的基础

实现税收管理数字化需要具备几方面的基础条件：

1. 覆盖辖区全境的高速网络，确保全体纳税人都能接入互联网；

2. 所有纳税人普遍拥有具备互联网连接功能的台

* 陈新，现工作单位为国家税务总局苏州工业园区税务局。

08 INTERNATIONAL TAXATION IN CHINA 国际税收 2019年7期

注：1. 线条应用实例来源于《国际税收》2014年4期.P15.

2. 线条应用实例来源于《国际税收》2019年7期.P08.

图1-100 线条元素在《国际税收》版面上的应用

符号主要是项目符号，进行内文要点的提示、信息的引导，使每条信息在视觉上形成并列关系，避免数字序列的前后从属关系与数字冗长的情况。

连接符号							
-	连接号	—	一字线	——	破折号	…	三点
=	等号	=	双横线	~	波浪号	‥	两点
其他							
※	米字符号	⊙	蛇眼圈	■	黑方块	@	花型符号
*	星号	◎	圆圈	◇	菱形	§	章节符号
⁂	三星号	△	三角	◆	黑菱形	#	井字符号
○	圆圈	▲	黑三角	☆	五角星	❶	反白符号
●	大黑点	□	方块	★	黑五星	①	圆圈数字

图1–101　图形符号元素

（资料来源：满都拉.美术编辑工作指南[M].北京：清华大学出版社，2012:188）

专题策划 FEATURE

我国“营改增”试点效应分析

胡怡建（上海财经大学公共经济与管理学院　上海　200433）

从2012年1月1日起上海在交通运输业和部分现代服务业（“1+6”行业）实施“营改增”试点，到9月1日起试点扩大至北京等8个省市地区，再到2013年8月1日起全国推行，“营改增”不但进展超出预期，而且通过统一税收制度、促进公平竞争，消除重复征税、减轻产业税负，政策效应正在逐步体现。具体反映在财务效应、企业效应和经济效应三个方面。

一、“营改增”试点财务效应

由于我国长期以来工商业和服务业分别征收增值税和营业税，而按全额征收的营业税存在严重的重复征税，因此“营改增”不但消除了企业重复征税，减轻了试点企业税收负担，更为重要的是消除了产业重复征税，减轻了产业税收负担。

（一）试点企业减税效应

由于“营改增”前服务业征收营业税，所存在的重复征税主要是指服务类企业从上游企业购入材料和设备所缴纳的增值税不能在服务业营业税中抵扣，以及服务类企业向服务类企业购买服务所承担的营业税不能抵扣，从而形成企业性重复征税。“营改增”后，服务业外购材料、设备、服务承担的进项增值税允许在销项增值税中抵扣，从而避免了服务类企业与上游企业之间的重复征税，减轻了服务类企业的税收负担。根据上海市财政和税务部门的统计，从总量上看，2012年上海超过90%的试点企业税负明显减轻，税负有所增加的企业不到10%。“营改增”作为结构性减税的措施之一，给试点企业税负带来的变化，取决于以下五个方面因素：一是“营改增”后适用税率高低，税率提高幅度越大，增税负面影响越大，反之则越小。二是抵扣多少，抵扣项目占收入的比重与减税幅度呈正比，抵扣项目适用税率高低与减税幅度呈正比。三是减免优惠，继续保留减免税政策，以及境外服务由征税改为免税、或由免税改为零税率均会减轻企业税负。四是即征即退，由于只退增值税而不退附加税，从而可能只减轻企业增值税税负，但不减轻企业附加税税负。

08 INTERNATIONAL TAXATION IN CHINA 国际税收 2013年2期

图1–102　题图在《国际税收》版面上的应用实例

（资料来源：《国际税收》2013年2期.P08）

"走出去"税收 | TAX ISSUES WITH 'GOING-GLOBAL' ACTIVITIES

"走出去"税收服务管理三人谈

本刊记者 赵振霞

魏志梅，国家税务总局科研所研究员，中国注册会计师。主持了若干国家税务总局重点课题研究，如"走出去"企业、税收优惠、境外抵免、并购重组、合伙制企业、研究费加计扣除等课题，在"走出去"企业税收问题和企业所得税发展趋势等方面著有研究专著。

赵希尧，毕马威中国主管国际税务的合伙人，也是毕马威亚太地区主管国际税务的合伙人。赵希尧专门从事中国和美国国际税务和转让定价的咨询服务，参与了大量国际税务和转让定价领域的跨境项目管理，具体内容包括：国际税务重组、企业并购税务服务、受控外国公司税务筹划、税收协定分析、跨境无形资产迁移及成本分摊协议、资本市场税务筹划等。

李楠，中国海洋石油总公司财务资产部税务处处长，美国联邦注册会计师、美国注册会计师协会及德州注册会计师协会会员。拥有近二十年的财务管理工作经验，主要从事涉外财务和税务管理工作。她熟悉十多个国家的税收法规，参与过大量的涉外石油技术工程作业商务谈判，多次处理涉外、跨境税务争议和政府审计，负责境外收、并购业务的财税调查和整合工作。

在全球对外投资普遍疲软乏力之际，中国对外投资却一枝独秀，增长迅猛。截至2012年底，中国在境外已设立对外直接投资企业近2.2万家，对外直接投资（流量）创下878亿美元的历史新高，同比增长17.6%，对外直接投资累计净额（存量）达到5 319.4亿美元。2013年，我国境内投资者共对全球156个国家和地区的5 090家境外企业进行了直接投资，实现非金融类直接投资901.7亿美元，同比增长16.8%……我国实施"走出去"战略十四年以来，从一个以引进外资为主的国家一跃成为世界三大对外投资强国之一。

我国企业"走出去"高速发展的新趋势倒逼我国"走出去"纳税服务和征管制度的发展。究竟该如何提高我国税务机关对"走出去"企业的纳税服务水平，完善我国现行对外投资税收制度，建立规范的对外投资税收制度体系，从而促进我国对外投资的不断发展？本刊记者专程采访了三位在"走出去"税收领域颇有研究的专家——国家税务总局科研所研究员魏志梅，毕马威亚太区兼中国区国际税务主管合伙人赵希尧，中国海洋石油总公司财务资产部税务处处长李楠，希望通过他们的交锋碰撞，探讨丰富我国"走出去"税收问题。

话题一："走出去"的最新趋势

近年来，随着我国企业"走出去"

56 INTERNATIONAL TAXATION IN CHINA 国际税收 2014年3期

图1-103 图与文字左右格式在《国际税收》版面上应用的实例

（资料来源：《国际税收》2014年3期.P56）

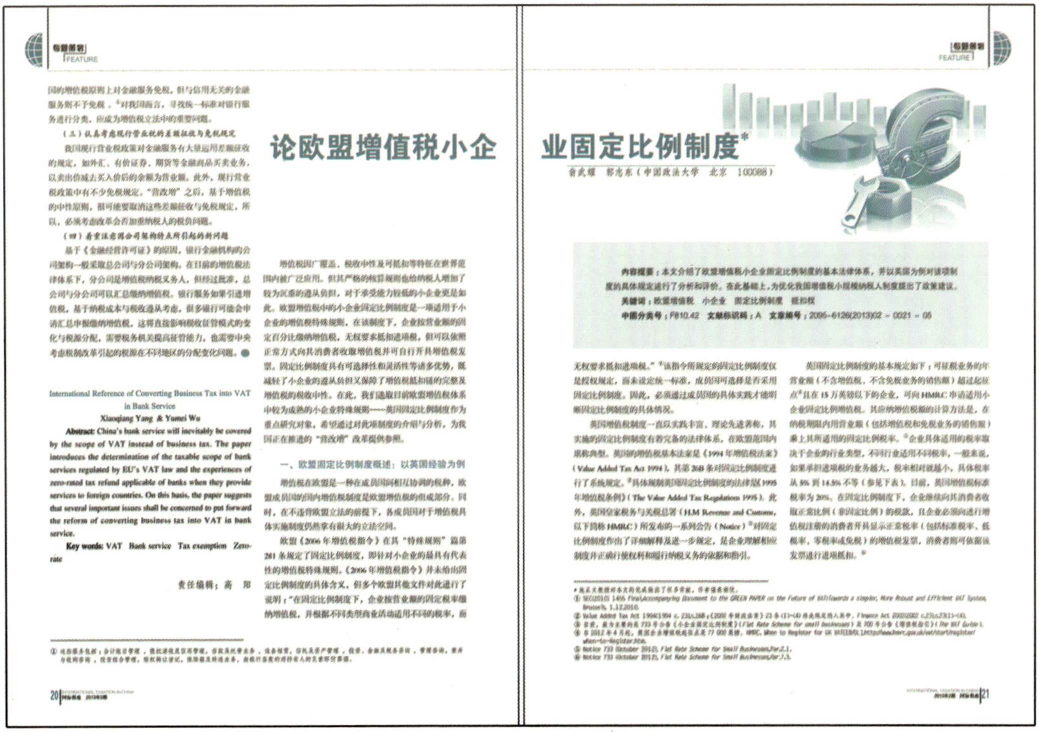
专题策划 | FEATURE

国的增值税原则上对金融服务免税，但与信用无关的金融服务则不予免税。对我国而言，寻找统一标准对银行服务进行分类，应成为增值税立法中的重要问题。

（三）认真考虑现行营业税的差额征收与免税规定

我国现行营业税政策对金融服务有大量运用差额征收的规定，如外汇、有价证券、期货等金融商品买卖业务，以卖出价减去买入价后的余额为营业额。此外，现行营业税政策中有不少免税规定。"营改增"之后，基于增值税的中性原则，很可能要取消这些差额征收与免税规定，所以，必须考虑改革会否加重纳税人的税负问题。

（四）看重注意因公司架构特点所引起的新问题

基于《金融经营许可证》的原因，银行金融机构的公司架构一般采取总公司与分公司架构。在目前的增值税法律体系下，分公司是增值税纳税义务人，但经过批准，总公司与分公司可以汇总缴纳增值税。银行服务如果引进增值税，基于纳税成本与税收遵从考虑，很多银行可能会申请汇总申报缴纳增值税，这将直接影响税收征管模式的变化与税源分配，需要税务机关提高征管能力，也需要中央考虑税制改革引起的税源在不同地区的分配变化问题。

International Reference of Converting Business Tax into VAT in Bank Service

Xiaoqiang Yang & Yumei Wu

Abstract: China's bank service will inevitably be covered by the scope of VAT instead of business tax. The paper introduces the determination of the taxable scope of bank services regulated by EU's VAT law and the experiences of zero-rated tax refund applicable of banks when they provide services to foreign countries. On this basis, the paper suggests that several important issues shall be concerned to put forward the reform of converting business tax into VAT in bank service.

Key words: VAT Bank service Tax exemption Zero-rate

责任编辑：高 翔

论欧盟增值税小企业固定比例制度*

俞武耀 郭志东（中国政法大学 北京 100088）

内容提要：本文介绍了欧盟增值税小企业固定比例制度的基本法律体系，并以英国为例对该项制度的具体规定进行了分析和评价。在此基础上，为优化我国增值税小规模纳税人制度提出了政策建议。

关键词：欧盟增值税 小企业 固定比例制度 抵扣权

中图分类号：F810.42 文献标识码：A 文章编号：2095-6126(2013)02-0021-05

增值税因广覆盖、税收中性及可抵扣等特征在世界范围内被广泛应用。但其严格的核算规则也给纳税人增加了较为沉重的遵从负担，对于承受能力较低的小企业更是如此。欧盟增值税中的小企业固定比例制度是一项适用于小企业的增值税特殊规则，在该制度下，企业按营业额的固定百分比缴纳增值税，无权要求抵扣进项税，但可以依照正常方式向其消费者收取增值税并可自行开具增值税发票。固定比例制度具有可选择性和灵活性等诸多优势，既减轻了小企业的遵从负担又保障了增值税抵扣链的完整及增值税的税收中性。在此，我们选取目前欧盟增值税体系中较为成熟的小企业特殊规则——英国固定比例制度作为重点研究对象，希望通过对此项制度的介绍与分析，为我国正在推进的"营改增"改革提供参照。

一、欧盟固定比例制度概述：以英国经验为例

无权要求抵扣进项税。"该指令所规定的固定比例制度仅是授权规定，而未设定统一标准，成员国可选择是否采用固定比例制度。因此，必须通过成员国的具体实践才能明晰固定比例制度的具体情况。

英国增值税制度一直以实践丰富、理论先进著称，其实施的固定比例制度有着完备的法律体系，在欧盟范围内堪称典型。

英国固定比例制度的基本规定如下：可征税业务的年营业额（不含增值税、不含免税业务的销售额）超过起征点且在15万英镑以下的企业，可向HMRC申请适用小企业固定比例增值税。其应纳增值税额的计算方法是，在的税期限内用营业额（包括增值税和免税业务的销售额）乘上其所适用的固定比例税率。

20 INTERNATIONAL TAXATION IN CHINA 国际税收 2013年2期

2013年2期 国际税收 INTERNATIONAL TAXATION IN CHINA 21

图1-104 标题右题图在《国际税收》版面上的应用实例

（资料来源：《国际税收》2013年2期.P20-21）

这样才能正确地绘制出符合要求的插图（图1-105）。根据需要，插图可以是表格、饼状图或者曲线图这样的数据图，也可以是其他照片，有部分文章的插图也可以是指导人们操作的步骤，所以插图与正文一样重要。换言之，图片内容要简明直观，清晰明了，而且不能出错。（图1-106）

插图应与文字相配合，尤其是示意图，应力求准确表达原理或结构的内容。

插图运用得好，效果往往优于大量的文字，做到使读者“一目了然”，因此许

国际税事评说 NOTES ON GLOBAL TAX EVENTS

在这种情况下，欧委会将选取一个市场经济国家作为替代国对中国光伏企业倾销事实进行认定。在其2012年9月6日发布的针对中国光伏产品反倾销的立案调查报告中，这一替代国被选定为美国。然而，在其2013年6月5日发布的正式初裁公告中却最终选取印度。这是一件颇蹊跷的事情，或许连欧盟自己都觉得选定美国作为中国“合适的”、“不是不合理的”替代国实在未免太过牵强，难以令人信服。

可以说，替代国的选择对于反倾销的事实认定及倾销幅度的测定具有近乎决定性的作用。欧盟注意到了中国与印度同为经济发展水平相近的发展中国家这一事实，却忽视了在光伏行业，印度的生产规模远无法和中国相比。印度光伏企业在发展速度、技术革新、规模效应等方面比中国企业要差很多，成本也较高。因此，即使替代国选择印度，对中国企业而言同样有失公允。另一方面，由美国变更为印度也暴露出欧委会在选择替代国问题上的随意性与不确定性。两方面的原因加起来，使欧盟对华反倾销裁定结果的可信性与权威性大打折扣。

（二）反补贴调查及裁定依据

欧盟反补贴法律制度的基本法规是1997年10月6日通过的第2026/97号理事会条例。具体执行法规为2009年6月11日颁布的《关于保护欧盟产业免受非欧盟成员国补贴产品进口的第（EC）597/2009号理事会条例》，[①]其就补贴认定等实质性问题及申请、实施、裁决等程序问题做了明确规定。正如正常价值的确定是反倾销裁决的关键一样，补贴与反补贴的核心问题是应抵消补贴的认定。应抵消补贴是指专项性补贴，因而应抵消补贴认定包括补贴认定和专项性认定。

各国政府在财政实践中广泛运用补贴措施，补贴科目纷繁复杂，补贴方式千差万别，究竟哪些应当纳入反补贴规制的范围？这需要通过补贴含义来加以明确。WTO《补贴与反补贴措施协定》（Agreement on Subsidies and Countervailing Measures，以下简称《SCM协定》）第一次就《反补贴法》中所规制的补贴给出了明确定义：补贴是由一国政府或任何公共机构提供的，能使接受者得到利益的财政资助。对于政府财政资助，《SCM协定》第1条第1款明确规定其方式包括：

（1）政府行为涉及资金的直接转移（如拨款、贷款和注资），潜在的资金或债务的直接转移（如贷款担保）；（2）政府放弃或不征收在其他情况下应征收的税收（如税收抵免类财政激励）；（3）政府提供除一般基础设施外的货物或服务，或者购买货物；（4）政府付款给某一筹资机构，或委托或指示某一私营机构履行以上列举的一种或多种通常应属于政府的职能，且此种做法与政府通常采取的做法并无实质性差别。[②]

欧盟反补贴条例遵循了《SCM协定》关于补贴的界定。据此，欧委会在2012年11月8日发布的反补贴立案调查公告中，针对中国光伏产业以下项目进行了补贴调查，范围涵盖上述（1）、（2）、（3）项，具体包括商业银行和政策性银行提供的低息政策性贷款；政府对“知名品牌”和“中国世界顶级品牌”的直接拨款；政府

这是一张集合创新的数字插图。表现的是光伏产品的魅力和作用，可加深读者对文章的记忆。

① Council Regulation (EC) No 597/2009 of 11 June 2009 on Protection against Subsidized Imports from Countries not Members of the European Community.

② Agreement on Subsidies and Countervailing Measures . Article 1. Definition of a Subsidy.

70 INTERNATIONAL TAXATION IN CHINA 国际税收 2013年2期

图1-105 插图在《国际税收》版面上应用的实例

（资料来源：《国际税收》2014年2期.P70）

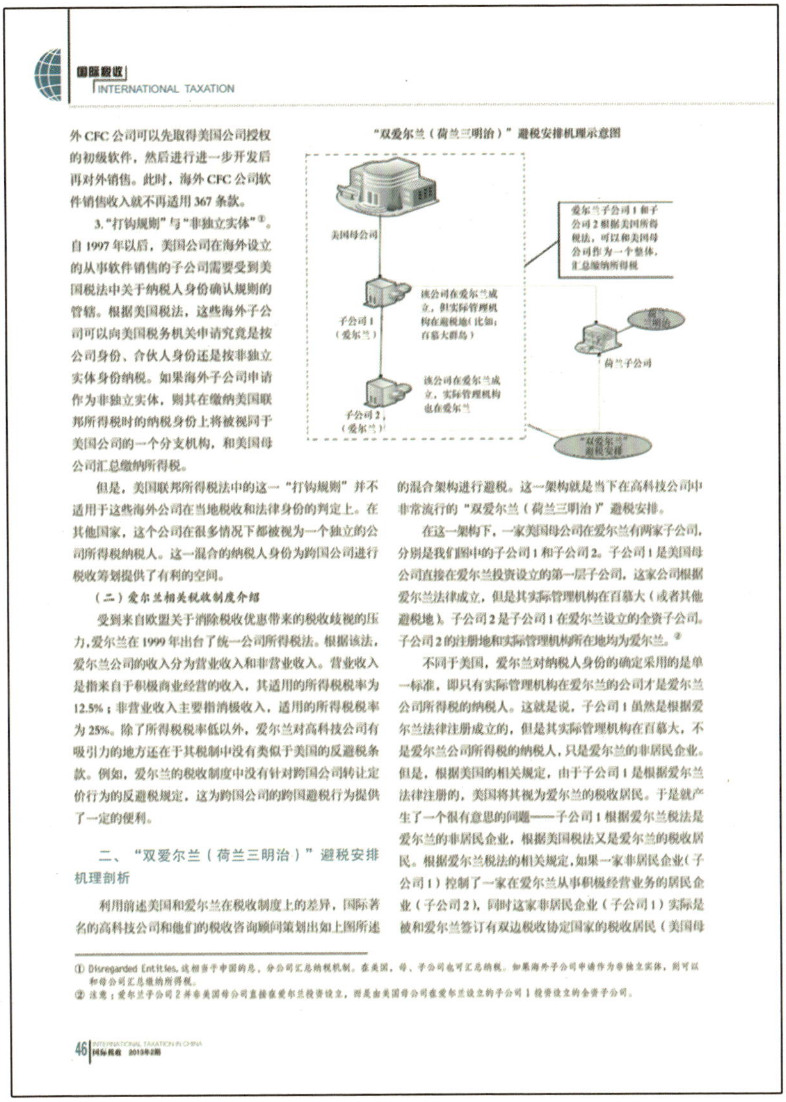

国际税收
INTERNATIONAL TAXATION

外CFC公司可以先取得美国公司授权的初级软件，然后进行进一步开发后再对外销售。此时，海外CFC公司软件销售收入就不再适用367条款。

3."打钩规则"与"非独立实体"①。自1997年以后，美国公司在海外设立的从事软件销售的子公司需要受到美国税法中关于纳税人身份确认规则的管辖。根据美国税法，这些海外子公司可以向美国税务机关申请究竟是按公司身份、合伙人身份还是按非独立实体身份纳税。如果海外子公司申请作为非独立实体，则其在缴纳美国联邦所得税时的纳税身份上将被视同于美国公司的一个分支机构，和美国母公司汇总缴纳所得税。

"双爱尔兰（荷兰三明治）"避税安排机理示意图

但是，美国联邦所得税法中的这一"打钩规则"并不适用于这些海外公司在当地税收和法律身份的判定上。在其他国家，这个公司在很多情况下都被视为一个独立的公司所得税纳税人。这一混合的纳税人身份为跨国公司进行税收筹划提供了有利的空间。

（二）爱尔兰相关税收制度介绍

受到来自欧盟关于消除税收优惠带来的税收歧视的压力，爱尔兰在1999年出台了统一公司所得税法。根据该法，爱尔兰公司的收入分为营业收入和非营业收入。营业收入是指来自于积极商业经营的收入，其适用的所得税税率为12.5%；非营业收入主要指消极收入，适用的所得税税率为25%。除了所得税税率低以外，爱尔兰对高科技公司有吸引力的地方还在于其税制中没有类似于美国的反避税条款。例如，爱尔兰的税收制度中没有针对跨国公司转让定价行为的反避税规定，这为跨国公司的跨国避税行为提供了一定的便利。

二、"双爱尔兰（荷兰三明治）"避税安排机理剖析

利用前述美国和爱尔兰在税收制度上的差异，国际著名的高科技公司和他们的税收咨询顾问策划出如上图所述的混合架构进行避税。这一架构就是当下在高科技公司中非常流行的"双爱尔兰（荷兰三明治）"避税安排。

在这一架构下，一家美国母公司在爱尔兰有两家子公司，分别是我们图中的子公司1和子公司2。子公司1是美国母公司直接在爱尔兰投资设立的第一层子公司，这家公司根据爱尔兰法律成立，但是其实际管理机构在百慕大（或者其他避税地）。子公司2是子公司1在爱尔兰设立的全资子公司。子公司2的注册地和实际管理机构所在地均为爱尔兰。②

不同于美国，爱尔兰对纳税人身份的确定采用的是单一标准，即只有实际管理机构在爱尔兰的公司才是爱尔兰公司所得税的纳税人。这就是说，子公司1虽然是根据爱尔兰法律注册成立的，但是其实际管理机构在百慕大，不是爱尔兰公司所得税的纳税人，只是爱尔兰的非居民企业。但是，根据美国的相关规定，由于子公司1是根据爱尔兰法律注册的，美国将其视为爱尔兰的税收居民。于是就产生了一个很有意思的问题——子公司1根据爱尔兰税法是爱尔兰的非居民企业，根据美国税法又是爱尔兰的税收居民。根据爱尔兰税法的相关规定，如果一家非居民企业（子公司1）控制了一家在爱尔兰从事积极经营业务的居民企业（子公司2），同时这家非居民企业（子公司1）实际是被和爱尔兰签订有双边税收协定国家的税收居民（美国母

① Disregarded Entities，这相当于中国的总、分公司汇总纳税机制。在美国，母、子公司也可汇总纳税。如果海外子公司申请作为非独立实体，则可以和母公司汇总缴纳所得税。

② 注意：爱尔兰子公司2并非美国母公司直接在爱尔兰投资设立，而是由美国母公司在爱尔兰设立的子公司1投资设立的全资子公司。

46 INTERNATIONAL TAXATION IN CHINA 国际税收 2013年2期

图1-106 数据图表在《国际税收》版面上应用的实例

（资料来源：《国际税收》2013年2期.P46）

多作者喜欢用插图。

插图需要包含图号，在文中进行相关说明后，标注图号，在后面的合适位置放上图像，引导阅读。图号、图题要居中排版到图形的正下方，图注排在图号、图题的上下面。（图1–107）

插图要求清晰，细节可辨认。图像大小有严格要求，双栏杂志的图像不能大

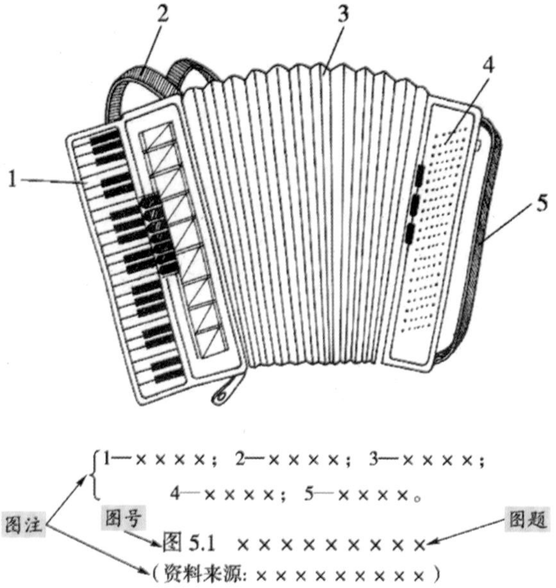

图1–107 图表的构成标准

（资料来源：CY/T 171—2019 学术出版规范 插图.P3）

于其中放置的一栏，一旦超过一栏需要将图像放大作通栏处理。如稿件插图少，又不紧挨着，可做1½或1⅓宽度处理，文字绕排（图1–108）。绘制插图时，图中的元素（如专业名词，计量单位等）必须符合相应标准，与正文以及前后文保持一致。

线条图应用仪器正规绘制，照片图最好能提供反转图片。编辑部提供的Word文稿插入的插图只起一个位置的作用，符合尺寸的图形文件附于文稿文件之后（图1–109）。如插图非常大，缩小后（以能看清为准）仍超出版心时，可做跨页排版，或者改为插页。

（四）广告

学术期刊的广告是近期出版的相关图书或当月出版的期刊杂志的广告，或税收、经济方面的公益广告。所刊载的广告要符合国家工商行政部门的法规要求。（图1–110a、1–110b、1–36）

图表宽度为版心三分之二长，文本绕排图表。二表错落不重复，形成版面的视觉变化。

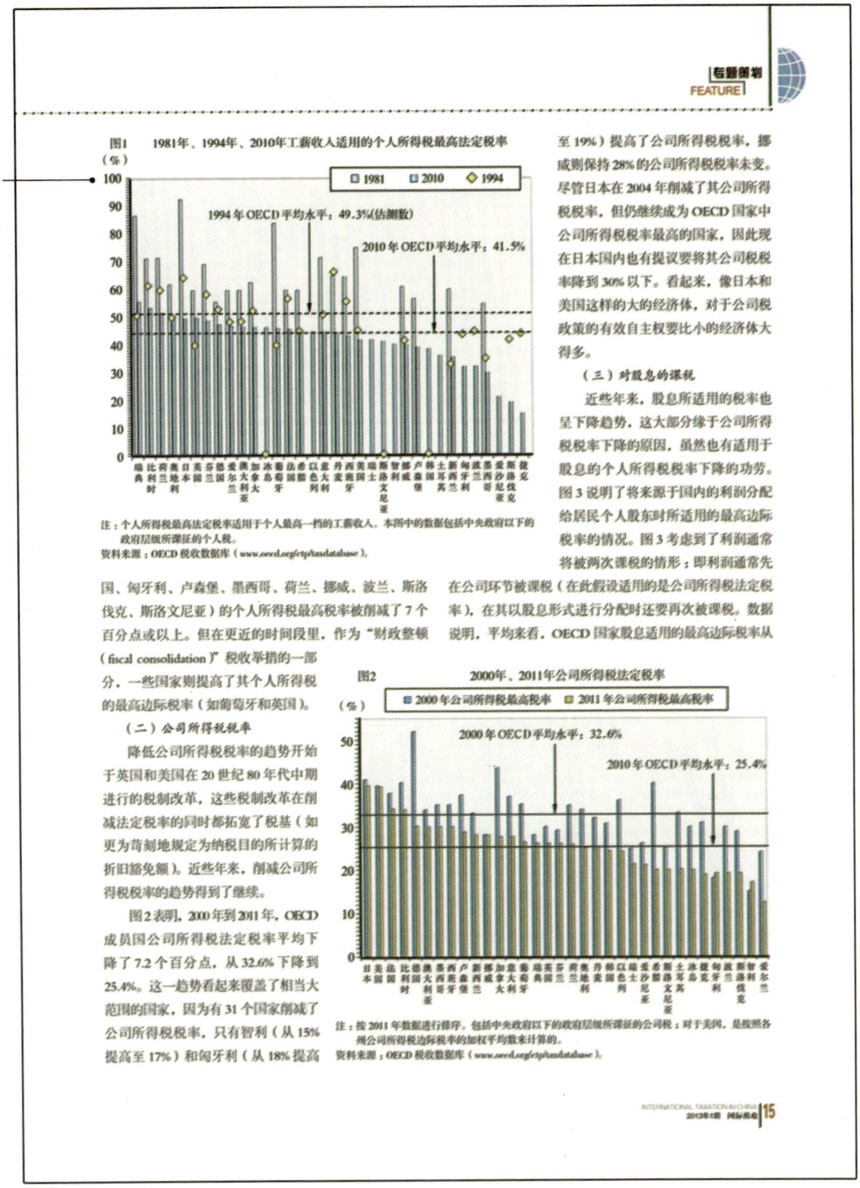
专题策划
FEATURE

图1　1981年、1994年、2010年工薪收入适用的个人所得税最高法定税率

（%）

1981　2010　1994

1994年OECD平均水平：49.3%(估测数)

2010年OECD平均水平：41.5%

瑞典 比利时 荷兰 奥地利 日本 美国 芬兰 德国 爱尔兰 澳大利亚 加拿大 冰岛 葡萄牙 法国 希腊 以色列 意大利 丹麦 西班牙 美国 瑞士 斯洛文尼亚 智利 挪威 卢森堡 韩国 土耳其 新西兰 匈牙利 波兰 墨西哥 爱沙尼亚 斯洛伐克 捷克

注：个人所得税最高法定税率适用于个人最高一档的工薪收入。本图中的数据包括中央政府以下的政府层级所课征的个人税。

资料来源：OECD税收数据库（www.oecd.org/ctp/taxdatabase）。

国、匈牙利、卢森堡、墨西哥、荷兰、挪威、波兰、斯洛伐克、斯洛文尼亚）的个人所得税最高税率被削减了7个百分点或以上。但在更近的时间段里，作为“财政整顿（fiscal consolidation）”税收举措的一部分，一些国家则提高了其个人所得税的最高边际税率（如葡萄牙和英国）。

（二）公司所得税税率

降低公司所得税税率的趋势开始于英国和美国在20世纪80年代中期进行的税制改革，这些税制改革在削减法定税率的同时都拓宽了税基（如更为苛刻地规定为纳税目的所计算的折旧豁免额）。近些年来，削减公司所得税税率的趋势得到了继续。

图2表明，2000年到2011年，OECD成员国公司所得税法定税率平均下降了7.2个百分点，从32.6%下降到25.4%。这一趋势看起来覆盖了相当大范围的国家，因为有31个国家削减了公司所得税税率，只有智利（从15%提高至17%）和匈牙利（从18%提高至19%）提高了公司所得税税率，挪威则保持28%的公司所得税税率未变。尽管日本在2004年削减了其公司所得税税率，但仍继续成为OECD国家中公司所得税税率最高的国家，因此现在日本国内也有提议要将其公司税税率降到30%以下。看起来，像日本和美国这样的大的经济体，对于公司税政策的有效自主权要比小的经济体大得多。

（三）对股息的课税

近些年来，股息所适用的税率也呈下降趋势，这大部分缘于公司所得税税率下降的原因，虽然也有适用于股息的个人所得税税率下降的功劳。图3说明了将来源于国内的利润分配给居民个人股东时所适用的最高边际税率的情况。图3考虑到了利润通常将被两次课税的情形：即利润通常先在公司环节被课税（在此假设适用的是公司所得税法定税率），在其以股息形式进行分配时还要再次被课税。数据说明，平均来看，OECD国家股息适用的最高边际税率从

图2　2000年、2011年公司所得税法定税率

（%）

2000年公司所得税最高税率　2011年公司所得税最高税率

2000年OECD平均水平：32.6%

2010年OECD平均水平：25.4%

日本 美国 法国 比利时 德国 澳大利亚 墨西哥 西班牙 卢森堡 新西兰 挪威 加拿大 意大利 葡萄牙 瑞典 英国 芬兰 荷兰 奥地利 丹麦 韩国 以色列 瑞士 爱沙尼亚 希腊 斯洛文尼亚 土耳其 冰岛 捷克 匈牙利 波兰 斯洛伐克 智利 爱尔兰

注：按2011年数据进行排序。包括中央政府以下的政府层级所课征的公司税；对于美国，是按照各州公司所得税边际税率的加权平均数来计算的。

资料来源：OECD税收数据库（www.oecd.org/ctp/taxdatabase）。

INTERNATIONAL TAXATION IN CHINA 2013年1期 国际税收 15

图1-108　图表在《国际税收》版面上的安排实例

（资料来源：《国际税收》2013年1期.P15）

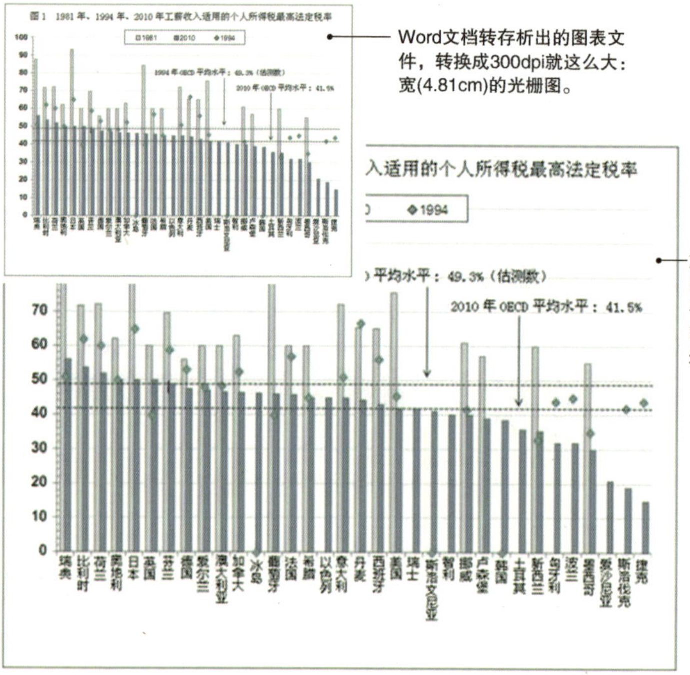

Word文档转存析出的图表文件，转换成300dpi就这么大：宽(4.81cm)的光栅图。

放大一倍或两倍（光栅图，原则上可以放大三倍），使图内文字达到7点字号大小，但文字和图内线条都是虚的，有的图形还会有轻微的马赛克，这显然达不到印刷的成像要求。

图1　1981年、1994年、2010年工薪收入适用的个人所得税最高法定税率

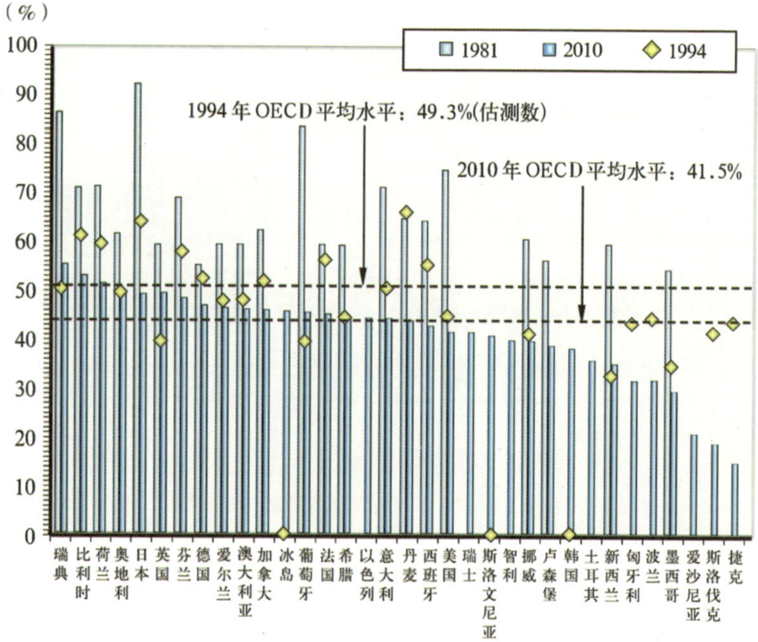

图表要经过图表编辑或美编、技编人员，用专业软件把图表重新绘制清楚。图题为8.5点书宋体（2013年图题排法和字号设定还不规范），图内文字和注释为7点书宋体。去了多余的四框，立轴上方加了百分号，图表下方加了表内注。这样才达到了期刊图表的印制标准。

注：个人所得税最高法定税率适用于个人最高一档的工薪收入。本图中的数据包括中央政府以下的政府层级所课征的个人税。

资料来源：OECD 税收数据库（www.oecd.org/ctp/taxdatabase）。

图1-109　《国际税收》图表绘制实例

（资料来源：《国际税收》2013年1期.P15）

注：本公益广告由著者设计，获得第二全国税收公益广告作品大赛平面公益广告类二等奖。

图1-110a　全国税收公益广告大赛参赛作品
（资料来源：《中国税务》2009年8期.封底）

注：本公益广告由著者设计，获得第四全国税收公益广告作品大赛平面公益广告类优秀奖。

图1-110b 全国税收公益广告大赛参赛作品
（资料来源：《涉外税务》2011年3期.封底）

参考文献：

[1] 满都拉. 美术编辑工作指南[M]. 北京：清华大学出版社，2012.

[2] 夏利瑛. 书刊的整体设计[R]. 国家新闻出版广电总局研修学院(培训中心).2019.

[3] 蔡鸿程. 作者编辑实用手册[M]. 北京：中国标准出版社出版，2003.

[4] CY/T 121—2015 学术出版规范注释.

[5] GB/T 7714—2015 信息与文献参考文献著录规则.

[6] CY/T 170—2019 学术出版规范表格.

[7] CYT 171–2019 学术出版规范插图.

第二章

整体设计的往昔与今时对照

第一章谈到了《国际税收》的前身是《涉外税务》。在我接手《涉外税务》的设计工作时，中国国际税收研究会将《涉外税务》定位为介于综合和理论之间（即介于《中国税务》和《税务研究》之间）的综合性偏学术的社科类期刊。中国税务杂志社对《涉外税务》做了如下要求：封面设计在原寓意性上增加图片元素，在庄重之中略显活泼，内文在表格、图表的基础上增加题图和插图，文章排整页，不转页接排文章；形式上与《中国税务》和《税务研究》有明显的区别，在原《涉外税务》延展性的基础上形成自己的期刊特色。我在期刊整体设计中做了一系列具体的设计与展示，一步一个台阶，最终形成了《国际税收》今天简洁、大气、国际范儿的大刊风貌。

期刊整体设计是由发排工作和编排工作两大块工作组成的。两块工作同等重要，只有先后没有轻重，是合作、协调的关系。同样是发稿，一个是发给编排部门，一个是期刊成型后发给工厂印刷。没有交集，交集多了会给编排工作造成很大的麻烦，不利于保证期刊的整体质量。

风格定位很重要，我们首先在封面上下了大工夫，以蓝为主色调，呼应税务人员着装的主色调，延续《涉外税务》的刊名创意字体设计，封面创意变几何为有图片化融入。封面基础创意一年一更新，期期换图片和色彩，略区别于《中国税务》的每期期刊创意封面。地球、世界地图成更名《国际税收》后的主要设计基础元素。“涉外”时还有意避开地球以免落入俗套，但要体现出涉外的特色或者优势，所以大量用了国外的风光照片。使同行和读者有获得感和参与感，增强杂志的传播和订阅数量，使杂志成为广大读者的知心朋友。

内文栏目要有栏头，有导读的文章要有题图或插图，插图以寓意象征为主。

第一节　封面从素材丰富的风光照到简洁大气的国际范

当中国税务杂志社接手《涉外税务》期刊整体设计的时候，首先考虑的就是封面设计的表现问题。歌德说："题材人人看得见，内容只有经过一番努力的人可以寻到，而形式对于大多数人是个秘密"（见歌德《箴言与回忆》，宗白华译）。如果能综合分析出书稿中最有代表性的东西来概括反映全刊内涵，这样才算是抓住了主题、内容。

中国国际税收研究会将《涉外税务》定性为税务类社科期刊和税务研究类学术期刊，即为一本社科类兼学术类型的期刊。封面上要有图片，栏目要有栏头，内文的重点文章要有题图和插图。

2013年7月《涉外税务》更名为《国际税收》，期刊内容转向了以学术为主的税务研究类学术期刊，封面自然就改图片为地球的矢量图形。庄重大方的学术范儿，以求在封面设计上体现出来。（图2–1）

一、杂志的封面设计

（一）封面设计的定义

封面是杂志（期刊）的门面，是杂志（期刊）传递信息和层次的窗口，甚至可以把它当成一个会"说话"的推销员。

封面包住期刊内页，起到保护作用，又称封皮或刊皮，它包括封面（又称为正封）、封四（又称为底封或者封底）、脊封（又称为刊脊）、封二、封三。

封面是期刊的外貌，应体现期刊的内容与性质，既标示杂志的文化定位，又体现当期主题，使读者产生灵感，因此封面设计在整个装帧设计中是很重要的一环。

注：自2007年至2012年，《涉外税务》期刊定位为综合类期刊，封面设计风格多样，以国外标志性建筑和人文景观为主，引人入胜。2013年期刊更名为《国际税收》，期刊定位为综合类学术期刊，封面设计风格由活泼多样转为庄重大方。自2019年起，期刊定位为纯学术类期刊，封面设计风格转为简约的时尚的国际范儿。

图2-1　《涉外税务》到《国际税收》封面设计针对性的演变实例

（二）封面设计的信息

杂志封面以视觉层次分为刊头区、封面报道（封面综合）区、出版信息区三个部分。刊头区包括刊名、刊期、出版日期、主管主办单位、刊物定位或口号等；封面报道区包括主题报道标题、提要、视觉创意、重点文章及相关图片等；出版信息区包括中国标准连续出版物号即国内刊号、国际刊号、条形码等信息。

中国境内的连续出版物的刊号主要有两个，一个是国际标准连续出版物号（业内称为ISSN号），另一个是国内统一连续出版物号（业内称为CN号），两个刊号都应放在封面的固定位置。（图2–2）

图2–2　封面信息示意图

（资料来源：《涉外税务》2008年5期封面设计实例）

（三）封面设计的类型

1. 图片型封面设计

图片型封面设计是以图片直观地表现期刊的内容、背景、意境等主体信息的设计类型。

常用的图片内容包括人物、事件、场景、静物、历史资料等，以摄影图片为主，有时采用电脑合成图片、手绘图等，使用图片的形式可为单张图片或多张图片的组合。接手《涉外税务》时的封面设计的要求就是如此，主要是以摄影图片为主。为体现《涉外税务》是世界范围的，所以封面照片是几张成为一组出现的。

2. 文字型封面设计

以刊名文字的书写或设计为封面创意的表现形式，刊名的思想内涵构成封面的视觉中心。刊名字体设计不宜呈现为个性化过强、难以辨识的形态，以保证大众视觉的识别率。2020年的《国际税收》封面就是文字型的封面设计了。

3. 创意型封面设计

创意型封面设计，通过对期刊内容深入理解和杂志标题的组合，激发美术创意，以视觉表现为主题。如《晚报文萃》《中国改革》等期刊封面。

4. 固定型封面设计

固定型封面的主体视觉与主色调在日常出刊时固定不变，仅以刊期等信息提醒，遇有重大事件以图片、色彩的变化强调。后期《涉外税务》和《国际税收》的封面设计就包含在固定型封面设计之中。

（四）封面设计的格局

封面设计的格局指确定封面区各类信息位置的划分与色彩的使用，可分为上下结构、左右结构、T形结构、一体结构、框式结构及以这些结构为基础的演变。

1. 上下结构的封面需要设计出上下相互独立的空间——刊头区和封面报道区。这一种封面主要用于刊名较长刊物。确定封面格式后，每一期刊头区几乎保持不变，只需要更换下方内容，调整格局的创意、标题与题要等。

2. 对于刊名较短的期刊，封面风格可以采取左右格式，刊名与刊头主色居于杂志左上方，将创意区以及主题报道区移动到封面右下方，以平衡整体视觉，形成封面的左右格局。

3. 第三种是一体结构，一体结构的封面设计的格局是以封面报道区为主体，整个封面融为一体，刊头区、重点文章区占据固定的区域，与创意区没有明显区分。一体结构的封面设计要考虑创意区的色彩延伸以及重点文章与刊名的主次关系。

4. 还有一种是T形结构，T形结构的封面根据阅读顺序与信息重要度，以色彩与位置划分独立的视觉区域，分为刊头区、重点文章区和主题文章区。T形结构层次分明，视觉清晰。（1、2、3、4如图2–3所示）

5. 除了前面几种封面格局结构外，还有一种用彩色边框的将封面的各个元素阻隔开来，形成独立视觉区。有些期刊会将边框的色彩作为杂志的主色调，通常情况下根据刊期主题选择更适合的颜色进行搭配。

这5种基本格局又演化出以下7种格局：

6. 左中右三段分隔格局。

7. 上中下三段分隔格局。

8. 右侧上下分隔与左侧合型格局。（5、6、7、8如图2–4所示）

9. 左侧上下分隔与右侧合型格局。

10. 上部左右分隔与下部组合格局。

11. 上下部左右分隔组合格局。

12. 竖横各分出四分之一组合格局。（9、10、11、12如图2–5所示）

这些格局组合应用，相互穿插、呼应，使封面整体视觉匀称、协调、优美、活泼又庄重。图2–6的封面就属于上部左右分隔与下部要目区组合的格局。图2–7的封面就属于一体结构的格局（“S”图形把刊头、年号、期号、要目、图片等设计元素连成一个整体，所以此封面属于一体结构格局）。图2–8的封面就属于T形结构的格局。

封面设计格局需强调的还有两点：

（1）遵循主流阅读习惯，第一视觉的位置需要放置最核心的信息，这些信息划分视觉位置时要做到主次分明。

（2）刊头区域为重要位置，当刊头铺衬色块后，就变为了独立的视觉区域，与其他区域区隔。

（五）封面的色彩

H·里德的《透过艺术教育》中有这一样一个观点：“形式如果没有色彩，便不能凸显出它的美丽，因为色彩会让我们的感官对于形式的外观更加立体。”杂志色彩主要体现在期刊封面上，用色彩增添其美吸引读者的注意力，也通过色彩展现杂志的内容属性与读者的定位。提示内容是编辑功能，吸引读者是营销功能。

上下结构

上下结构将封面区隔为相互独立的上下两个部分：刊头区和封面报道区。上下格局适合刊名较长的杂志，且在每期的出版设计只需替换下方格局的创意、标题与题要等。

如：汉字偏旁部首的组合。

吕 吴

委 要

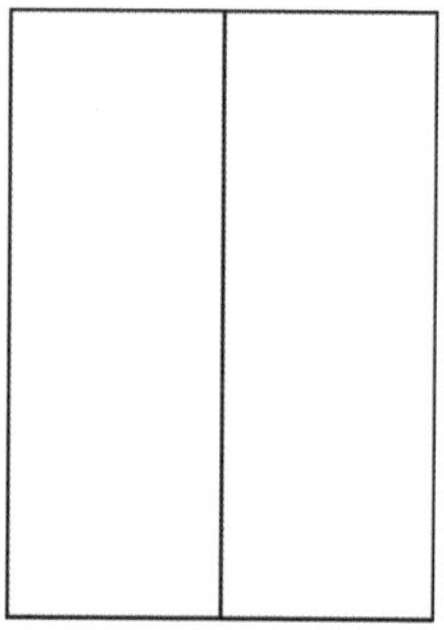

左右结构

左右结构用于刊名较短的杂志，刊名与刊头主色形成独立的视觉区，居于杂志左上方，封面创意区或主题报道区位于封面右下方，以平衡整体视觉，形成封面的左右格局。

如：汉字偏旁部首的组合。

位 印

玩 加

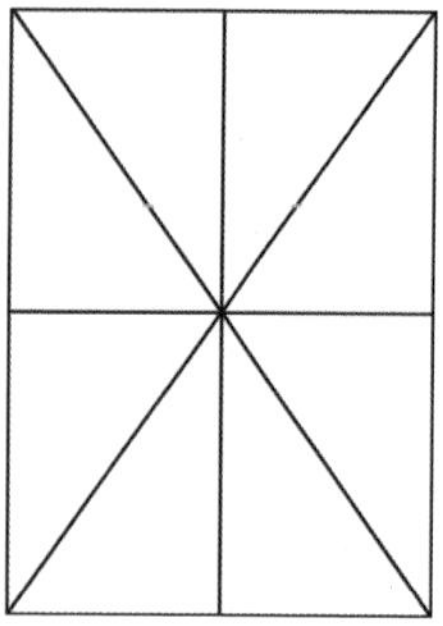

一体结构

一体结构的封面格局是以封面报道区为主体，整个封面融为一体，刊头区、重点文章区占据固定的区域，与创意区没有明显区分。一体结构的封面设计要考虑创意区的色彩延伸，以及重点文章与刊名的主次关系。

如：汉字偏旁部首的组合。

已 乃

发 亥

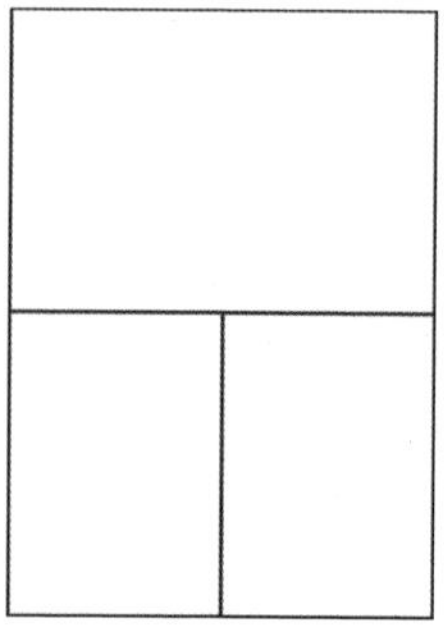

T形结构

T形结构的封面根据阅读顺序与信息重要度，以色彩与位置划分独立的视觉区域，分为刊头区、重点文章区和主题文章区。T形结构层次分明，视觉清晰。

如：汉字偏旁部首的组合。

品 晶

磊 众

注：第一章里谈到，汉字源于绘画，所以汉字的偏旁部首的组合都符合封面设计格局的。换句话说，封面设计的这些格局是启发于汉字的这些组合的。

图2–3 封面设计的格局

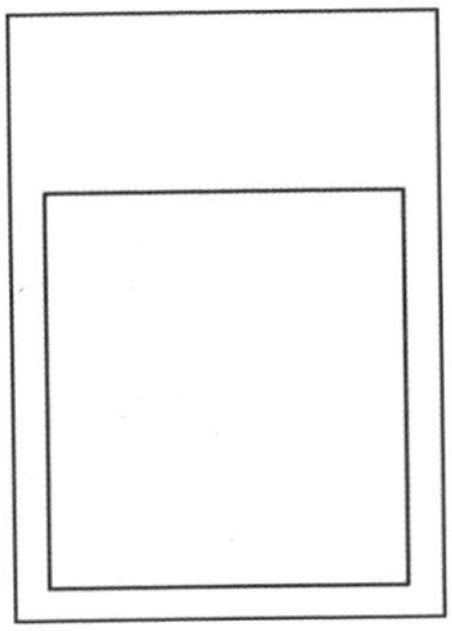

框式结构

框式结构是将封面区和刊头区以彩色边框的形式区隔为相互独立的视觉区。边框的色彩可设定为杂志的主色调，也可以随着刊期主题更换。

如：汉字偏旁部首的组合。

亩 圃
面 画

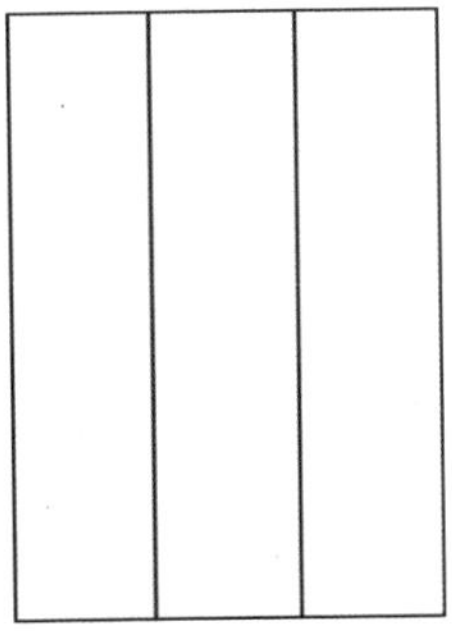

左中右三段分隔格局

左中右三段分隔格局用于刊名竖放的杂志，刊名与刊头主色形成独立的视觉区，居于杂志的左边偏上的位置，封面创意和内文要目区位于封面右边偏下方的空间，形成封面的左中右格局。

如：汉字偏旁部首的组合。

侧 树
锻 概

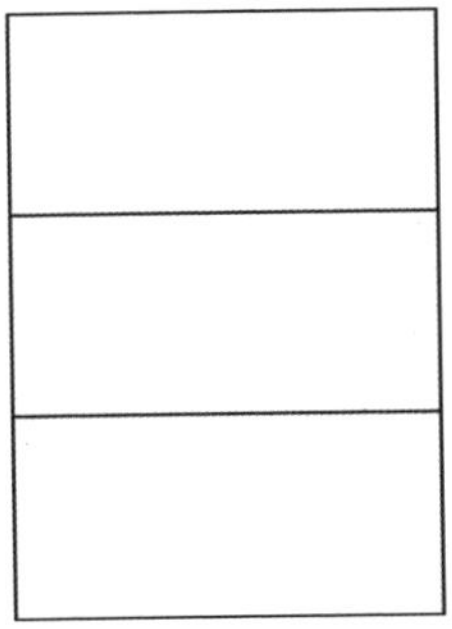

上中下三段分隔格局

上中下三段分隔格局的封面是封面刊头区在上，创意区和内容提要区在中断和下方，中区色彩可以延伸，注意三者之间的主次关系。

如：汉字偏旁部首的组合。

高 竞
菩 意

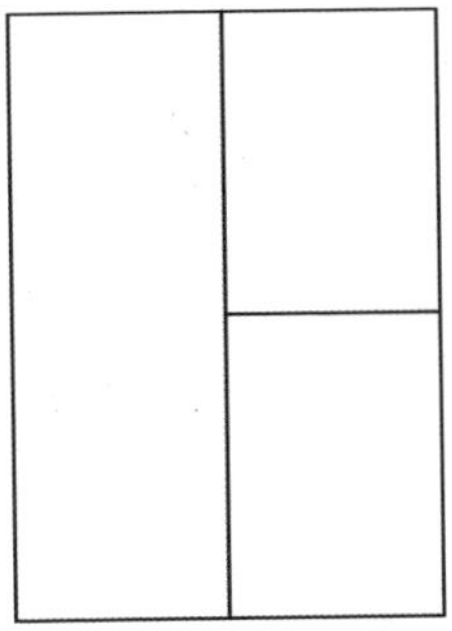

右侧上下分隔与左侧合型格局

此格局的封面适合于四字以内的刊头，右下方可放年、期、总期号等。右侧划分出独立的视觉区域，组合放置要目和色块、图形等。也可视为是一个卧着的T形，层次分明，视觉清晰。

如：汉字偏旁部首的组合。

摄 瑥
摜 煌

注：第一章里谈到，汉字源于绘画，所以汉字的偏旁部首的组合都符合封面设计格局的。换句话说，封面设计的这些格局是启发于汉字的这些组合的。

图2–4 封面设计的格局

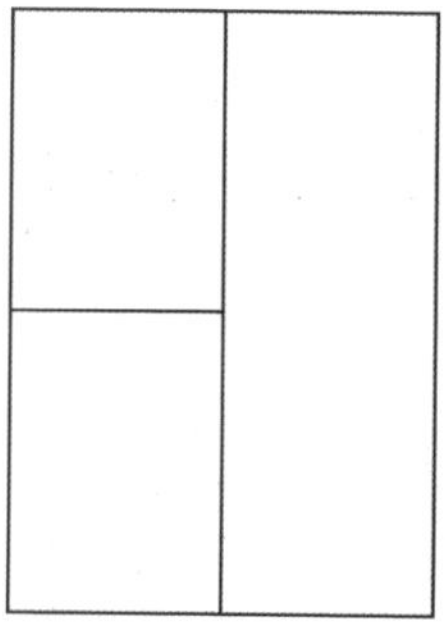

左侧上下分隔与右侧合型格局
此格局的封面适合于长文字的刊头，左侧上方可放要目，下方色块、图形等。颜色、图形可延伸至其它区域。

如：汉字偏旁部首的组合。

部影
韵颖

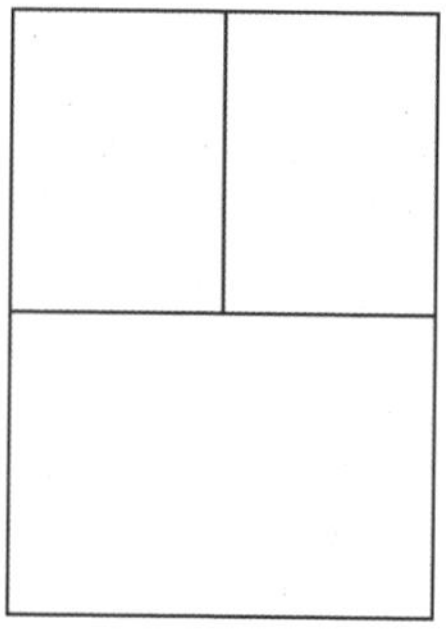

上部左右分隔与下部组合格局
上部左右分隔与下部组合格局；象一个到T形，上右放刊名，上左放图形、主办、主管等内容。下边形成独立的视觉区，放要目、条形码等。形成封面上左右，下一体的格局。

如：汉字偏旁部首的组合。

智努
架想

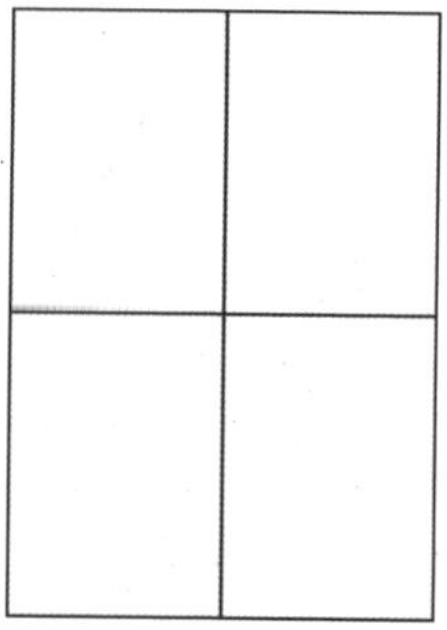

上下部左右分隔组合格局
象个田字分隔格局，上下左右，即分隔又整体，注意四者之间的主次层级关系。

如：汉字偏旁部首的组合。

田翡
能喆

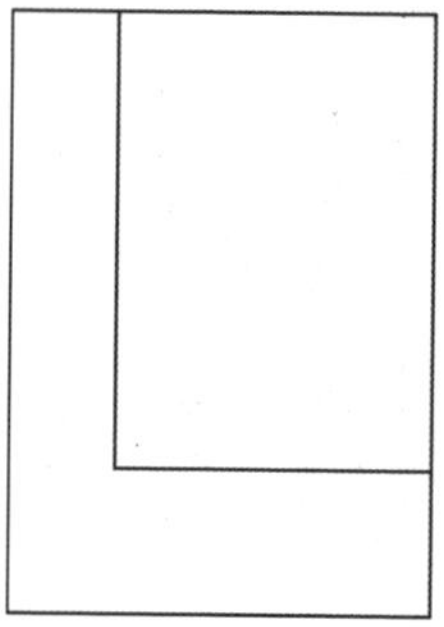

竖横各分出四分之一组合格局
这个格局很新颖，中右上形成一个主要视觉区，放刊名和相关图形的构成。左下形成一个L形的几何区域，放一些合适此地的元素，如：条形码、二维码、年号、刊号等，视情况随机应变。

如：汉字偏旁部首的组合。

建廷
延进

注：第一章里谈到，汉字源于绘画，所以汉字的偏旁部首的组合都符合封面设计格局的。换句话说，封面设计的这些格局是启发于汉字的这些组合的。

图2-5　封面设计的格局

注：1. 本封面由著者设计。
2. 按规范要求；条码调至左下角竖排，为了构图均衡，封面要目平移至右侧。

图2-6　上部左右分隔与下部要目区组合的格局实例

（资料来源：《涉外税务》2019年9期封面）

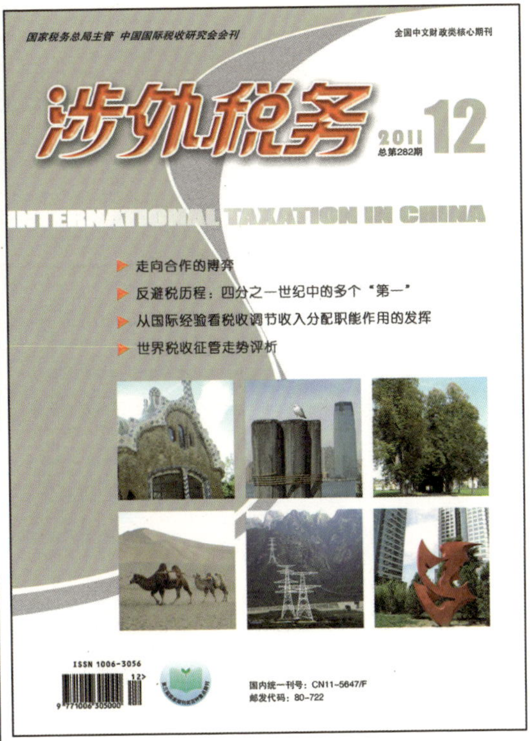

注：1. 本封面由著者设计。
2. “S”曲线形除“税收”的含义外，还有运动向外的流动感，体现“涉外”交流之意。

图2-7　一体结构格局实例

（资料来源：《涉外税务》2011年12期封面）

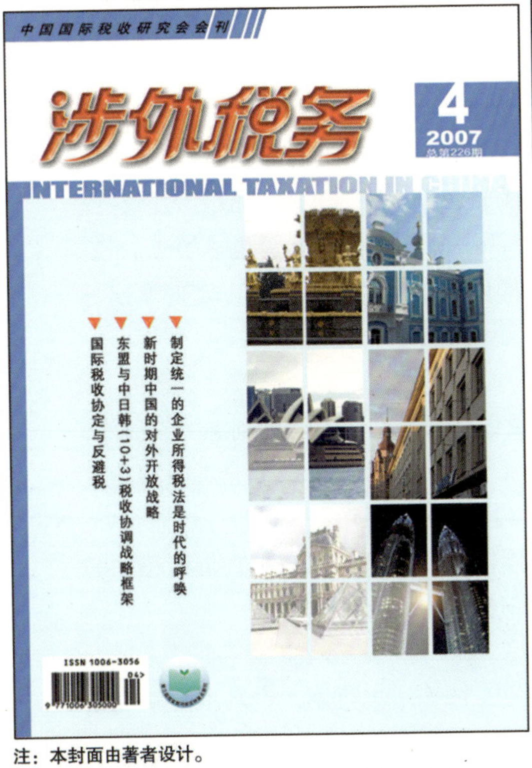

注：本封面由著者设计。

图2-8　属于T形结构格局的封面实例

（资料来源：《涉外税务》2007年4期封面）

1. 配色的数量、色相、纯度和明度

色相被称之为色彩的相貌，杂志封面主色的选择要注意色相冷暖。采用纯度较高的色彩，纯度越高，色彩的感觉越强烈，效果越鲜明。明度对比表示色彩的明暗度及深浅程度，包含黑白灰程度的对比。眼睛的视觉对明度对比的感知高于纯度对比，即视觉会更先注意到较亮的、明度较高的色彩，因此，营销要求不同，对色彩的明度要求不同。

杂志封面的色彩除照片本身是写实色彩外，装饰色彩一般不宜超过二至四套色。现在都是数字摄影和数字印刷了，颜色多了、面积大了不仅加大印刷成本，还使封面有烦乱、不严肃、幼稚之感。所以套色少、多发挥底色的作用，是比较讨巧的用色办法。显然期刊的定位在色彩运用上起了关键性的作用。如2007年的《涉外税务》，定位为综合性偏学术的社科类期刊，封面要求刊名色彩有分量，选用纯度较高的暖色系颜色，或冷色系颜色，或金银色，能吸引眼球。色度纯度一定要高，提高色彩明度，还要包括必要的图片元素。底色、线框颜色配以复色，明度以不喧宾夺主为宜。一年刊发12期，一期一个主色调，以四季自然色为参考，遇元旦、国庆，就应该用鲜艳、暖色调来表现喜庆、欢乐的气氛。

人们所接触的色彩总以谐调为适宜，对比和谐调是矛盾的，经过艺术处理，要使两者统一变为谐调，悦目、赏心。“万绿丛中一点红”，就是要把这种比例关系掌握好，确定需要使用的两个颜色后，要找到最合适它们的纯度、明度、面积，然后再进行搭配，从而削弱它们强烈的色彩对比，在对比之中求谐调。绝对的谐调会使人感到缺乏活力。刚才说了遇到元旦、春节、国庆，期刊封面就应采用色彩鲜艳、明快、对比强烈使人感到热烈兴奋的暖色调，使匆忙来去的行人能在眨眼间了解内容。而其他各期一般以间色、复色互相配置为宜（间色也称第二次色，是任意两种原色在搭配之后形成的色彩。但如用等量原色调配，不一定能调出标准的间色来。复色，三色以上混合叫复色），使气氛宁静、高雅。

2. 冷色调和暖色调

冷色调能带给人清爽、冷静的感觉，而暖色调则是希望人们感到温暖、热烈，是人们对不同色彩产生的不同感受。红、橙红等为暖色调，绿、蓝、青等为冷色调，黄色和白色、黑色、金色、银色等是中间色。

冷色调和暖色调是靠占比决定的。诉诸理性的期刊多用冷色调，诉诸感性的期刊多用暖色调。中间色和中性灰是起协调和过度作用的。

3. 主色调与辅助色

选择一种合适的主色调可以提高刊物定位，选择了主色调，也基本上就确定了刊物的配色方案。辅助色是配合刊物主色调进行调配的，与文字、图形、图像信息结合，起到区隔或强调信息的作用。辅助色可视主色调含灰度的高低，反向为之即可。在这里最好注意一下色彩之间明度的变化，注意层次感。

色彩相貌所代表的性格：

红色，热烈、欢乐、喜庆、革命、振奋，适合于时政、新闻、政经类杂志。

橙色，快乐、时尚、年轻、激奋，适用于日常重大选题和栏目。

黄色，温暖、明亮、耀眼，适合于人文、时尚类杂志。

绿色，生命、希望、春天、生机、环保，适合于环保、健康、园艺、春季类杂志。

蓝色，冷静、客观、科技、明朗、宁静，适合于经济、科技类杂志。

紫色，高贵、神秘、端庄、大气，适合于宏大的选题。

褐色，坚定、稳固、厚重、持久、保守，适合于沉重严肃的、历史性的选题。

白色，光明、纯洁、神圣、高雅、哀伤，适用于极简风格类杂志。

黑色，哀伤、沉重、个性，适用于沉重肃穆、个性时尚的选题。

灰色，柔和、高贵，适合于辅助色、搭配其他色彩。

当《涉外税务》更名为《国际税收》后，以蓝色、紫色为主色调就显得很普世了，冷静、客观、端庄而大气，符合读者认知和记忆。

封面上的色彩除了借用图片本身的色彩外，要尽量注意其他色彩的装饰性。另外色彩也得根据各种主色调灵活处理，不能生搬硬套、不能形而上学，这就是辅助色的作用了。一幅封面诸多色彩配置中，一般必须注意补色、对比色以及深、中、浅色的关系，否则会令人感到不满足，如在蓝色基调的封面上，能加上紫色、群青、绿色的色彩就能满足人们对红色、黄色的视觉要求，因为紫色、群青、绿色中含有红、黄色的色素，反之亦然，以此类推。主色会引导设计人员控制各种颜色的比重以及主色的面积比例，让其他颜色与主色通过有效的调校起到协调、呼应、对比的作用，最终达到谐调美。如玫瑰红太纯面积就要小，否则不适合偏学术期刊；有些浅色调如白色就容易脏，需要覆膜来保护封面的整洁，出刊成本会提高。有些颜色由于长期以来已为人们所熟悉，如红色象征革命，黑色象征哀思等，但也不是绝对的，如黑色与红色搭配，就变为另一种含义了，因此辩证地看待色彩的含义，就能导演出不少丰富的色彩世界。

色彩配置时，我们需要注意：

A、类似色调和，选用临近的色相进行调和相对难度较低，效果较好。如我们在色环上选择左右相邻的红、黄、橙三色，在封面上只需要简单地进行一定比重敷色的处理就基本达到谐调的效果。

这里简易介绍一下孟赛尔色系：1905年美国教师孟赛尔（A.H.Munsell）将色相分成红、橙、黄、黄绿、绿、蓝绿、蓝、紫蓝、紫、红紫十色的色相环，每一色相再分成十等分，而以五为纯色，如5R（RED）即指纯红色。明度则以黑为0，白为10，中间分成9种深浅序列灰调，以N1 ~ N9表示。采度表示则以各色相的成分作等距区别，以0 ~ 8数字表示。

B、降低纯度调和，色环上的有些色彩对比强烈，是互补色，此时我们应该如何调和呢？如黄与紫这两种颜色，笔者在操作中会降低其中一方或多方的色彩纯度，然后再进行整体调和，比如在黄色中加入深色系，减弱了黄色纯度之后，再通过处理使其与紫色纯度接近而形成调和。

C、提高明度调和，可以通过提高其中一色或几色的明度，或者提高色的纯度来构成调和关系。可以选择孟赛尔色系靠上部分的色彩，通过横向色环之间的色彩关系来解决。

D、降低明度调和，对颜色加入褐色或者深重色，通过降低一色或几色的明度和色纯度，达到调和目的。

E、优势调和，在色的纯度与明度都不调整的前提下，采用面积对比的方法来抵消色相的对比。如我们设计时，需要用到黑色和白色，就可以让白色比黑色的面积大，此时白色呈现出来的优势就会超过黑色，视觉感受就会变得均匀协调。

以上只是著者使用较多的调和方式，调和的方法有很多种，需要我们去探索出适合自己的方式。著者的一些从事图书行业的朋友，在做丛书设计中，就会运用多种调色方式，虽然色彩配置方式不一样，每本书的颜色呈现也不一样，但是不妨碍他们单本书亮眼，丛书套系也一样和谐。

色彩配置有谐调，也就有对比。色彩的对比有色相对比、纯度对比、明度对比等形式。对比与谐调在色彩配置中是同样重要的，色彩的大小、方圆、黑白、强弱、高低、疏密、轻重、浓淡等等，让色彩更生动、更光彩。对比方法使用不当，会导致画面杂乱无章，导致画面如噪音一样无法欣赏。色彩对比，让我们想强调的部分有动感，就像要主动映入眼帘一样惹人注意，在视觉上让人有一种平衡感。如果缺少色相、冷暖对比，封面就会显得刻板，没有生气。缺少了明度对比、深浅对比，画面就会显得沉闷，甚至会感觉透不过气来。缺少了纯度对比、鲜晦对比，画面就显得特别的老旧，特别的沉闷。封面色彩设计时，我们需要掌握好明度、纯度、色相三者之间的微妙关系，因为在封面颜色设计出现问题时，想要找出原因，就得依靠这种微妙关系，也只有这样才能提高色彩修养，探索和发现色彩美。

二、《涉外税务》的封面设计

接手《涉外税务》时，首先考虑的就是期刊封面要有创新性，在原有的基础上要有新的面貌和特色。不管是什么刊物，都要在普世的基础上形成自己的风格。在构思、装饰上可以作为欣赏的艺术作品，用图片形象衬托、加强杂志的内容，从而有一定的思想性和教育性。只有如此，此刊物在期刊界、学术界才能凸显和发展。

（一）以城市面貌的图片反应税收对经济、民生的作用

《涉外税务》为了体现国外的税收经验和成果，封面照片选用的就是城市人文景观和著名标志性建筑物。因为体现一个国家的经济水平、文化传承、社会进步都反映在城市建筑和人文景观上。

为了使刊物与众不同，封面照片我们通常采用多图组合的形式出现，尽量选择作者、读者提供的国外摄影作品，使作者、读者在设计上有参与感，提高期刊的温度，扩大刊物影响力。这种互动形式收到了很好的宣传效果，受到领导、同仁及广大读者的一致好评。后来随着刊物性质的逐渐改变，封面设计改为以文字为主的形式，视效转为以主次虚实、计白当黑来调控版面的元素。

（二）题材确定后的封面构思

封面设计也应是上乘的艺术，虽然它和其他艺术有所区别，功能略有不同，但也要用艺术性去感应读者，为此封面设计的构思就显得十分重要。

当题材确定之后，就需要思考要表现什么、怎样去表现主题、在画面上通过什么形象去反映主题，这个过程可称作构思过程。至于形象、书名在有限尺寸的期刊上怎样布局，这就是古代画家谢赫“六法论”中的“经营位置”，一般称作构图。构思与构图除了受到刊物性质、稿件性质的影响外，更应该相互影响，而不是相互分开，独立运行。一个优秀的美编设计人员应该有的素质——不仅是在构思和构图方面独一无二，还要懂得与刊物定位、文稿的内容及体裁相融合，从而设计出有感染力、有亲和力、有吸引力的封面。

同一个题材可以采用不同侧面、不同角度、不同方法、不同形式、多种构图去表现，比如面对《涉外税务》多图组合的构成形式，我用了“Z”的字母几何形，是汉语拼音“中国”的打头字母；用“S”的字母集合形，是汉语拼音“税务”的打头字母；当然也可以用“C”这个英文大写字母，它是“中国”英译的打

头字母。用这些寓有含义的几何图形与图片元素、期刊封面必备元素，做多种图案构成，包括色调的变化。这就是用同一个题材的设计，获得多种角度的构思。（图2–9、2–10）

构思可以分为想象手法、舍弃手法、探索手法、象征手法。

想象：是构思的基点，法国心理学家芮波将想象分为造型和流散两种，他认为不管是哪一种，想象都需要用知觉来产生明确的意思。人的大脑是存储器，富有记忆力，广博的知识交织成想象的网络。知识的交织和转换，让思维独具特点，人的想象也变得天马行空。天马行空的想象力融合到知识体系，就逐渐演变成独有的思路，这个思路在提升过程中，就能举一反三，形成自己的艺术想象力，因为艺术源于生活，也源于无边无际的想象，它们是艺术诞生的源泉。

舍弃：人生是一个追求的过程，因为追求，所以获取的越来越多，想要的也越来越多，想舍弃的却越来越少，构思过程也是如此。张光宇先生提出的“多做减法，少做加法”建议，着实是高人高见。我们在设计底稿上一点一点地叠床架屋，肆意堆砌，肆意渲染，但是每个环节都会让我们无法下定决心删除开始设计的细节，最终设计的内容臃肿冗余，与想要的效果相差甚远。郑板桥谈画竹经验时也谈到要舍繁求简，他说：“四十年来画竹枝，日间挥写夜间思，冗繁削尽留清瘦，画到生时是熟时。”所以要敢于舍弃。

探索：构思要新颖，就得不落俗套。往往有人设计音乐题材的内容就用“豆芽菜”音符，画卫生题材就用红十字标志，这样就形成千篇一律，千人一面。要想有个性的设计和构型，就需要多多思考，多多推敲。在设计的关键点，要有像贾岛对待“僧敲月下门”时的怀疑态度和择优精神，一定要跳出当前的构想，才能发现它的不足，进而豁然开朗，提高设计的品位。

象征：象征可以称得上最富有力量的语言，能将抽象的东西具象化，也可以将不能表达或者不方便表达的东西用象征手法委婉表达，从而含蓄地去表达另一种事物，就如同民间艺术中用一条鲤鱼象征“年年有余”的吉利话，用三把古代武器“戟”来象征“连升三级”的祝福。象征物的含义要结合各民族的风俗文化去运用，才能为人们所理解和接受，如“鸮”这种动物在欧洲各国象征“智慧”，不少出版社用“鸮”作标志，很能意会，但在我国部分地区人们认为鸮（猫头鹰）是一种不祥之物。外文出版社出版过“毛主席诗词”的书，其封面设计上就曾用齐白石的“万年青”一画来象征。诗词与国画，在艺术中也是息息相关的。

图2–9　《涉外税务》封面构思回顾

图2-10 《涉外税务》封面构思回顾

（三）《涉外税务》封面色彩的实践

杂志的色彩传达了杂志的文化属性、商业定位等信息，具有增强识别、便于阅读和整体风格统一等多重功能。

《涉外税务》封面色彩的设置考虑的是出版时间和季节因素，在重要时令如春季、秋季使用相应色彩呼应。如元旦、国庆则使用暖色调来呼应，加强人文气息和时效性，再配合图片适应品牌定位，强化封面的发行推广效应。（图2–11）

2012年，随着逐步步入学术性期刊的要求，《涉外税务》的封面设计去多图组合的形式，变色彩为同一色相。（图2–12）

三、《国际税收》的封面设计

《国际税收》是从2013年7月始由《涉外税务》更名而来的，其为内容更加国际化、学术价值更高的社科类期刊。期刊特色是刊物质量的保证，《国际税收》在装饰风格上还是秉承图文并茂的传统表现；在封面设计上追求庄重大方的学术期刊的认知理念；在刊名、主管单位名、出版信息等期刊封面必备的要素的平面构成上作文章；在体现刊物内容、性质、体裁的装饰形象、色彩和构图上推陈出新。

（一）以地球矢量图寓意国际的名词

因为《涉外税务》封面设计使用过世界地图的矢量图，所以更名《国际税收》的封面设计就自然归向于地球这一图形象征了，地球更有立体感，更具国际概念。

地球图形的获取，由于时间和资金投入的限制，只能在百度上输入关键词“地球图片”寻找可用的共享图片了。百计千计的图片链接，鱼目混珠，免费可用的图片寥寥无几，功夫不负苦心人，终于在矢量图库里找到了2013年到2019年《国际税收》封面上使用的地球图形。（图2–13）

可用地球图形必须符合这几个标准：①300dpi、5cm以上宽度、图像清晰；②亚洲看面要以中国大陆为视觉主要位置；③分层的矢量图；④不显示地理板块，只有经纬线或0101……数字寓意的地球图形；⑤因地球图形必须经专业机构审核通过。（图2–14、2–15、2–16）

（二）形式确定后的封面构思

封面设计是一门艺术，精湛的艺术有心理感应效应，使读者、观赏者能欣赏

图2-11 《涉外税务》封面色彩应用实例

（资料来源：《涉外税务》2007—2009年.1—12期.期刊成品实拍）

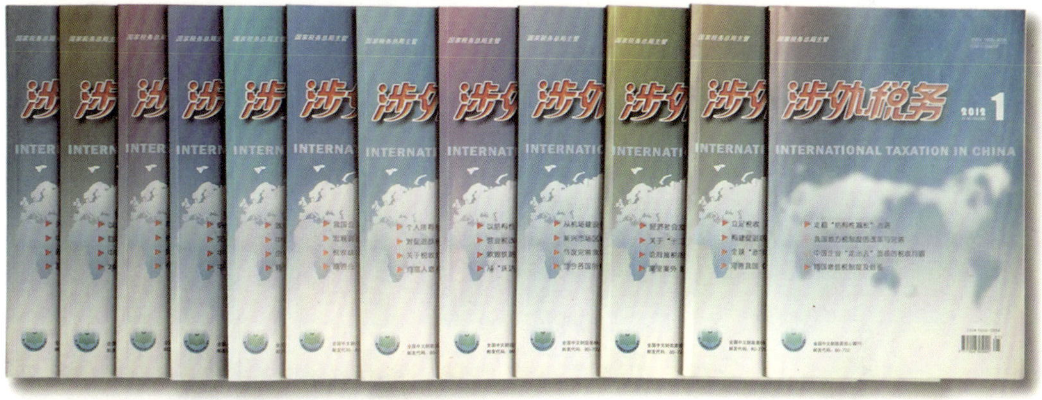

《涉外税务》2012年.1—12期封面色彩定为同一色相色彩运用的表现形式，每一期色彩的区分体现在书脊色条的变化上，封面颜色保持一致。2011年期刊封面一期一色，体现不出连续性。解决方案：把书脊色彩用渐变的办法以放射圆的角隅几何形融合到了封面色彩上来，如图所示，既是同一色又很明显地区分开了刊期。

注：第一排《涉外税务》2010年.1—12期期刊实拍，封面设计理念同图11的封面设计。《涉外税务》2011年封面设计沿用的是2010年的设计，实拍举例在此省略。

第二排、第三排《涉外税务》封面设计实拍，此时封面就是去多图组合的形式，色彩变为同一色相运用的实例展示。

图2-12 《涉外税务》封面色彩应用实例

（资料来源：《涉外税务》2010年.1—12期、2012年.1—12期、2013年.1—6期.期刊成品实拍）

地球①

地球②

地球③

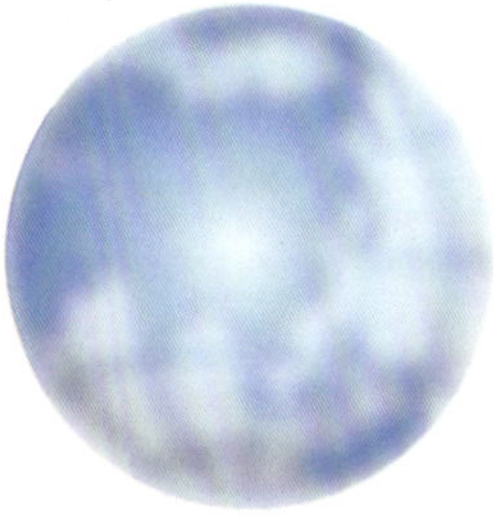
地球④
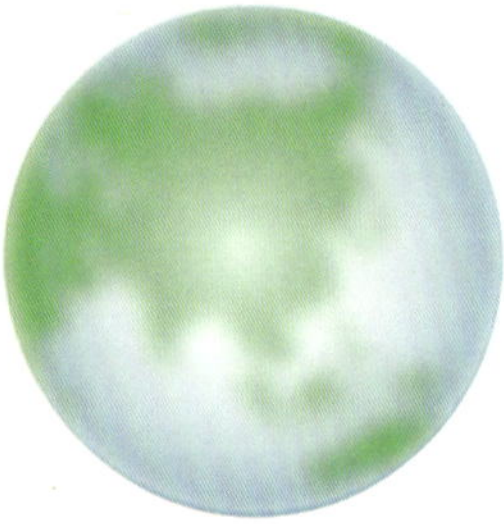
地球⑤

地球⑥

注：地球③是2014年到2019年《国际税收》封面上使用的地球图形。地球④是2013年《国际税收》封面上使用的地球图形。
地球①亚洲看面；中国的位置就不如地球③和地球④的正位。

图2-13　共享的地球素材

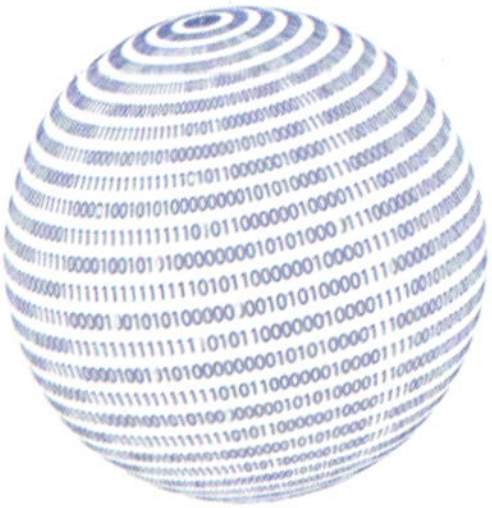

地球①

地球②

地球③

地球④

地球⑤

地球⑥

注：地球①是数字组成的地球，象征科技。地球②、③是经纬线地球，使用范围宽泛。
在地球图像选择中，最早选中的图上，中国版图的位置有些偏离（地球⑤），不适合用在我刊，是著者建议替换为后期使用的地球图。

图2-14　共享的地球素材

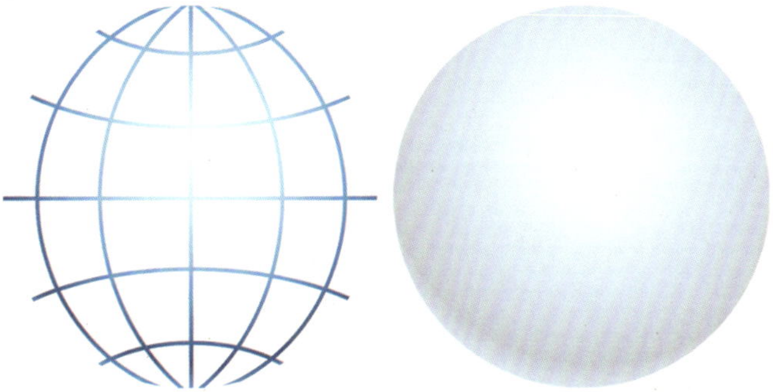

封面色彩不管一期一个主色调，还是采用一季、半年、一年同一色相的运用，只有地球素材分层才好呼应封面主色调，调整地球的色相。单一图层的地球变起色相来会很生硬，因为各层的明度和纯度无法调节，就没有以下三图的变化效果了。

图2–15　带层的地球

（资料来源：《国际税收》2013年封面地球实例）

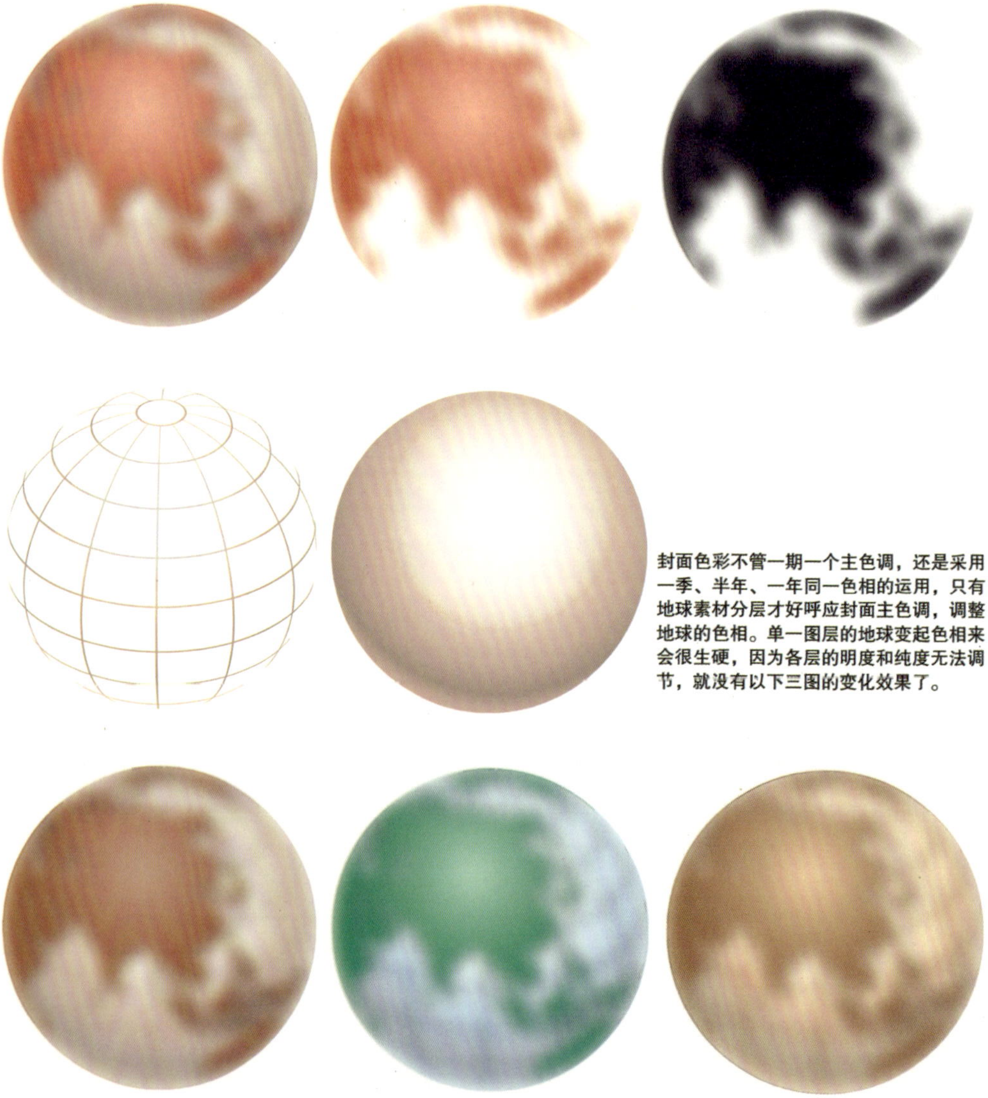

封面色彩不管一期一个主色调，还是采用一季、半年、一年同一色相的运用，只有地球素材分层才好呼应封面主色调，调整地球的色相。单一图层的地球变起色相来会很生硬，因为各层的明度和纯度无法调节，就没有以下三图的变化效果了。

图2-16　带层的地球

（资料来源：《国际税收》2014—2019年封面地球实例）

精彩的封面，只因喜欢一张图片就能买下一本杂志的可能，所以设计《国际税收》时还是没有彻底放弃城市人文景观图片的运用。用形式构成的设计吸引读者阅读我们的刊物，也是一种图片构思在学术期刊上的尝试。

封面设计中，有由地球各种摆放构成的、有由近及远漂浮强化空间感的、有图片大小变化的，有用想象手法、舍弃手法、探索手法、象征手法的，总之就是要新颖、独到，提高期刊在同类期刊中的竞争优势（图2–17）。也有单用地球图形紧扣主题，突出国际的格局，结合深蓝色的运用，光感的结合，产生深沉、浩渺的空间意境，以图片构成的简洁大气达到学术风格的视觉体验。（图2–18）

在《国际税收》的封面设计中，我几易其稿，到2020年，终于以汉字之美的学术期刊构成形式作为今后的主导风格了。（图2–19）

同时，我通过对党政类图书的整体设计的细致研究，完成了学术期刊的整体设计工作。下面我就从以下几个方面论述我的理论依据和实践经验。

《国际税收》的刊名是我延续了原《涉外税务》刊名的字体风格，用矢量图软件设计了“国际税收”四个美术字，属于字与寓意图形组合的美术字体。（图2–20）

（三）《国际税收》封面的色彩的实践

《国际税收》起初的期刊定位还是有综合因素的，所以封面色彩采用的是不同色相轮替配色的活泼方法。

不同色相的轮替是杂志封面以年、半年或季度为周期，在不同刊期采用不同的色彩。色彩的选择要考虑与当期封面主题呼应，所以《国际税收》年、期号的块面色选用的是复色红调，兼容刊期时节色与重大活动色彩。（图2–21）

《国际税收》随着学术期刊定位的明确，在封面色彩上就采用同一色相、相邻色相这两种形式了。（图2–22）

1. 同一色相的运用

《国际税收》采用同一色相是将封面主色调在一年之中使用，呼应这主色调，每期在书脊变换色条，用色彩分别刊期。同一色相的运用可突出杂志定位，形成杂志的整体色彩风格。

2. 相邻色相的运用

相邻色相是在色轮上不超出90度范围的街坊色。每年定色调是按色彩关系来设定的，每期用不同的书脊色块来区分刊期，考虑季节性色彩、节日性色彩表现视觉差异，起到广告宣传作用。

无论是学术刊物，还是综合性社科期刊，都应该加入一些图片。首先，你能把读者的注意力吸引过来，翻看你的刊物，增加购买的欲望。

图2-17　地球和图片构成的封面设计效果

（资料来源：2013年《涉外税务》更名《国际税收》时的封面设计构思创意效果图）

3D版镂空的地球大家很难接受，颜色过多显得不庄重，也不符合简洁的设计理念，写实且装饰的地球仍是首选。但没有这些多样的封面设计，领导也选择不出最后的定稿。

图2-18　以地球元素设计的封面效果

（资料来源：2013年《涉外税务》更名《国际税收》时的封面设计构思创意效果图。）

注：以上封面由著者执行设计

图2-19 《国际税收》历年封面设计实例

著者根据《国际税收》由《涉外税务》更名而来，刊名设计上采取了延续性的原则，设计制作了这款刊名。

《涉外税务》接手时的期刊样式。

图2-20　《国际税收》刊名设计字体

《涉外税务》更名《国际税收》是从2013年年中开始的，所以《国际税收》2013年1期即是《涉外税务》2013年7期，固2013年《国际税收》只有6期。

图2-21 《国际税收》不同刊期不同色彩实例

注：1. 2016年5期应第十届税收征管论坛（FTA）大会在杭州召开，封面是特定刊期设计，色彩采用普世蓝色基调。
2. 2019年《国际税收》全年封面，就是一个同一色相，每期更换书脊、刊名旁装饰线色相的典型实例。优点：统一、大气、庄重、简洁而内涵。

图2-22 《国际税收》封面色彩采用同一色相实例

参考文献：

[1] 周衡祥. 第五讲 编辑工作程序[C]. 期刊编辑讲座，北京：中国财政经济出版社，1989: 78.

[2] 邱承德. 书籍装帧设计[M]. 杭州：浙江美术学院出版社，1988.

[3] 满都拉. 美术编辑工作指南[M]. 北京：清华大学出版社，2012.

[3] 满都拉. 美术编辑工作指南[M]. 北京：清华大学出版社，2012:294-295.

第二节 内页从图片补空到艺术留白

期刊印前分发排和编排两块同等重要的工作。发排工作再细分出组织稿件、编辑加工、设计版面三大工作；而编排工作的设计版式是期刊印前最后一道工序，是刊物成型的重要环节。

在设计岗位工作三十多年，经验告诉我：文字内容决定了刊物的质量，版式设计却可以将刊物的内容表达得更好。因此，一本刊物的版式，会影响它的美观、可读性与发行量。

一、题图与插图

插图是文章的解释与生动的叙述。与标题构成同一空间的插图视为题图。

图片是文字之外的另一种表达方式。要保证工作效率，图片编辑需要采用科学的工作流程。要建立标准化流程，就不能画地为牢，需要遵循前人的工作经验，循序渐进，逐步完善，确保有迹可循，这样才能分解好工作环节 ，并确定好各个工作环节的权重。

插图艺术强调形象、典型、风格、含蓄等艺术手法。艺术插图和文字是联姻关系，和美术是血缘关系。

（一）插图的渊源

我国书籍的插图历史悠久（那时没有杂志，世界上第一本现代意义的杂志是1665年1月5日法国巴黎创办的《学者》杂志。近代最早的中文杂志可追溯到1815年在马六甲海峡创办的《察世俗每月统记传》。境内最早的中文期刊是1833年创刊于广州的《东西洋考每月记传》），目前保存下来的最早的插图是从敦煌17窟洞中发现的唐代咸通九年（公元868年）刊本“金刚经”的“说法图”。（图

2–23）

晋代陶渊明诗云“流观山海图”，说明我国古代的图书非常重视插图的使用。清代徐康也说过“古人以图书并称，凡有书必有图”的话。宋元时代雕刻印刷水平大大提高，书籍插图也越来越丰富，如《三礼图》《宣和博古图》以及《营造法式》等书（图2–24、2–25、2–26、2–27）。明代插图的制作更是达到了巅峰，文艺书、科技书里面的插图基本随处可见，这其中又以《水浒传》《西游记》等书为典型代表（图2–28、2–29、2–30）。其中明朝弘治十一年（公元1498年）《新刊奇妙全相西厢记》已经按照内容绘制插图，以供读者翻阅，这说明在当时，书籍的插图对于图书的销量已经有很大的促进作用了。

（二）现代插图的种类

现在期刊的插图大致可以分成两类：一类是摄影图片，另一类是手绘插图。现在期刊纯手绘插图已经很少了，有也是借助绘图板绘制的电子插画了。

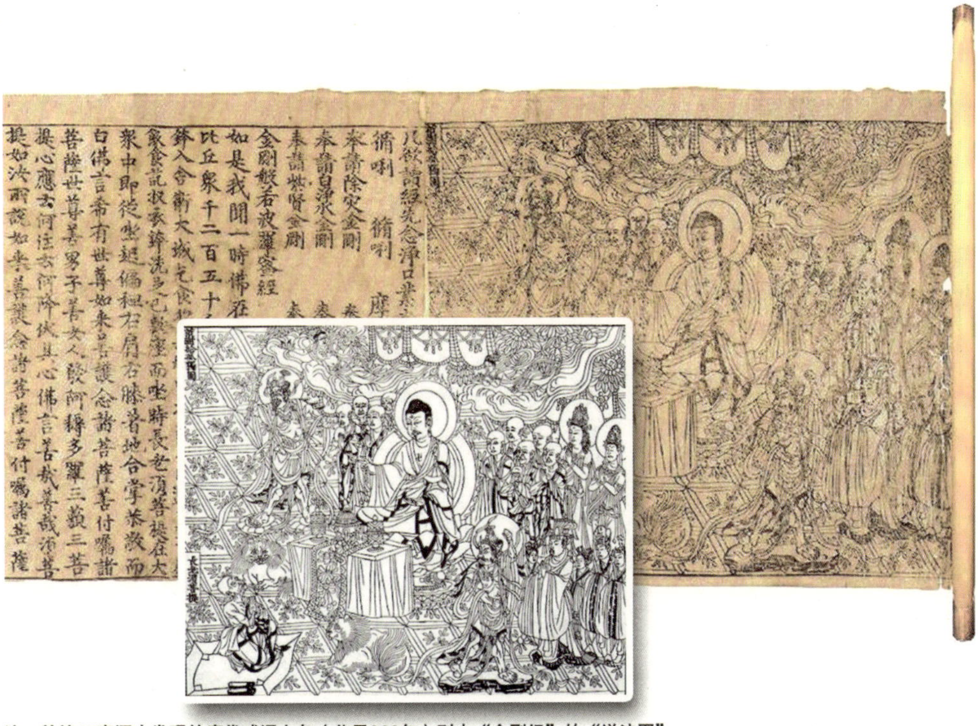

注：敦煌17窟洞中发现的唐代咸通九年（公元868年）刊本“金刚经”的“说法图”。

图2–23　敦煌唐代刊本“金刚经”的“说法图”

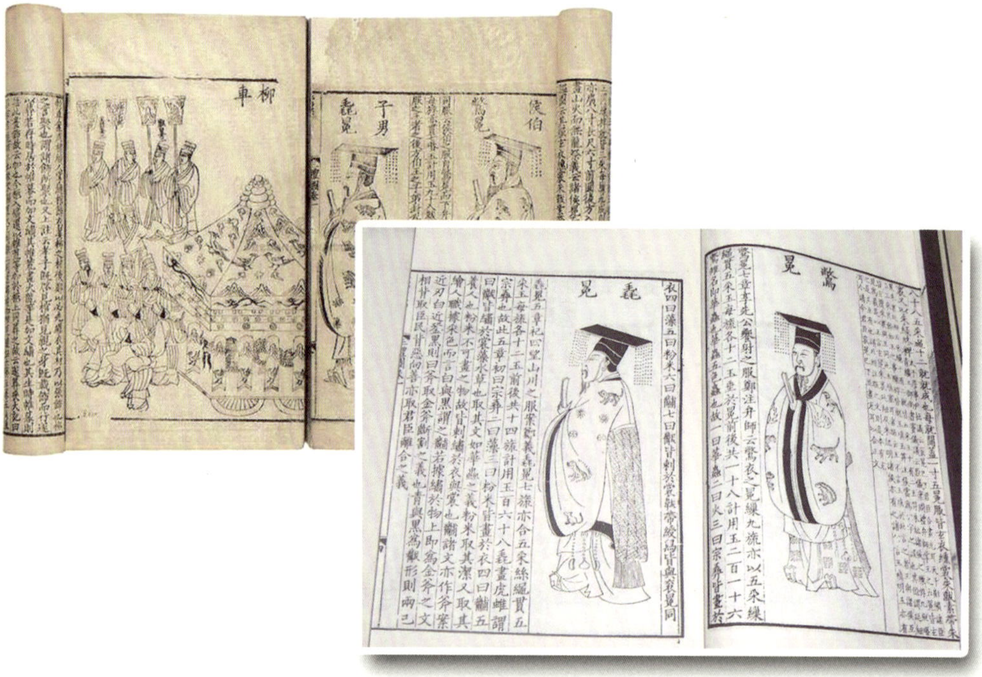

图2-24　宋元时代书籍插图《三礼图》

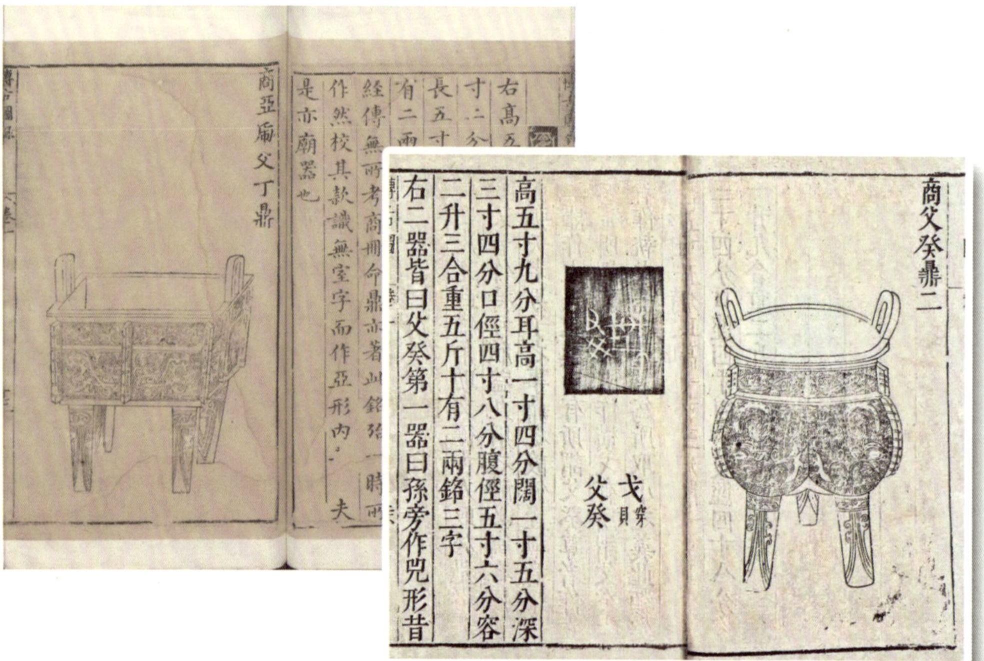

图2-25　宋元时代书籍插图《宣和博古图》

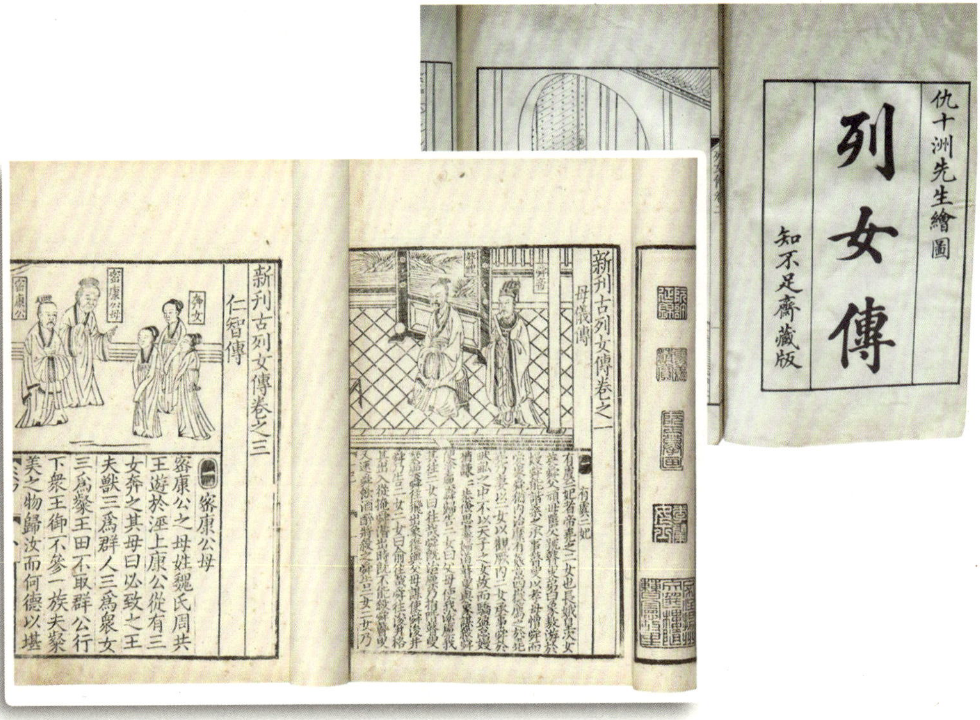

图2-26　宋元时代书籍插图《列女传》

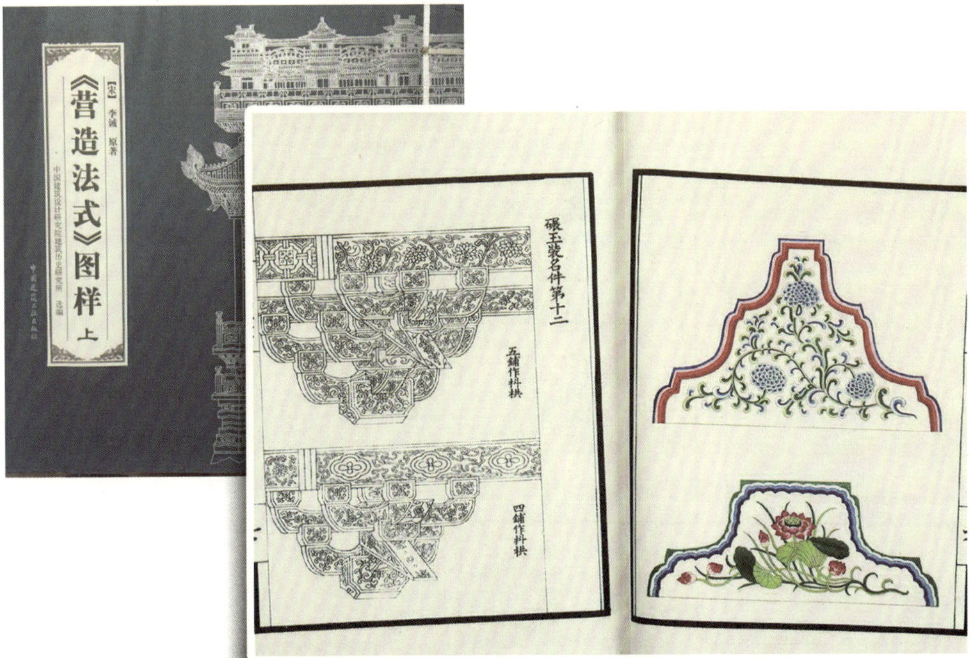

图2-27　宋元时代书籍插图《营造法式》

图2–28　明代小说《西厢记》插图

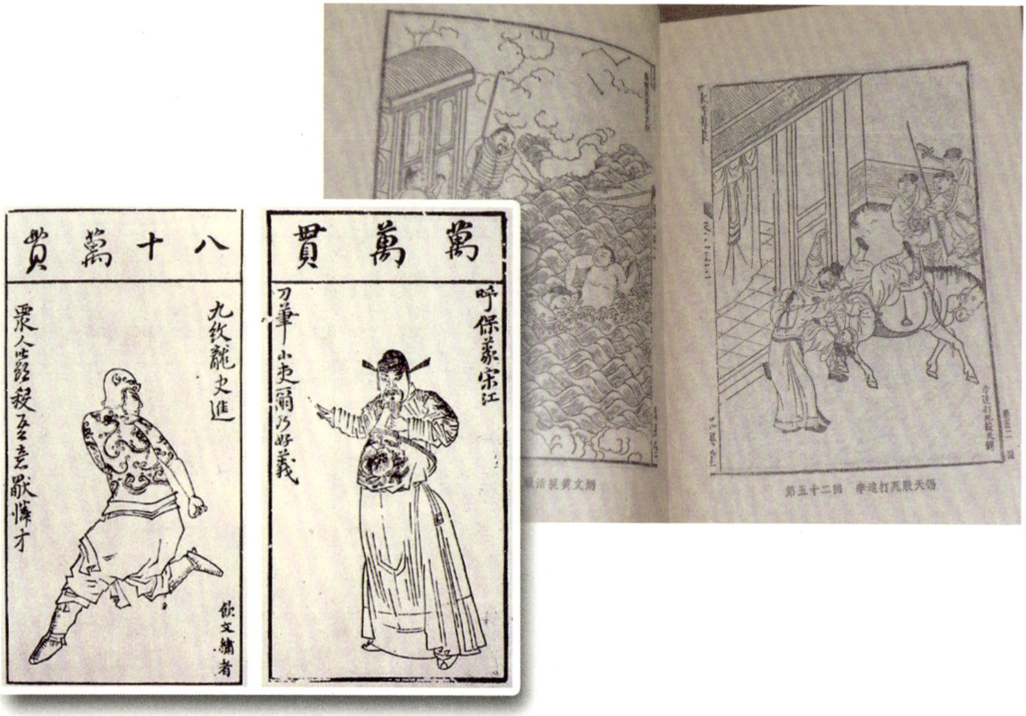

图2–29　明代小说《水浒传》插图

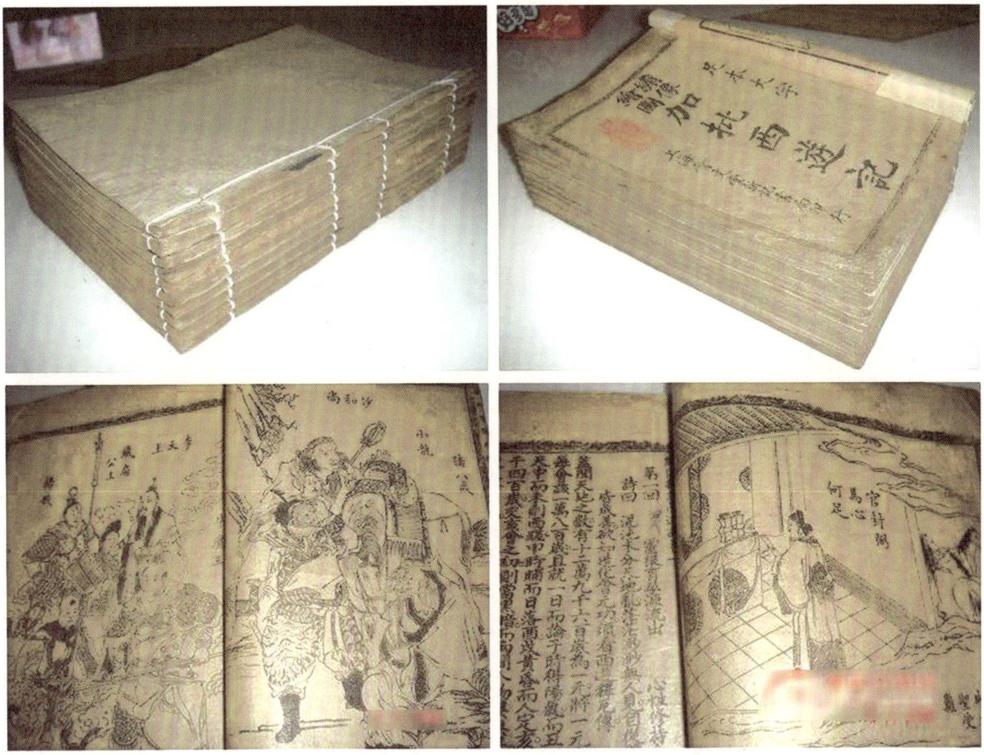

图2-30　明代小说《西游记》插图

1. 摄影图片

摄影首先要遵循摄像标准，摄像标准是判断图片符合要求的基本指标。其要求是图片信息、曝光度要合适，景深、层次要做到设计的要求，色彩要修正得合格等。其次是图片的像素、尺寸要求，期刊图片的像素不小于300dpi，长边不小于5.8cm。同时，也需要掌握印刷软硬件对于图片各项参数的具体要求，保证印刷质量。

（1）自主拍摄（平时自行拍摄些针对性强的资料图片）

自主拍摄是美术编辑立足于所在媒体的定位与特点，根据期刊可能出现的主题，结合版面需求，自主选择或随机遇到合适场景而获取指定图片的拍摄。自主拍摄的优势在于，美术编辑可以在拍摄前期有一个初步的设想，针对性强，来源可靠，可体现期刊自身的风格。拍摄的效果后期可以完善。美术编辑须深刻理解编辑主题，并充分了解表达方式，使画面和内容表达的主题达到统一。当然，这些图片还可以用于深入研习的组合创新（原始创新）之作。调整对比、调整明度、调整色彩，换个天空，那都是最基础的修图常识了，更深层的艺术表现将放到下一节进行研究、论述。（图2-31、2-32、2-33、2-34、2-35）

（2）约稿、组稿、投稿的图片

期刊的图片来源还有约稿、组稿和投稿。

社科类期刊由于图片处于压缩成本的范围，稿费30年每幅只涨了20元钱，从60元/幅涨到80元/幅。因此，摄影从业人员和自由撰稿人，把自己的作品都放到图库网站中去售卖了，在那里一张图片可以卖很多次备份。所以，现实中的约稿、征稿都很困难了。

向身边的同事、爱好摄影的朋友要一些出国旅游的“扫街照”，还是一个不错的选择，优点是经常性、稳定性、互动性，缺点是选稿时比较费劲。

文章作者随稿来的图片太少，普遍问题是像素达不到印刷要求或缺乏美感。好的图片凤毛麟角。（图2-36、2-37）

注：2007年年初，著者利用休假时间，收集金融题材街景图片，对北京金融街起始进行了“扫街式”拍摄。天气阴晴，照片换了天空，以求最佳呈现。

图2-31　自拍图片实例

（资料来源：《国际税收》2016年1期：P76.“风险投资税收政策国际经验与启示”插图）

注：这是深南大道，一张经济发展主题突出的照片，是在过街天桥上等到动车经过时拍摄的。

图2–32　自拍图片实例

（资料来源：《涉外税务》2012年3期："经济社会发展与税收……"插图.）

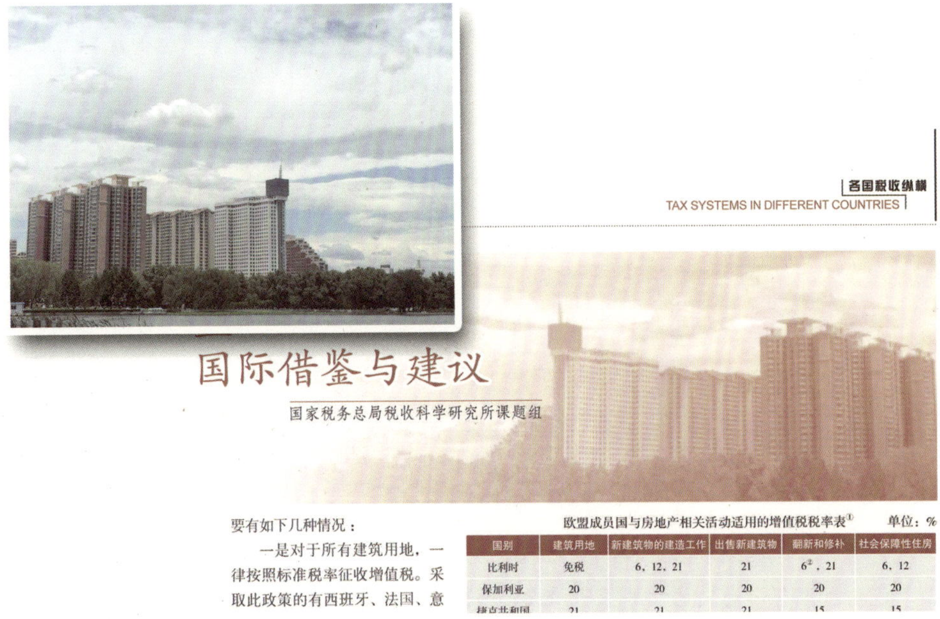

注：平常要多留意，现在手机方便了，看到合适的题材就马上拍下来，日积月累，可解决不少应急之需，不要怕麻烦，要养成习惯，不仅可以降低创作成本还平添了不少生活乐趣。这是在莲花池公园，中午走步时随手抓拍的。

图2–33　自拍图片实例

（资料来源：《国际税收》2015年8期：P53."关于建筑业和房地产业'营改增'的国际借鉴与比较"题图）

注：这是美术馆对面的建筑场景，在一次参观出馆后，随手拍到的。

图2-34　自拍图片实例

（资料来源：《国际税收》2015年8期：P55."关于建筑业和房地产业'营改增"的国际借鉴与比较"题图）

注：周末进山观光，偶遇一煤矿机械维护场地，几经周折拍成了几张企业图片。

图2-35　自拍图片实例

（资料来源：2015年7期：P31."企业所得税改革的国际趋势"插图）

图2-36　约、组稿配图实例

（资料来源：左上图：《涉外税务》2010年9期：施为民摄，配“关于企业所得税框架下总分机构汇总纳税的思考”文章）
（资料来源：右下图：《涉外税务》2010年2期：张越摄，配“美国财产税的估税周期与估税方法”文章）

图2-37　约、组稿图片实例

（资料来源：《涉外税务》2012年3期：朱建刚摄，配“借鉴沪渝房产税改革试点经验 全面推行房产税改革”文章）

（3）图片库检索可用的共享图片

为了得到更实用的图片，一般会通过图片库来取得。图片库涵盖的内容广，历史的、自然的、人文的，基本上只要你想要，都能找到。图片库又以网络图片库为主，其获取方便，容量大，内容丰富，更新也快，非常符合图片编辑工作者的需要。我们需要了解设计的方向和角度，了解各个图片库的专长性和特殊性，这样才能在众多图片库中快速找到符合自己需要的内容。

依靠平时积累的工作经验，浏览网页进行海选，把够尺寸的照片梳理出来，然后再分门别类到不同的文件夹。如港口、码头、集装箱的梳理到一起，这个过程当然是穿插进行、互为启发了，推演出集装箱运输、物流等类的图片。使用时最好加些变化，如拼合、叠透、装饰边线处理，避免类同。（图2–38、2–39、2–40、2–41、2–42）

（4）第三方提供

第三方提供的图片来源一般为报道对象、厂商、广告商等。此种方法直接、快速，确保图片质量符合刊物要求，但是一般需要确定图片的来源，核实内容是否真实。如需使用，还需要获取使用授权，也要沟通好如何使用图片等问题，避免图片发布后产生争议。这些图片可以拿来就用，也可重组再创新。（图2–43、2–44）

（5）有偿图库购买图片（包括正版光盘）

新华社、人民画报、视觉中国等图库中购买适合的数字图片和购买正版光盘图库。这些图片都属于一稿多投的图片，重复性较强，有千人一面的感觉。（图2–45、2–46、2–47、2–48）

2. 矢量图片

自由无限组合是矢量软件的优势之一。矢量图最大的优势是：它不受分辨率的影响，可以任意放大或缩小图形而不会影响出图的清晰度。正版图库中的矢量图符合下列标准的可以直接刊用。

（1）内容标准

内容标准是指矢量图内容与配图内容要具有必要的对应性。首先需要确认编辑主题是否通过配图得到体现，如果图片带有文字，需确定文字内容是否表达了编辑主题，矢量图是否体现出必要的要素。其次还格外需要重视图片内容与季节性的统一，保证内容与季节的和谐，这种细节如果不注意会影响刊物质量。

…企业股权，且不具有合理商业目的，规避企业所得…纳税义务的，主管税务机关层报国家税务总局审核…，可以按照经济实质对该股权转让交易重新定性，

二、7号公告的主要变化

从国际做法看，大多数发达国家和税制比较健全的国家为保持税收中性，鼓励投资，一般都对国内资本利得实行特殊免税或低税政策，对非居民资本利得征税范围或程度更是普遍小于居民。但国际上…

图2-38　图库检索共享图片配图实例

（资料来源：《国际税收》2015年2期：P7页）

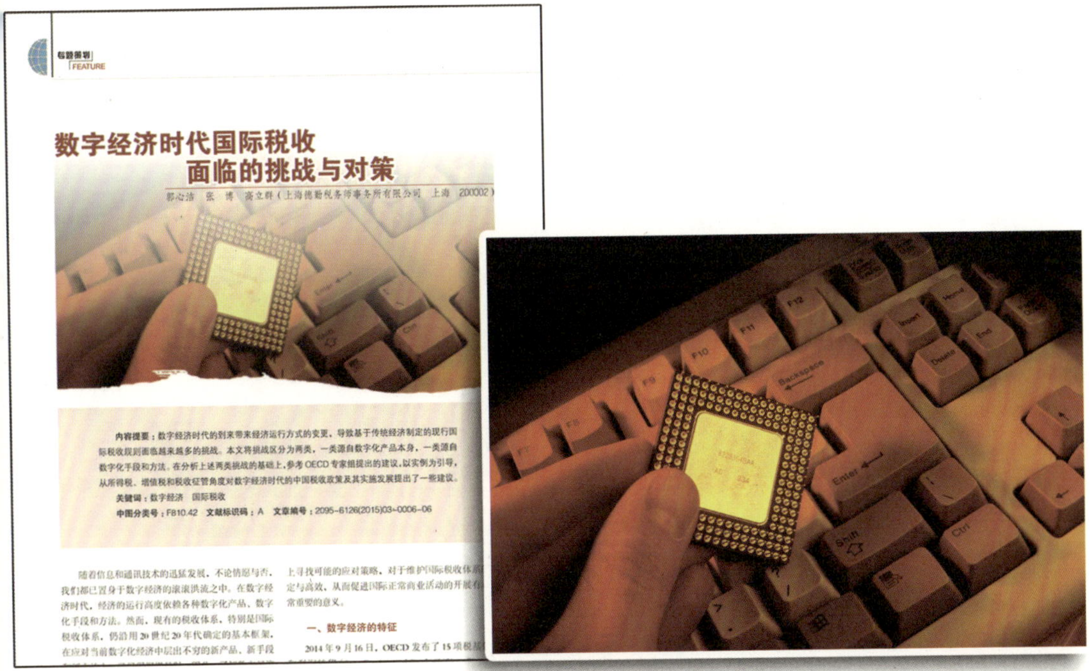
专题策划 FEATURE

数字经济时代国际税收面临的挑战与对策

郭心洁　张　博　龚立群（上海德勤税务师事务所有限公司　上海　200002）

内容提要：数字经济时代的到来带来经济运行方式的变更，导致基于传统经济制定的现行国际税收规则面临越来越多的挑战。本文将挑战区分为两类，一类源自数字化产品本身，一类源自数字化手段和方法。在分析上述两类挑战的基础上，参考OECD专家组提出的建议，以实例为引导，从所得税、增值税和税收征管角度对数字经济时代的中国税收政策及其实施发展提出了一些建议。

关键词：数字经济　国际税收

中图分类号：F810.42　文献标识码：A　文章编号：2095-6126(2015)03-0006-06

随着信息和通讯技术的迅猛发展，不论情愿与否，我们都已置身于数字经济的滚滚洪流之中。在数字经济时代，经济的运行高度依赖各种数字化产品、数字化手段和方法。然而，现有的税收体系，特别是国际税收体系，仍沿用20世纪20年代确定的基本框架，在应对当前数字化经济中层出不穷的新产品、新手段…

…上寻找可能的应对策略，对于维护国际税收体系…定与高效，从而促进国际正常商业活动的开展有…常重要的意义。

一、数字经济的特征

2014年9月16日，OECD发布了15项税…

注：这是图库中一张现成的图片，手中的芯片是数字化产品，背景的电脑键盘代表数字化手段和方法。图的上边用渐变的方法与背景逐渐融为一体，突出了标题的视觉地位。图片的底边用笔痕墨迹的形式来装饰，给人一种虚实、灵动的变化效果，丰富了图形的美感，并具有传统意味。

图2-39　网络图库检索共享图片应用实例

（资料来源：《国际税收》2015年3期：P6."数字经济时代国际税收面临的挑战与对策"配图）

图2-40　网络图库检索共享图片应用实例

（资料来源：《国际税收》2014年3期：P8.“消费税制改革趋势与地方税体系的完善”配图）

图2-41　网络图库检索共享图片应用实例

（资料来源：《国际税收》2015年7期：P7.配“BEPS 行动计划如何引领发达国家国内税法改革”插图）

注：取文章标题直意，形象、寓意地配出了此图。图与图的碰撞，需大量的图形资料和阅读，发现一张职场艰辛的图片，正有跨越、逃离之意，再镂空一张手举美元的图片，此题图创意堪称经典。

图2-42　网络图库检索共享图片应用实例

（资料来源：《国际税收》2013年3期：P69.配“弃籍还需‘分手费’：美国弃籍税制度及其启示”题图）

注：这是某企业在我刊做广告时提供的图像素材。这就是第三方提供了，调整明度、对比度和虚实关系，上边做渐变处理与标题进行一个虚实的构成，如是插图，把此蒙版扔掉即可。

图2-43　第三方提供图片配图实例

（资料来源：《国际税收》2016年8期：P26.配“供给侧结构性改革中的税收”题图）

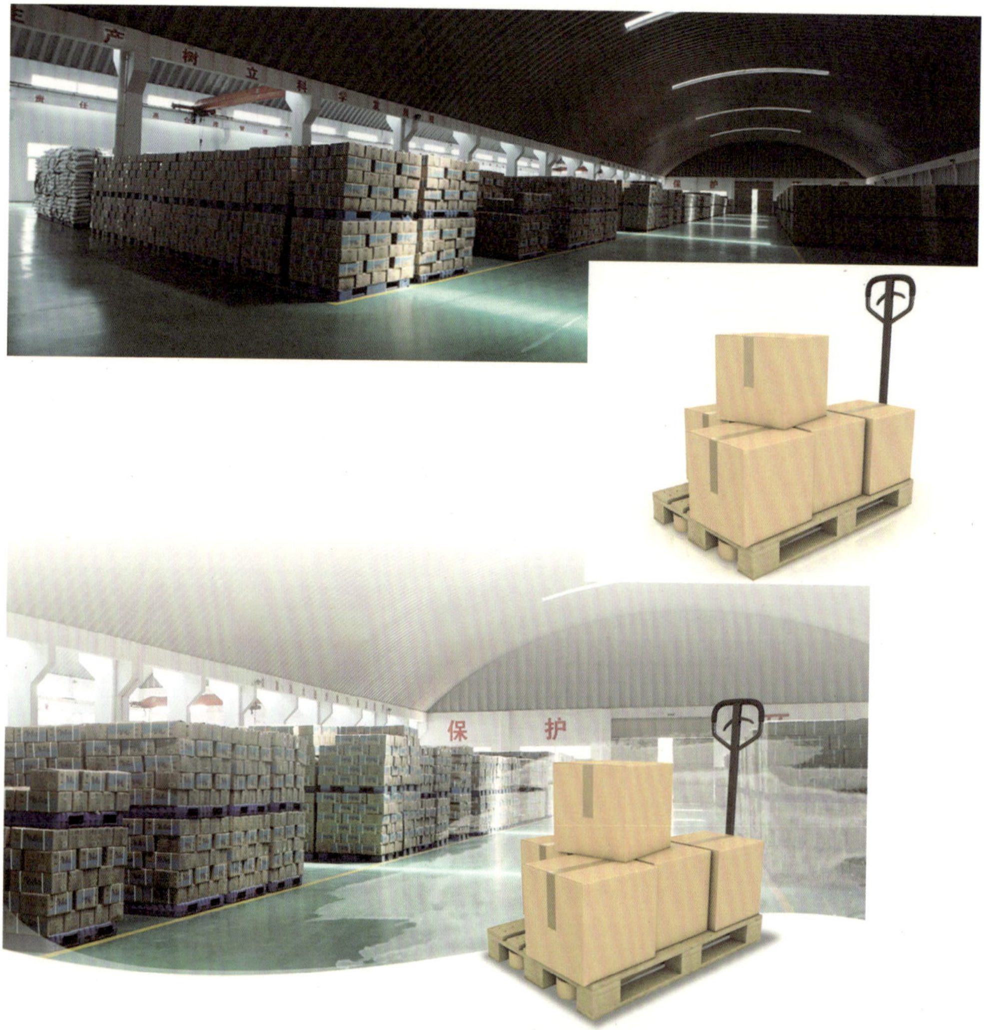

注：为丰富仓储环境的生动性，构想着集合一张运输包装箱图片，选一张角度透视合适的素材，镂空去背，叠加在底图的右下角，用曲线做为两图的分割，前图背后衬以笔痕的虚化处理，加强了集合的层次感，使配图主次、虚实，合理、美观。

图2-44　第三方提供图片配图储备

4月1日，中共中央政治局常委、国务院总理李克强就全面实施“营改增”到国家税务总局、财政部考察并主持召开座谈会。

1　国家税务总局党组书记、局长王军在望都县地方税务局办税服务厅与纳税人交谈。

2　国家税务总局党组副书记、副局长王秦丰在济南市市中国家税务局查看试点纳税人有关资料。

3　国家税务总局副局长汪康、总经济师任荣发、总会计师王陆进到12366北京中心接听解答纳税人“营改增”问题。

4　国家税务总局副局长孙瑞标在武汉调研“营改增”工作。

图2-45　新华社购买图片实例

（资料来源：《国际税收》2016年5期：P40）

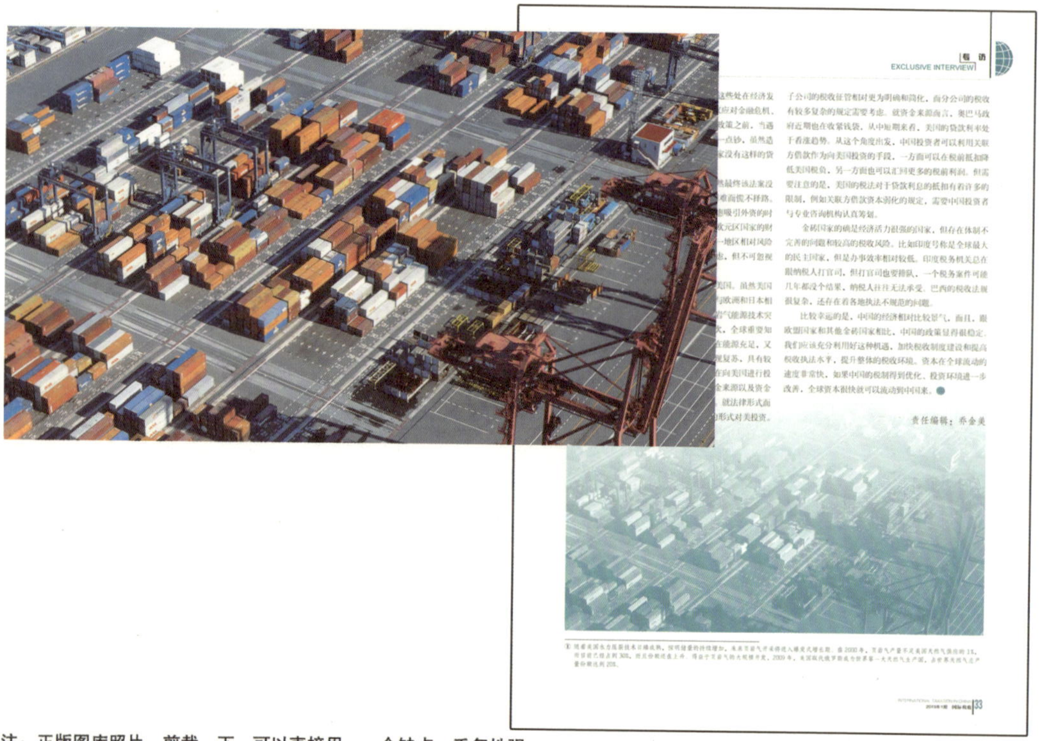

注：正版图库照片，剪裁一下，可以直接用，一个缺点，重复性强。

图2-46　正版图库图片应用实例

（资料来源：《国际税收》2013年1期：P30.配“‘请进来’与‘走出去’对当前中国与海外税收环境的判断”插图。）

注：正版图库照片，剪裁一下，可以直接用。这张是做了镂空处理。

图2-47　正版图库图片应用实例

（资料来源：《国际税收》2015年2期：P18.配“集团内非居民企业间接转让中国应税财产税收处理有关问题”插图。）

注：正版图库照片，加上效果再用一次。

图2-48　正版图库图片应用实例

（资料来源：《国际税收》2014年8期：P6.配“完善依据实际管理机构判定居民企业的标准及管理”插图）

（2）审美标准

在内容、质量、画风等各方面符合要求后，最需要注意的就是美感，有美感才能让读者产生愉悦感。画面比例合适，内容分布和谐，构图合理。画面的构成合理了，才会虚实有度，让人感觉到平衡与和谐，并且激发联想，引起情感的内在交流。（图2-49、2-50、2-51、2-52、2-53）

注：正版矢量光盘中的文件，符合内容表述，拿来直配。这种方法是最简洁的。

图2-49 正版矢量图应用实例

（资料来源：《涉外税务》2007年6期：P63.配“外资企业从基金分配中取得的收入是否征收企业所得税”题图）

注：正版矢量光盘中的文件，符合内容表述，拿来直配，人民币是在原图上处理上去的。

图2-50 正版矢量图应用实例

（资料来源：《涉外税务》2007年8期：P5.配“论居民收入分配中政府维护公正兼顾均平的分类调节”题图）

涉外税务
INTERNATIONAL TAXATION IN CHINA

次各类房屋标准价格。各税种计税依据都是依照政府定期布的土地和房屋的价值来确，具体如下。

1．地价税的计税依据及其定。地价税是以每一土地所有人在每个直辖市或县辖区内拥有的土地的地价总额来计的。税法规定，按申报地价征地价税，同时申报地价不得低政府公告地价的80%。申报地高于政府公告地价的，按申报价计征，申报地价高于政府公地价120%的，按公告地价的20%为申报地价。不申报的，按告地价的80%为申报地价。由可知，在现实征管中，台湾地地价税的计税依据通常为公地价的80%。

2．土地增值税的计税依据其确定。土地增值税是按取土地至出让土地时土地的涨总额来计征的。土地涨价总的计算方法是：土地转让时现值减去土地取得时现值，扣除纳税人已支付的改良土费用。土地转让时的现值由纳税人申报，但同时税法规定，纳税人申报的转让现值不得低

定，纳税人申报的契价低于政府评定的标准价格的，按标准价格计征。房屋现值和契价的确定方法一样，是由房屋标准价格减除折旧，再乘以房屋所在街路等级系数调整率。

（三）减免税政策

在减免税政策方面，台湾地区与大陆地区的主要区别在于房屋保有环节对于个人自用住宅及所占用的土地不免税，其他减免税政策与大陆地区基本相同。

（四）税率

地价税为超额累进税率，基本税率为10‰，超过土地所在地累进起点的，按照累进税率征收。有两种例外情况：自用住宅用地，在都市区域未超过3亩或在非都市区未超过7亩的，税率为2‰；工业、矿业用地，私立公园、动物园、体育场所用地，经主管机关核准的加油站，公用停车场用地等按10‰计征，不实行累进税率。

房屋税为幅度比例税率，税率因用途不同而不同，台湾地区政府确定税率幅度，各市在规定的税率幅度内确定本市适用税率。自住房屋适用税率为

税面积，最低不得少于全部面积的1/6。

土地增值税为超额累进税率，税率规定与大陆类似，但规定了一种例外情况，出售自用住宅用地，在都市区域未超过3亩或在非都市区未超过7亩的，按土地涨价额的10%征收，不再实行超额累进。

契税税率分为三种：买卖、赠与和占有契税税率为6%，典权契税税率为4%，交换、分割契税税率为2%。个人住宅买卖契税在税率上没有优惠。

（五）政府公告的计税价值的确定办法和程序

1．公告现值或公告地价，由

注：正版矢量光盘中的文件，符合内容表述，拿来直配。

图2–51　正版矢量图应用实例

（资料来源：《涉外税务》2007年1期：P47.配“台湾地区房屋土地保有环节税收情况”插图）

税收实务 TAX PRACTICE

《中华人民共和国信托法》颁布实施至今已六年有余，随着一系列金融信托产品的陆续面世，“信托”一词日渐为公众所熟悉，并逐渐成为高端个人投资者和机构投资者的新兴投资渠道。在金融信托产品风起云涌的同时，另一类目的迥异的信托产品也悄然出现。如某企业家为防止不成器子女日后生活无着，专门设立了替子女管理财产的“败家子基金”——事实上是子女信托的一种，这一做法很快为不少高端人士效仿。某高端人士为在教育和医疗等方面向家族成员提供资助，巨资设立了以扶助家族成员为目的的“家族保障信托”；某专业人士为配偶和子女设立了专门的“财产保护信托。随着中信信托、外经贸信托等多家信托机构相继推出财产转移信托服务项目，财产转移信托开始步入快速发展的轨道。一般来说，财产转移信托的使用者主要是个人/家庭，因此本文将以个人/家庭类财产转移信托为研究对象展开论述，其中不包含慈善公益信托。

一、财产转移信托作用机制及分类

（一）作用机制

信托机制蕴含着一种多边信用关系，涉及委托人、受托人和受益人三方。委托人作为财产的初始所有人，是信托行为的起点。受托人在接收财产后的管理活动是实现信托目的的关键。受益人

味着委托人将名下的财产转移给受托人，由受托人持有并管理财产。尽管信托财产最终将归属于受益人，但由于其所有权在受托人名下，除受托人外任何人均无权动用，并且该项财产只按照条款约定向受益人拨付。因此，这一隔离机制就消除了信托财产被

注：正版矢量光盘中的文件，符合内容寓意，拿来直配。

图2–52　正版矢量图应用实例

（资料来源：《涉外税务》2007年6期：P70.配“论对个人财产转移信托的课税”插图）

涉外税务
INTERNATIONAL TAXATION IN CHINA

筹资两个目标同时实现。但由于会计制度与税法确认收入的原则有所不同，也就产生了还本销售的会计处理和税法规定之间的差异。正确理解和掌握两者的差异，不仅要求企业正确会计核算，而且要保证依法纳税，减少企业的涉税风险。

一、还本销售的会计处理

对于还本销售，现行会计制度并未作明确的处理规定。但从实际操作来看，企业收入确定及到期还本的会计处理一般可分为以下四个阶段。

1.取得收入时，借记“银行存款”科目，贷记“主营业务收入”科目。

2.结转成本时，借记“主营业务成本”科目，贷记“库存商品”科目。

3.对于销售实现以后的还本支出一般是在销售后和支付还本款期间，每年预提。预提时一般是借记“财务费用”或“营业费用”科目，贷记“预提费用”科目。如果采用还本销售方式的目的是为了进行融资，则一般借记“财务费用”科目。当然，由于融资的目的不同，发生的预提费用也不一定计入“财务费用”科目，而要根据所筹集资金的用途相应地计入“财务费用”或相关资产成本。如筹资用于房地产开发，在开发完工前应计入房屋的开发成本，如筹资用于建造固定资产，则还应按规定进行资本化处理等。如果采用还本销售方式的目的是为了促销，则一般借记“营业费用”科目，如果促销和筹资两个目的兼而有之，则要根据实际情况相应分别计入“财务费用”和“营业费用”科目。

4.在实际支付还本金时，借记“预提费用”科目，贷记“银行存款”科目。

二、还本销售的会计处理和税法规定的差异

对于还本销售，税法的规定
不同，两者之间的差异主要体
面

1.对于还本支出，税法规定
入。这里需要强调的是，税法规
收入是指不得从销售当期的流
税依据中扣除还本支出。对企业
支出，由于它属于纳税人实际发
税收入有关的所有必要和正常的
金和损失，根据《企业所得税税
以在所得税前扣除。

2.对于每年（期）预提的还
定，预提的还本费用不能在税前
际发生时才允许税前扣除。这样
的还本支出就形成了可抵减性
增当年应纳税所得额。

3.在还本支出实际支付时，
已提取的预提费用，并不影响
税法规定，还本支出在实际支出
扣除。这就产生了会计处理与税
异。这种差异是以前年度预提还
可抵减性时间差异的转回。

三、还本销售会计处理
异的实例分析

下面以房地产业为例，对
的说明。

假设黑龙江省××房地产开
新成立的房屋开发公司，为了
响，从而促进销售额的增加，
销售方式，并于2000年1月1日
售价格36万元，成本30万元，购销双方约定在6

75

注：正版矢量光盘中的文件，符合内容寓意，拿来直配。这些矢量图都很生动的，有机会还可以打散构成不少财税题材的图案。

图2-53　正版矢量图应用实例

（资料来源：《涉外税务》2007年1期：P75.配“还本销售会计处理和税法规定的差异”插图）

3. 光栅图片和矢量图片的组合构成

集合的图片主体是否体现文章内容，政治经济学家从统计材料着眼，告诉读者，证明税收对经济的杠杆作用。插图是通过形象来感染人、鼓舞人，给人以美育，丰富读者高尚的情操，用形象帮助读者更好地阅读文字。前者是论证，后者是表现，虽然他们都在说明唯物史观的真理，但是不同的是一个用逻辑结论，一个用形象描绘。图片视角的独特性就是其他图片要与主片视角（透视）相匹配。（图2-54、2-55、2-56）

（三）插图的形式

插图的形式是多种多样的，除了图片摄影外，还可以利用网络搞集合创新，引进—消化—吸收—创新，总之避开传统手工慢的弊端，发挥电脑制图优势，搞些彩铅画、素描画、木刻、水彩等表现效果的插图画，包括创意摄影。

笔痕墨迹空间营造法、剪影综合表现法、木刻版画表现法、素描效果表现法、彩铅绘画表现法，这些都是经济题材，且形式多样。

1. 图片与图片的集合创新

获取图片资源后，根据不同的体裁，分门别类地放入不同的文件夹。数字摄影的集合创新主要是针对摄影图片而言，对于已有的照片，以内容、技术、审美三项为标准，在同一透视下的不同摄影照片中甄选最符合内容的图片加以重组构成。（图2–57、2–58、2–59、2–60、2–61、2–62、2–63）

2. 摄影变素描或彩铅画

有两种绘图方法，摄影变素描、变彩铅画。

以上这些片子进一步加工都可作为插图基础素材，用在变成鼠标艺术插画的表现上。图片的打散重组将在下一节深入探讨。

鼠标素描肖像的基础是人像摄影，图2–64是我2014年7月在欧文斯主题演讲上拍的会议图片，一共拍了几十张，挑出这一张最生动的片子，配成此专访文章，其他两张人像摄影，做成素描表现，以丰富《国际税收》视觉效果。绘画可以从另一个角度将人物形象做出解读。写实绘画与摄影图片由于表现形式有巨大区别，高对比度反而能激起读者对人物的注意。

人物形象通过特定表情表现出来，通过抓拍对象的眼神、结构转折来描述性格，使其在表现上符合大众的欣赏习惯。人像摄影是以编辑报道的人物为对象，抓住形体特征，以眼神、动作引领报告的主题。造型准确快于绘画表现，能激发版面的视觉关注度，而写实画与其区别就是不受任何物质条件的制约。

（1）黑白素描

把图片变素描，用电脑也行，用手绘也罢，电脑与手绘结合也没有问题，总之用最短的时间和最低的成本把表现的内容创作出来。表达时把人物的结构加以强调，面部注意眼神、眼角、颧结节、额结节、鼻翼嘴角、上下唇线、下颏结节、咬肌、聂线等，身体注意颈项与肩部的关系等，强调虚实，做到源于生活而又高于生活。

借助于鼠标制作的素描画启发于文学插图的艺术肖像画。中国传统木版插图就有全图及秀像。刊物刊登作者肖像是考虑名人效应，也是对作者的一种宣传和勉励。照片变成鼠标素描画之后，更增加了艺术的品位与感召力。（图2–65、2–66）

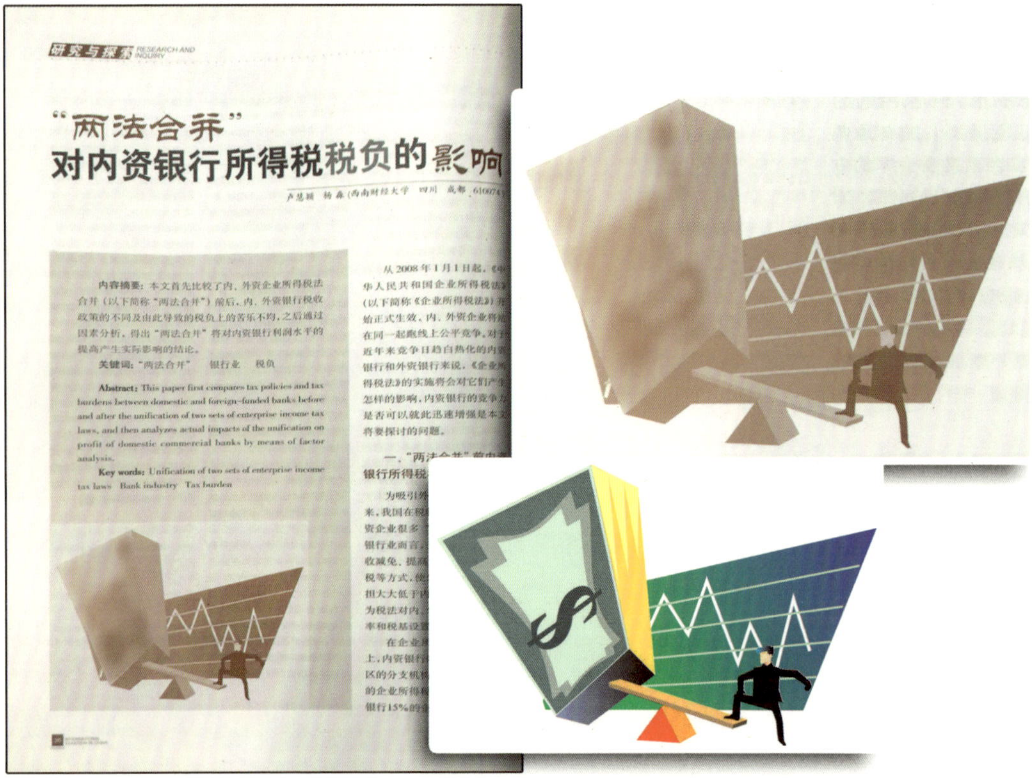

注：正版矢量光盘中的文件，币种是美元，拼贴上人民币，更符合文章论述。有机会还可以打散构成不少财税题材的图案。

图2-54　正版矢量图叠加光栅图应用实例

（资料来源：《涉外税务》2008年2期：P36.配“‘两法合并’对内资银行所得税税负的影响”题图）

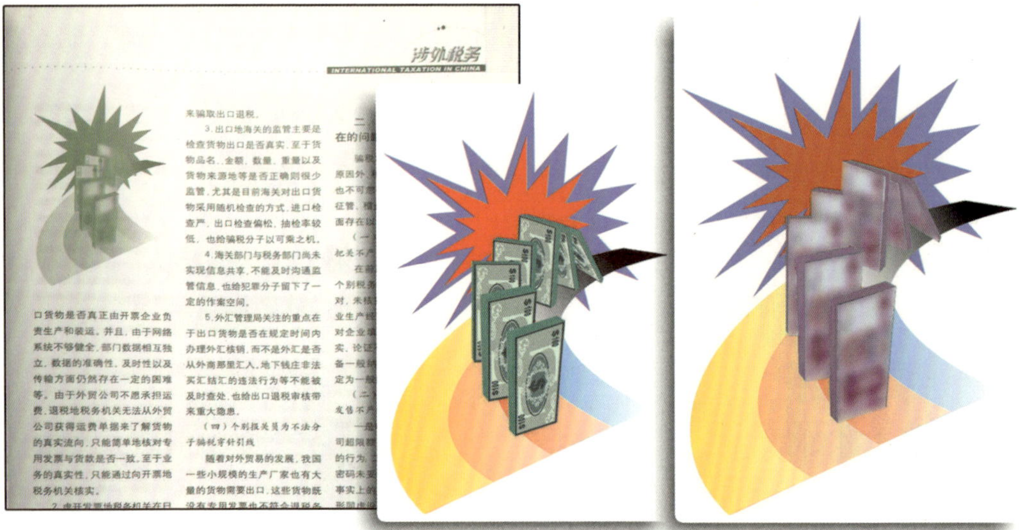

注：同上

图2-55　正版矢量图叠加光栅图应用实例

（资料来源：《涉外税务》2007年3期：P57.配“骗取出口退税案件发生的成因与防范”插图）

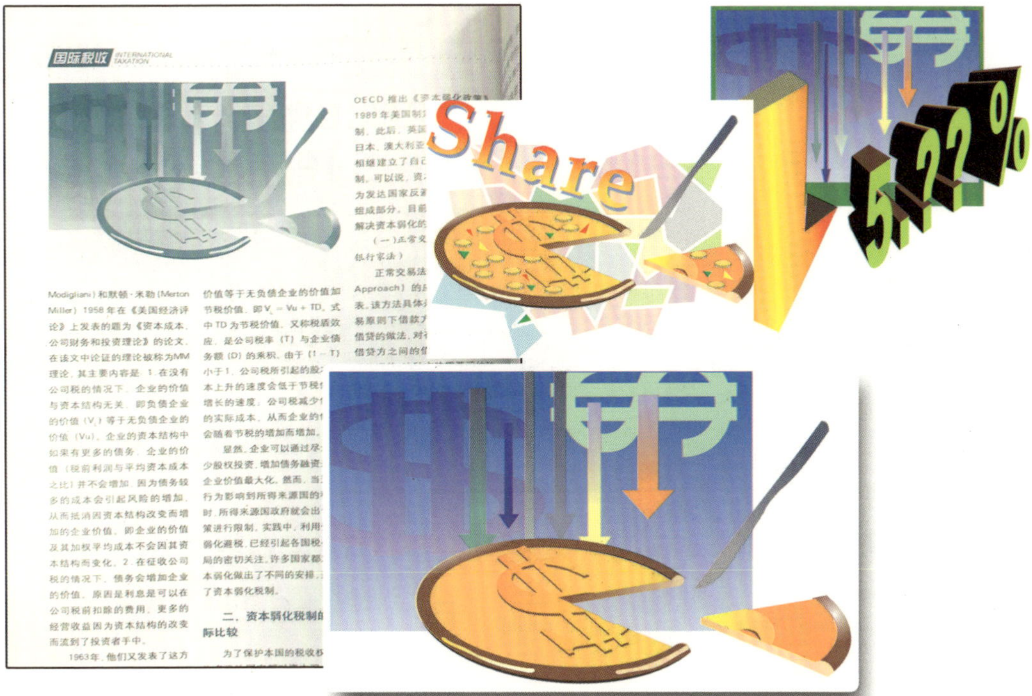

注：正版矢量光盘中的文件，符合内容寓意，拿来直配。

图2-56　正版矢量图应用实例

（资料来源：《涉外税务》2007年5期：P44.配“资本弱化税制的国际比较与借鉴”插图）

注：几何地图是psd文件，集合在一起点缀此文最为合适。

图2-57　图片与图片的集合创新应用实例

（资料来源：《国际税收》2013年1期：P14.配“税制发展的全球趋势”尾花）

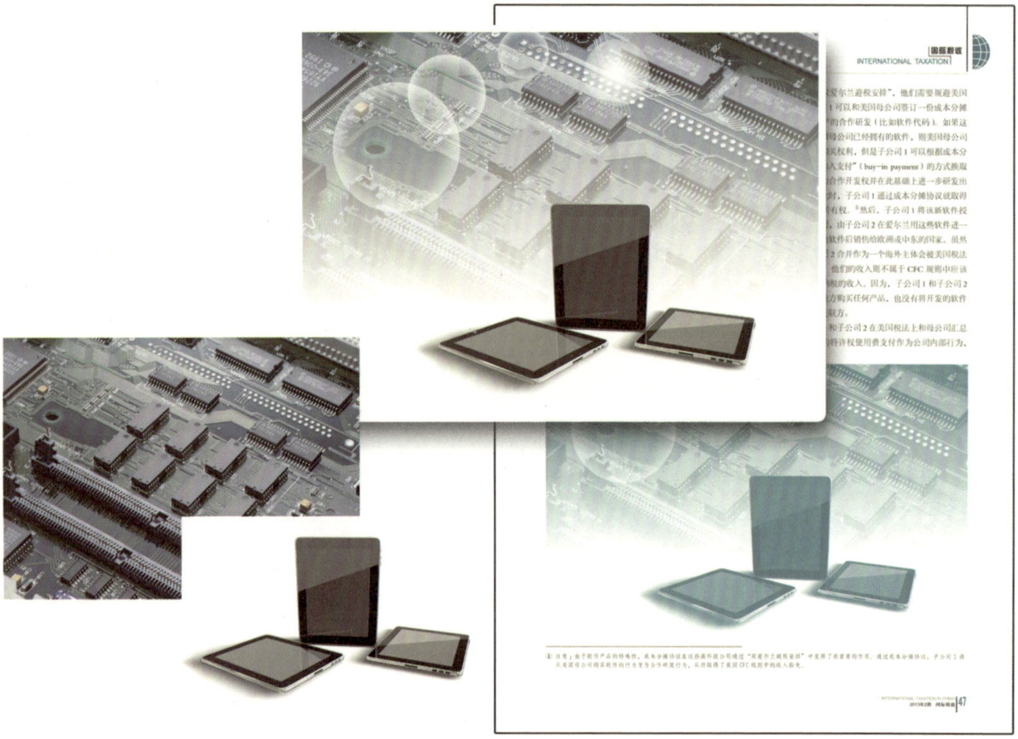

注：图与图碰撞得此灵感配图。

图2-58　图片与图片的集合创新应用实例

（资料来源：《国际税收》2013年2期：P47.配“审视跨国高科技公司避税行为完善我国反避税制度”插图）

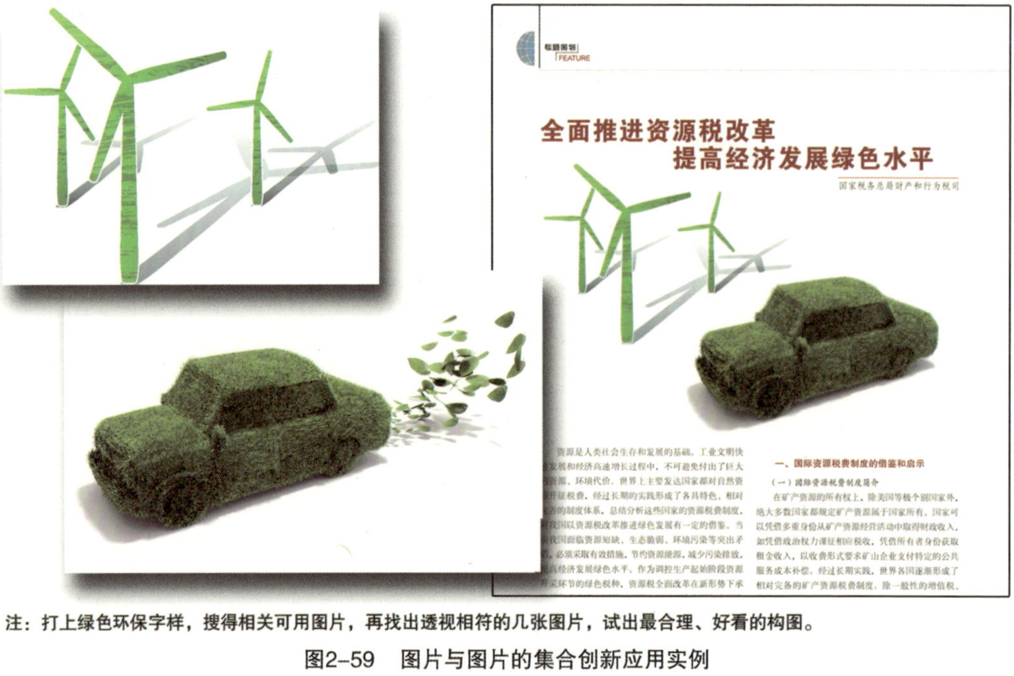

注：打上绿色环保字样，搜得相关可用图片，再找出透视相符的几张图片，试出最合理、好看的构图。

图2-59　图片与图片的集合创新应用实例

（资料来源：《国际税收》2016年7期：P6.配“全国推进资源税改革 提高经济发展绿色水平”题图）

注：一看标题就想到搜棕榈树、油品包装的图片，因为成品图片宽度5.4cm左右，可用的图片比较好找。选出此两张图相互叠加而成，油瓶周围做发光处理，层次分明、简洁、好看。

图2-60　图片与图片的集合创新应用实例

（资料来源：《国际税收》2014年11期：P79.配“国际税讯”栏目之“马来西亚、印尼降税争夺中印棕油订单”题图）

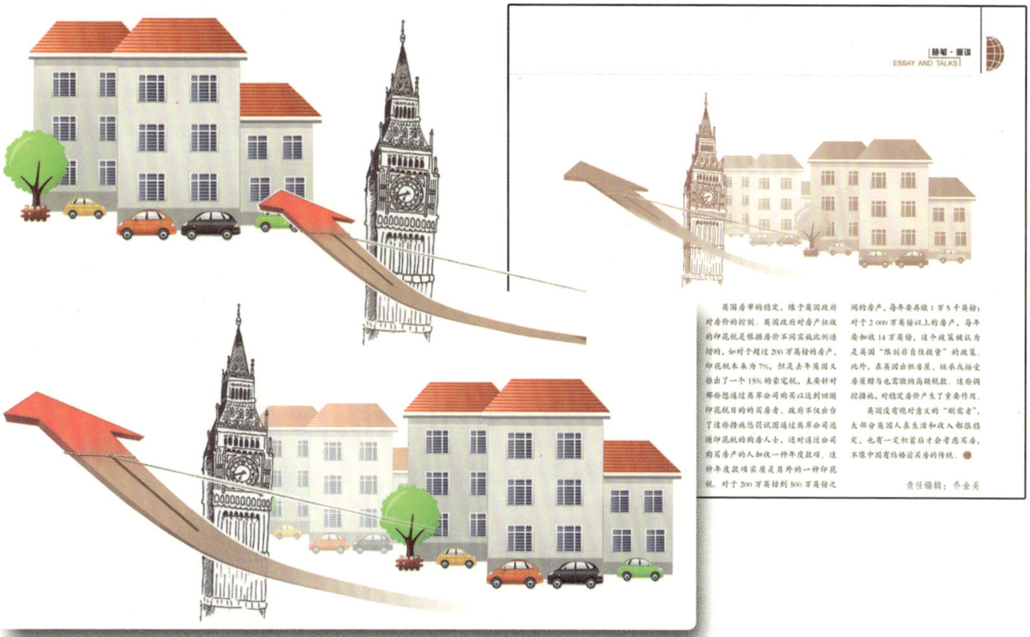

注：大本钟代表英国，一条绳子抑制着箭头的上涨，一张楼房矢量图重复一张虚到后面，整体寓意一目了然。

图2-61　图片与图片的集合创新应用实例

（资料来源：《国际税收》2013年3期：P77.配“税政控制下的英国房市”插图）

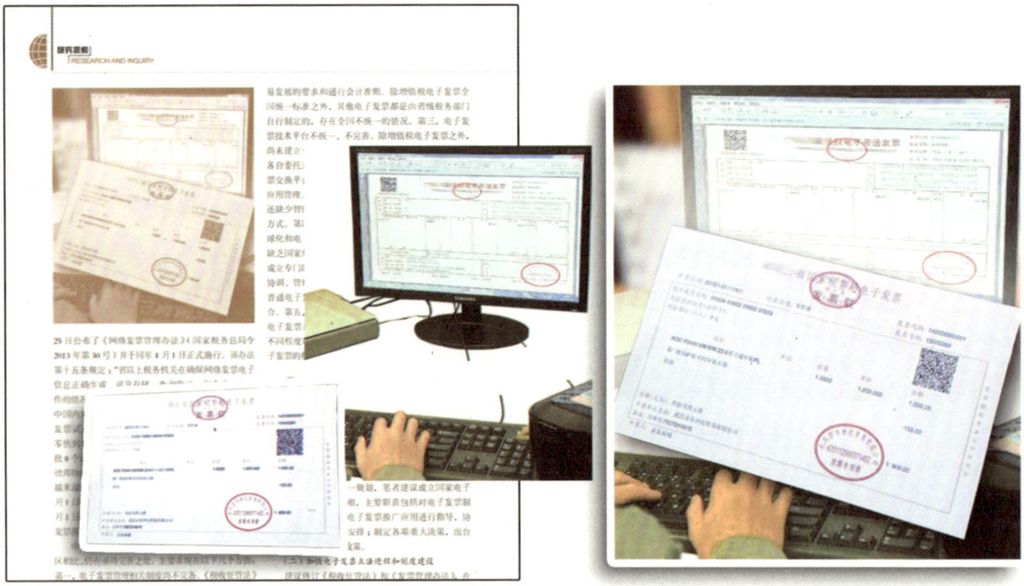

注：计算机里的电子发票与屏幕前的纸质发票相互呼应，贴切主题，引人入胜。

图2-62　图片与图片的集合创新应用实例

（资料来源：《国际税收》2016年4期：P76.配“完善我国电子发票管理的几点建议”插图）

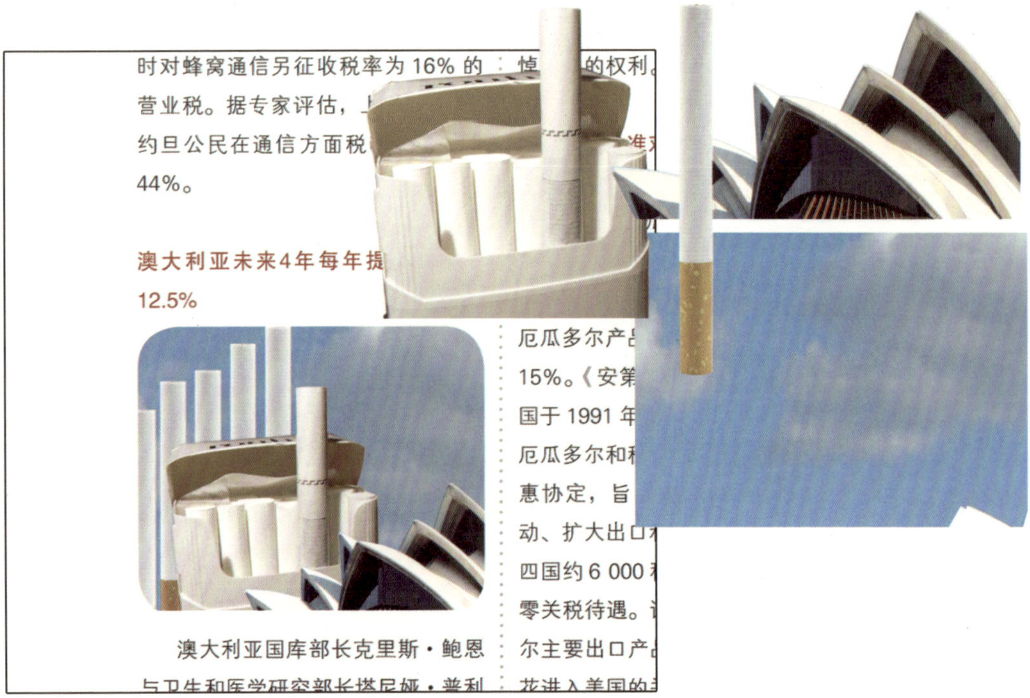

注：澳大利亚悉尼歌剧院是澳大利亚标志性建筑，搜一盒打开的香烟，搜一根烟，一根一根的排列成立柱图式，底衬一张天空的图片，一张关于澳大利亚烟草税的题图完成了。

图2-63　图片与图片的集合创新应用实例

（资料来源：《国际税收》2013年3期：P81.配“国际税讯”栏目之“澳大利亚未来4年每年提稿烟草税12.5%”题图）

简讯
BRIEF NEWS

我社邀请世界知名税务专家杰弗里·欧文斯先生在京发表“2014年全球税收发展趋势及BEPS最新动态”主题演讲

2014年6月18日，中国税务杂志社特别邀请世界知名税务专家、维也纳经济大学教授——杰弗里·欧文斯先生在北京发表“2014年全球税收发展趋势及BEPS最新动……自国家税务总局国际税务司、北京市国……地方税务局、中国社会科学院财经战略……中国税务报社等单位的120余位嘉宾聆……国税务杂志社总编辑蔡宇主持了此次活……

……斯先生曾长期担任OECD税务政策与……导……修……革……欧……

欧文斯先生为大家介绍了当前全球主要经济体税收政策与改革发展的趋势，并对OECD提出的解决BEPS（税基侵蚀和利润转移）问题的15项行动计划的定位、目标、工作进展情况以及预期效果做出了系统分析。欧文斯先生的演讲妙趣横生、深入浅出，生动地展现了一幅当今国际税收领域波澜壮阔的改革画面，引起了在场观众的热烈反响。演讲后，欧文斯先生还与在场嘉宾就中国税务机关如何应对BEPS问题、中国个人所得税改革模式选择、如何设置有利于环境保护的税收制度等问题展开了问答互动和……

高　阳/文　李鸿翔/图
责任编辑：乔金美

注：欧文斯在北京“2014 年全球税收发展趋势及BEPS 最新动态”主题演讲会上。会议照片为下一步的素描制作奠定了基础。

图2–64　自拍人像摄影应用实例

（资料来源：《国际税收》2014年7期：P12.和自拍素材文件夹）

注：试做两张素描肖像，以推介一下照片变鼠标素描画的方法。

图2-65　照片变素描练习

（资料来源：自拍素材文件夹，鼠标素描习作素材）

素描是多条线组成的表现方法，接近于写实，是受欢迎的一种表现形式，又是天赋与才能的展现。把照片升华成素描，避开了侵权问题，又解决了收集素材的时间与金钱成本，是现代美编成本问题的最佳解决方案。平时在专业的创造与提升中注意收集一些相关的素材。

早期期刊以文字为主，当时新闻量不大，一本期刊一期不过两张插图，素描

注：试做两素描肖像，以推介一下此种方法。

图2–66 照片变素描练习

（资料来源：自拍素材文件夹，鼠标素描习作素材）

图片作为排版补缺的绘画当然可以精雕细琢。现在信息大爆炸，摄影图片铺天盖地。作为一名有创意的专业人员，用电脑结合绘画解决了耗时费力的素描表现。一张人物头像素描一般要二到四个小时，但电脑、绘画结合可以平均半小时处理一张。电脑解决造型和基础，手绘的技法把结构、主次、精神提取出来，一张数字手绘插图创造完成了。（图2–67、2–68）

注：照片变素描，主次虚实、结构层次，效果很好。主要是速度快，适应出版时间的要求。

图2-67　照片变素描练习

图2-68　照片变素描练习

（2）彩铅表现

税收宣传离不开各行各业的图片，靠自拍和购买都不符合高效和低成本快速的要求，我创造了一种彩铅画解决了这一难题。

一切图片都可以成为我创作的粉本，转换成彩铅的艺术表现。

现在的电视信号大多是高清传输了，接收器大多也是高清显示了，所以截屏二维图像完全达到了制作彩铅画的底图尺寸要求，用其制作的彩铅图尽管有时模糊一些，反而可制作出一些意想不到的笔触效果。（图2–69、2–70、2–71、2–72）

图2–69　网络搜图变彩铅画

专题策划
FEATURE

国际税收协调的又一里程碑

廖体忠（国家税务总局国际税务司 北京 100038）

国务院授权，中国国家税务
人民共和国政府签署了《实施
税基侵蚀和利润转移（BEPS）
《公约》）。
全球范围内就跨境所得税收政
文件，在经济全球化和生产要
促进世界经济合作，防止跨
合作法律框架，有利于促进
，开展务实高效合作，构建
体系，促进世界经济包容性

二十国集团国际税收改革项
完成。为了堵塞国际税收规则
避税，维护税基安全，二十国
013年9月发布圣彼得堡峰会
动计划，并委托OECD牵头
G20成员、OECD成员国和
个国家共同参与了BEPS项目，
指导委员会成员。BEPS项目

共有15项行动计划，成果报告已于2015年10月正式发布，并于当年11月举行的G20安塔利亚峰会上得到G20领导人批准。BEPS行动计划中与税收协定相关的共有5项，旨在防范跨国公司通过税收协定避税。这些措施无法通过各国单边修订国内法的方式落实，而是需要将其纳入双边税收协定，对于已经签署的税收协定，则需要进行修订。为尽快落实BEPS成果，避免逐个修订双边税收协定，BEPS第15项行动计划提出制定一个多边协议来修订现有的几千个双边税收协定。根据BEPS第15项行动计划成果报告的要求，OECD财政事务委员会于2015年11月牵头成立了《公约》特别工作组，共同研究起草了《公约》文本。包括所有G20成员在内的107个国家参加了工作组，其中有47个前期未参与BEPS项目的国家，也希望利用BEPS成果参与国际税收协调。另外，还有4个辖区应邀作为观察员参加工作组。中国当选为工作组副主席。经过一年的艰苦谈判和集体磋商，《公约》于2016年11月24日获正式通过，并开放给全世界签署。2017年6月7日，包括中国在内的67个国家和地区作为首批签署

图2-70 高清电视截屏变彩铅画实例

（资料来源：《国际税收》2017年6期：P6.配“国际税收协调的又一里程碑”题图）

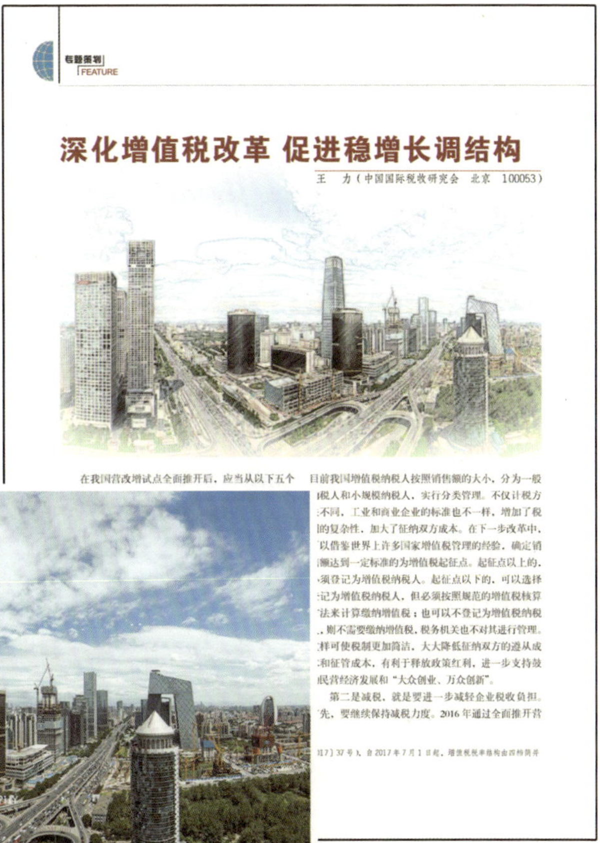
专题策划 FEATURE

深化增值税改革 促进稳增长调结构

王　力（中国国际税收研究会　北京　100053）

在我国营改增试点全面推开后，应当从以下五个

目前我国增值税纳税人按照销售额的大小，分为一般
税人和小规模纳税人，实行分类管理。不仅计税方
不同，工业和商业企业的标准也不一样，增加了税
的复杂性，加大了征纳双方成本。在下一步改革中，
以借鉴世界上许多国家增值税管理的经验，确定销
额达到一定标准的为增值税起征点。起征点以上的，
须登记为增值税纳税人。起征点以下的，可以选择
记为增值税纳税人，但必须按照规范的增值税核算
法来计算缴纳增值税；也可以不登记为增值税纳税
，则不需要缴纳增值税，税务机关也不对其进行管理。
样可使税制更加简洁，大大降低征纳双方的遵从成
和征管成本，有利于释放政策红利，进一步支持鼓
民营经济发展和“大众创业、万众创新”。

第二是减税，就是要进一步减轻企业税收负担。
先，要继续保持减税力度。2016年通过全面推开营

17〕37号），自2017年7月1日起，增值税税率结构由四档简并

图2-71　百度搜图变彩铅画实例

（资料来源：《国际税收》2017年7期：P6.配“深化增值税改革 促进稳增长调结构”题图）

专题策划
FEATURE

离岸活动的主要手段[1]。但需要注意的是，俄罗斯政府引入了两种法律工具实现对离岸资金的课税以及打击将消极所得和高度流动性所得转移至低税地的行为：
司居民身份的管理测
受控外国公司规定，
有纳税义务，而根
公司则成为需就全
。
控外国公司的未分配
人取得的所得，并
适用20%税率，个
规定，部分类型外
布的所得（2015年
卢布）可以免于征税。
上，只有俄罗斯税收
公司可以被视为控
外国公司以及所谓
”（“foreign structures
，即基金、信托、合
管理。

控制人对受控外国公司的控制关系可以基于对公司的直接或间接持股、参与公司管理、或者居民与外国公司存在的其他关系。特别是，25%的参股（2015年则为50%）即足以认定存在控制关系，特殊情况下，如果该公司50%以上股份由俄罗斯居民持有，则10%的参股就足以认定控制关系。“不具有法人资格的外国组织”适用认定控制关系的特别规定。

俄罗斯税收居民有义务进行两种报告：一是报告其参股超过10%的外国公司以及“不具有法人资格的外国组织”，二是报告其受控外国公司。关于外国公司持股超过10%的情况应在受控外国公司规定制定后申报，即2015年。2017年是俄罗斯受控外国公司规定的关键之年，2017年俄罗斯纳税人首次被要求提交关于受控外国公司的的报告，2017年也是控制人就其受控外国公司2015年收入缴纳所得税的一年。

目前尚无相关统计数据，无法就受控外国公司规定在打击税基侵蚀和利润转移上的效果做出结论。但受控外国公司规定的引入已成为公司和其他相关人士在集团架构问题上无法忽视的事实：部分俄罗斯税收居民决定消除人为的离岸结构，另一些则选择了更为

INTERNATIONAL TAXATION IN CHINA 2017年8期 国际税收 27

图2–72　高清电视截屏变彩铅画实例

（资料来源：《国际税收》2017年8期：P27.配“‘去离岸化’引导俄罗斯国际税收改革”题图）

3. 摄影变剪影、黑白画

有时候一些文字内容需要靠图片的后期加工才能让读者理解，这些图片让文字更形象。图片内容一目了然，能快速地表达出真实问题。图片补充或延伸了文字内容，提高了文章的高度。既有读，也有看，画与字结合相得益彰。以内容为主导进行的图片裁剪和调整，可直接突出主题，简单而高效。

把图片变黑白画与变素描的理念是一样的，也是出于艺术多样性的考虑。剪影、木刻也蕴含其中了。如《国际税收》2017年3期中的“纳税评估　国际比较与借鉴”的文章，版式完成后需要配一张插图，找到一张合适的图片，二次创作成木刻表现，是最经济、快捷的好办法。（图2–73）

注：底图是一张纳税评估图片，经过电脑滤镜、手工刻痕操作，层与层的叠透处理，一张木刻黑白插图完成了。

图2–73　照片变木刻黑白画插图实例

（资料来源：《国际税收》2017年3期：P73.配“纳税评估　国际比较与借鉴”题图）

又如《国际税收》2017年5期中的"'一带一路'沿线国家近期税制改革动态比较研究"的文章，底图是截屏的一张港口图片，左下角放一辆集装箱运输车，再进行木刻版画的制作效果，手工雕出刀痕的质感，龙门吊加了一层小横线的灰层处理，一张丰富的港口集装箱货轮、龙门吊、运输场景的插图完成了。（图2-74）

图2-74 高清电视截屏变木刻黑白画插图实例

（资料来源：《国际税收》2017年5期：P28.配"'一带一路'沿线国家近期税制改革动态比较研究"插图）

剪影轮廓的提炼，符合人们对印象捕捉的形象记忆，因为人们对形象的感知是从轮廓开始的。

文章配图找好后，用电脑镂空去背，变成剪影效果，主形概括反白，丰富主题表现。（图2–75、2–76）

注：本图由著者绘制。照片变素描，也可变剪影效果，这叫“一图两吃法”。镂空去背，变成剪影轮廓，主形概括反白。群影人物叠加于后，其实此图反白部分也是木刻的表现。

图2–75　照片变成剪影的插图实例

（资料来源：《国际税收》2017年3期：P27.配“OECD个人所得税改革趋势研析”插图）

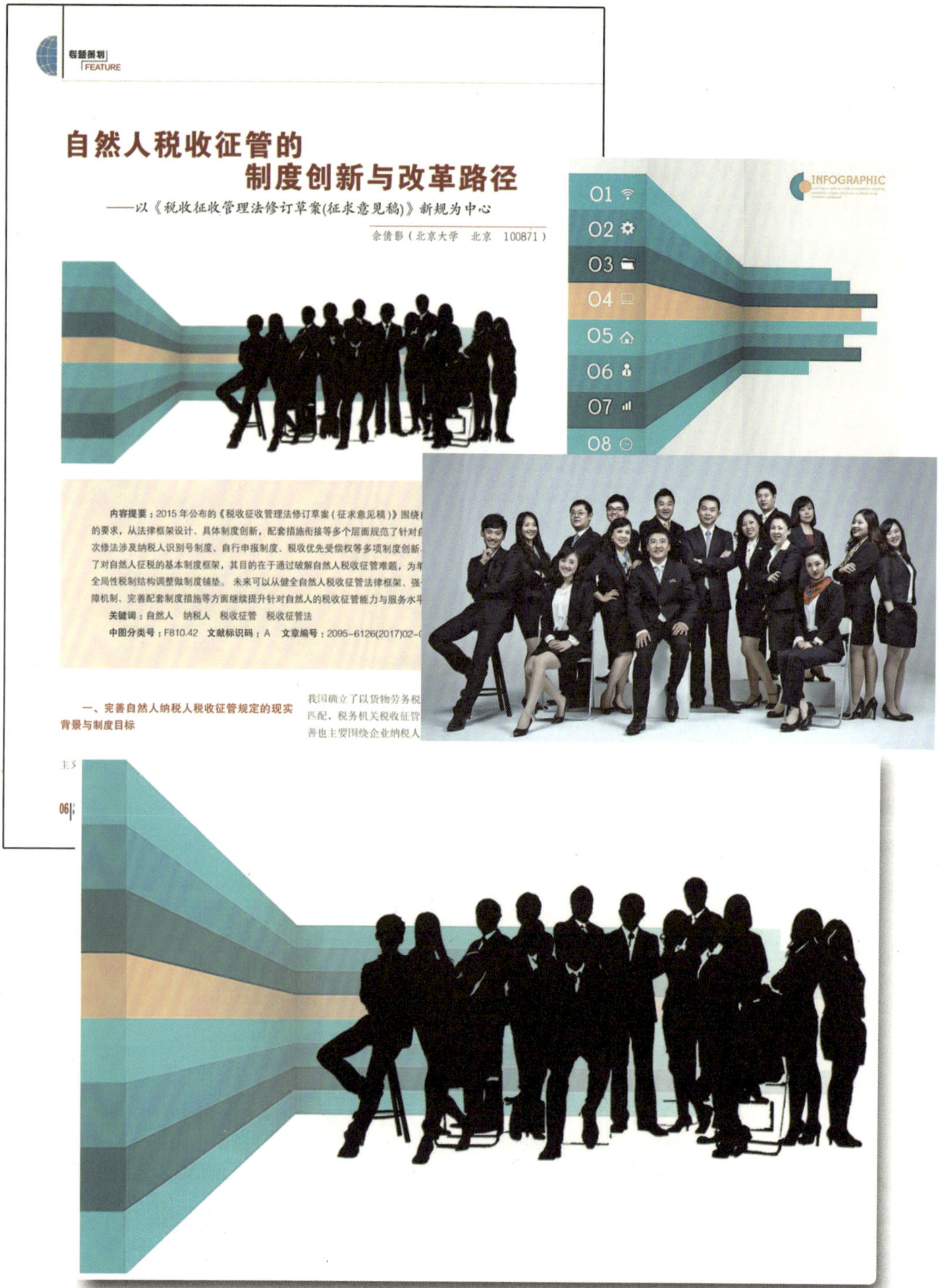

注：本图由著者绘制。照片变剪影效果，镂空去背，变成剪影轮廓，衣领、主形处概括反白，几何走势图叠加于后，象征创新与改革路径。

图2-76　照片变成剪影的插图实例

（资料来源：《国际税收》2017年2期：P6.配“自然人税收征管的制度创新与改革路径”题图）

4. 摄影变水彩画的表现

水彩绘画表现法都是出于艺术多样性的考虑，丰富期刊的视觉形式。艺术形式的变化，把各种渠道获取的图片，统统归入了引进、吸收、再创新的集合范围，使图片题材的精准度、题材构图的最佳度、审美价值的普世度、图片的时效度都得到了高水准的保证。

水彩表现是最能体现色彩作用的，通过提亮局部色彩，可使画面瞬间精彩不少，也最考验美编对色彩的感觉与运用。它应该是文字色彩的辅助作用。文字的色彩一般选用黑色，与纸色形成鲜明对比，符合大众阅读习惯。标题选用黑色，也可以选用其他色彩，水彩表现的色彩与纸色的明度形成反差，有愉悦阅读的作用。

水彩表现具有区隔和强调信息的作用，对于大面积连续出现的文字有调节视觉的作用。对于标题、辅文等信息量较少的文字可以多选用题图和色块的形式，对标题有强调的作用，辅文等宜选用有一定灰度的色块，区隔信息的同时保证视觉的识别。

图片的水彩画制作，赶上专色和黑白版面时，也能有一种特殊的肌理感觉，比一般的黑白图片效果好。

水彩表现的图片尽量用在全彩的页面上，严肃的理论类图书、内容涉及历史资料的，还必须做成单色或黑白表现，具体可视编辑内容灵活运用。

《涉外税务》和前期的《国际税收》每期内容统一5个印张，其中1个印张设置成彩色，另外4个印张设置成四个专色，后来改为两个专色。这主要是考虑降低成本的同时还有色彩的集中体现，使以文字为主的期刊，在增强阅读性的同时，又不影响人文思想性展现，使视觉冲击不过于强烈，形成温馨、朴素的印象，切合期刊的内涵。（图2-77、2-78、2-79、2-80、2-81）

二、插图的从属性和独立性

插图是为了从形象上装饰文章的内容，从阅读上加强读者的兴趣，因此插图有其从属性。在某种意义上，插图必须和文章所论述的环境、人物、时间、地点等相符合。比如，在介绍哪个国家的税收，就要找哪个国家的标志性的人文景观，总不能A国配上B国的标志性建筑，这些都必须遵循文章内容。还要注意人文景观的季节性，不能总用一个季节来描述。插图要服从文章的内容，受文章内容的制约，这就是它的从属性。

图2-77 截屏变水彩画

图2-78 照片变水彩画

图2-79　截屏变水彩画

注：照片做成水彩效果后，收入文件夹，预配“一带一路”题材的文章。

图2-80　照片变水彩画

图2-81 照片变水彩画配图实例

（资料来源：《国际税收》2017年8期：封二.“国际税讯”配“澳大利亚对跨国公司正式开征转移利润税”题图）

插图须从属文章的主题和主要精神，而不是被动地、机械地服从文章内容，成为可有可无的打补丁，这就是要发挥插图的独立性。例如，走出去企业的插图选择动车的组装场景还是订货商的洽谈场景，这样一个瞬间场景，暗示了画外有画。虽然插图艺术有其局限，但插图艺术的独立性也就显示出来了，更好地表达了文章的主题精神。美编在构思插图时要对文章深刻理解，对选定的素材加以必要的取舍，做到主题突出，加强插图的艺术性。

插图和文字是有机配合在一起的，由读者阅读，因此不必像单幅绘画那样面面俱到，以寓意、联想、简洁为上。插图应该利用文字的配合作用，图文应该相得益彰，插图不能理解成用造型来图解文字，因此美编可以选择他认为非画不可的方面，而摈弃他认为可以不必具体描写的地方，从而留出更多想象的空间。

文字是一种语言论述，绘画则是视觉的造型艺术，可以把不同时间发生的事组合在一个画面上，如同电影上的“蒙太奇”手法，几个不同的画面可以同时在银幕上出现。这是艺术上的高度集中的特点，充分体现插图的独特性。当视觉空间受局限时，也可以采取剖面透视或多面组合的艺术手法，打破空间限制。这些巧妙的构思和表现手法，是空间突破时间，适应了造型艺术的特点。而画家在构思插图时发挥了独创性，补充了论述的形象，使插图具有了相对的独立性。但它又从属于文字，且没有和文字论述相矛盾。插图艺术家必须从文章的内容走进去，又必须从绘画的形象中走出来。所以期刊插图艺术有广阔的创作天地，不仅具有从属性，而且具有独立性。插图不应是版式的补丁，它应当把文字作为依据，树立独创性。好的插图不仅能装饰版面，还能使读者去着重体会文字，唤起丰富的想象。

三、插图的重要性

插图作为装帧的组成部分，将文字按块分割开来，将版面装饰美化。插图大小不一，疏密不一，明暗不一，位置不一，却又与版面完美融合，极具灵活性与装饰性。

插图是选择文中有点题性的或相关联的瞬间，用形象描绘出来，可以增加阅读的兴趣。但当今一些专家认为：从论文到印订成刊，要给期刊创造一个形式，因此美化期刊的封面就行了，至于用形象美化内页，用插图揭示内容，那是读者的事，让读者自己去想象好了。只能说这些专家没有发现内文插图的作用。鲁迅先生曾说：“书籍的插图，原意是装饰书籍，增加读者的兴趣的，但那力量能补充文学之不足。”在经济论文中，插图可以有效调节学术的枯燥性，即便插图沦落为打补丁的地步，那也比空白半页浪费版面的好。

刊中加了好的插图能使文章主题鲜明，形象具体，并美化了期刊本身。插图的目的总是为了丰富文章内容，有助于读者更好地阅读期刊。理解文字内容，用造型形象来表达，加强文字的可视度，要求美编有丰富的生活感受、生活基础（广泛的图片积累）。犹如演员对待剧本，首先他得熟悉剧本，并深深地用自己直接间接的生活经历理解剧本，才能向观众传递剧本的精神，演员只有进入角色才能发挥并再创造剧本所描写的一切，而不是依照剧本内容的简单重复。把经济论述转化为形象的描写，又要解决视角的局限性，即达到造型艺术的鲜明性，那么插图是唯一能使论文生动起来的手段（图2–42）。

四、没有艺术插图的版式（计白当黑的艺术留白）

自2019年《国际税收》定位为纯学术期刊后，争取早日进入中文社会科学引文（CSSCI）来源期刊，是期刊奋斗的首要目标。学术刊物中的论文要珍惜版面，且观点有高度，论点论据有力度，则需要用简洁凝练的文字表达出观点。论文中的插图、图表（技术性的）均服务于内容，选用的图片都是精品，都能直击主题，要求少而精。图太多，除了破坏文章的完整性，也降低了阅读体验，即使是重要观点也很难让读者有兴趣。作为技术性插图，要将复杂的内容简单化、浅显化，要充分揭示出对象的主要特征和性质。在符合主题的基础上，要控制数量，方便绘制、编辑与排版，达到印刷要求。（图2–82）

海报和文字你更会倾向阅读哪个？如果图片和文字放在一起，你先看哪个？平面设计是一部作品的缩影。一张题图或插图是一篇文章的概括或点题。插图不让用了，空间构成就凸显作用了，虚实空间、主次层次的互为作用，更能体现美编的整体素养。

（一）黑白之间

黑白之间还可产生一个灰的层次，即是由集字群的疏密构成的深浅变化。在黑白表现构成的工艺下，黑白艺术更能给人以如饮清泉、似品佳酿的满足。好的黑白版式构成，那种清畅、鲜润、醇厚，会有一种甘美的回味。

黑白艺术世界，是以“黑白语言”对版面构成的空间的层次、结构的把控，在精神世界中产生与彩色版面同构的五彩斑斓，表现出洗尽铅华，露出天生丽质的自然之美。“清水出芙蓉，天然去雕饰”是黑白灰之间产生的朴素风格，那种美是赏心悦目的审美力和创造力。

色彩具有无限性，无穷无尽的色彩变化一度是“时尚”最有效的代言，殊不知黑白世界里那沉着淡定的黑（标题、内文字的黑色），那纯净无瑕的白（刊物媒介纸的本色），恰似宋代卢梅坡《雪梅》中“梅须逊雪三分白，雪却输梅一段香”所揭示的道理一样——世间万物，有所长就会有所短，版式设计亦是如此，大可不必重色彩轻黑白。黑白之间最为精辟、最有哲理，凝结了中国人的智慧，如黑白阴阳鱼的大道至简。

图表在版面构成中处在中层的空间，这是可见而又不存在的空间。在平面构成中，远、中、近是通过黑、白、灰的对比，相互衬托出来的，这样的版面构成才显得有序，并产生节奏美。

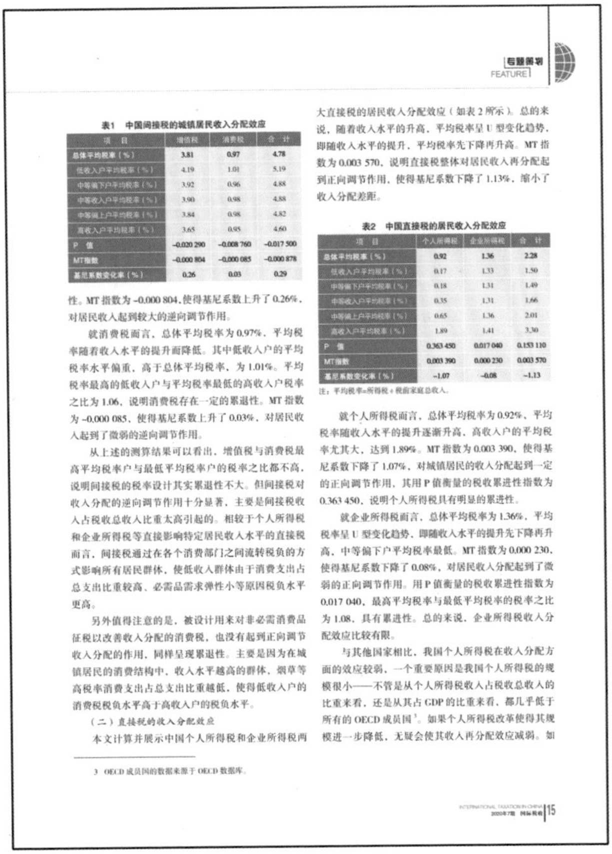

表1　中国间接税的城镇居民收入分配效应

项　目	增值税	消费税	合　计
总体平均税率（%）	3.81	0.97	4.78
低收入户平均税率（%）	4.19	1.01	5.19
中等偏下户平均税率（%）	3.92	0.96	4.88
中等收入户平均税率（%）	3.90	0.98	4.88
中等偏上户平均税率（%）	3.84	0.98	4.82
高收入户平均税率（%）	3.65	0.95	4.60
P 值	-0.020 290	-0.008 760	-0.017 500
MT指数	-0.000 804	-0.000 085	-0.000 878
基尼系数变化率（%）	0.26	0.03	0.29

性。MT指数为-0.000 804，使得基尼系数上升了0.26%，对居民收入起到较大的逆向调节作用。

就消费税而言，总体平均税率为0.97%，平均税率随着收入水平的提升而降低。其中低收入户的平均税率水平偏重，高于总体平均税率，为1.01%。平均税率最高的低收入户与平均税率最低的高收入户税率之比为1.06，说明消费税存在一定的累退性。MT指数为-0.000 085，使得基尼系数上升了0.03%，对居民收入起到了微弱的逆向调节作用。

从上述的测算结果可以看出，增值税与消费税最高平均税率户与最低平均税率户的税率之比都不高，说明间接税的税率设计其实累退性不大。但间接税对收入分配的逆向调节作用十分显著，主要是间接税收入占税收总收入比重太高引起的。相较于个人所得税和企业所得税等直接影响特定居民收入水平的直接税而言，间接税通过在各个消费部门之间流转税负的方式影响所有居民群体，使低收入群体由于消费支出占总支出比重较高、必需品需求弹性小等原因税负水平更高。

另外值得注意的是，被设计用来对非必需消费品征税以改善收入分配的消费税，也没有起到正向调节收入分配的作用，同样呈现累退性。主要是因为在城镇居民的消费结构中，收入水平越高的群体，烟草等高税率消费支出占总支出比重越低，使得低收入户的消费税税负水平高于高收入户的税负水平。

（二）直接税的收入分配效应

本文计算并展示中国个人所得税和企业所得税两大直接税的居民收入分配效应（如表2所示）。总的来说，随着收入水平的升高，平均税率呈U型变化趋势，即随收入水平的提升，平均税率先下降再升高。MT指数为0.003 570，说明直接税整体对居民收入再分配起到正向调节作用，使得基尼系数下降了1.13%，缩小了收入分配差距。

表2　中国直接税的居民收入分配效应

项　目	个人所得税	企业所得税	合　计
总体平均税率（%）	0.92	1.36	2.28
低收入户平均税率（%）	0.17	1.33	1.50
中等偏下户平均税率（%）	0.18	1.31	1.49
中等收入户平均税率（%）	0.35	1.31	1.66
中等偏上户平均税率（%）	0.65	1.36	2.01
高收入户平均税率（%）	1.89	1.41	3.30
P 值	0.363 450	0.017 040	0.153 110
MT指数	0.003 390	0.000 230	0.003 570
基尼系数变化率（%）	-1.07	-0.08	-1.13

注：平均税率=所得税÷税前家庭总收入。

就个人所得税而言，总体平均税率为0.92%，平均税率随收入水平的提升逐渐升高，高收入户的平均税率尤其大，达到1.89%。MT指数为0.003 390，使得基尼系数下降了1.07%，对城镇居民的收入分配起到一定的正向调节作用，其用P值衡量的税收累进性指数为0.363 450，说明个人所得税具有明显的累进性。

就企业所得税而言，总体平均税率为1.36%，平均税率呈U型变化趋势，即随收入水平的提升先下降再升高，中等偏下户平均税率最低。MT指数为0.000 230，使得基尼系数下降了0.08%，对居民收入分配起到了微弱的正向调节作用。用P值衡量的税收累进性指数为0.017 040，最高平均税率与最低平均税率的税率之比为1.08，具有累进性。总的来说，企业所得税收入分配效应比较有限。

与其他国家相比，我国个人所得税在收入分配方面的效应较弱，一个重要原因是我国个人所得税的规模很小——不管是从个人所得税收入占税收总收入的比重来看，还是从其占GDP的比重来看，都几乎低于所有的OECD成员国[3]。如果个人所得税改革使得其规模进一步降低，无疑会使其收入再分配效应减弱。如

3　OECD成员国的数据来源于OECD数据库。

INTERNATIONAL TAXATION IN CHINA
2020年7期　国际税收　15

图2-82　技性性插图在版面构成的作用实例

（资料来源：《国际税收》2020年7期：P15）

古人认为黑与白是对立体，容纳了一切奥秘在其中。所有的自然现象都是彼此对立又能相互交感的，可以独立存在，也可以相互转化，体现着相辅相成的思想。杜大恺认为，黑为实，白为虚，黑为万物，白为空和无，但是黑白也会相互浸润，相互影响，其结果就是虚中有实，实中有虚，黑与白淡化了一切色彩。

版式的黑白表现，标题的黑突出，而内文的灰色集字群、灰面、表格、图表的线和字，穿插在白色的纸张中，形成了块面组合、线面组合、虚实组合、大小组合，使标题、一级标题、二级标题、内容摘要、脚注、参考文献层次分明、疏密有致。这些黑白版面极富美感、极富诗情、极有画面感，有山的雄伟、海的神秘、莽林的深邃、天空的浩渺。

正是因为这些特点，黑白灰之间的版面，无疑与读者产生了妙不可言的共鸣，对阅读力的提高有事半功倍的效果。（图2-83、2-84）

图2-83 黑白之间的虚实与留白实例

（资料来源：《国际税收》2020年7期内文版式）

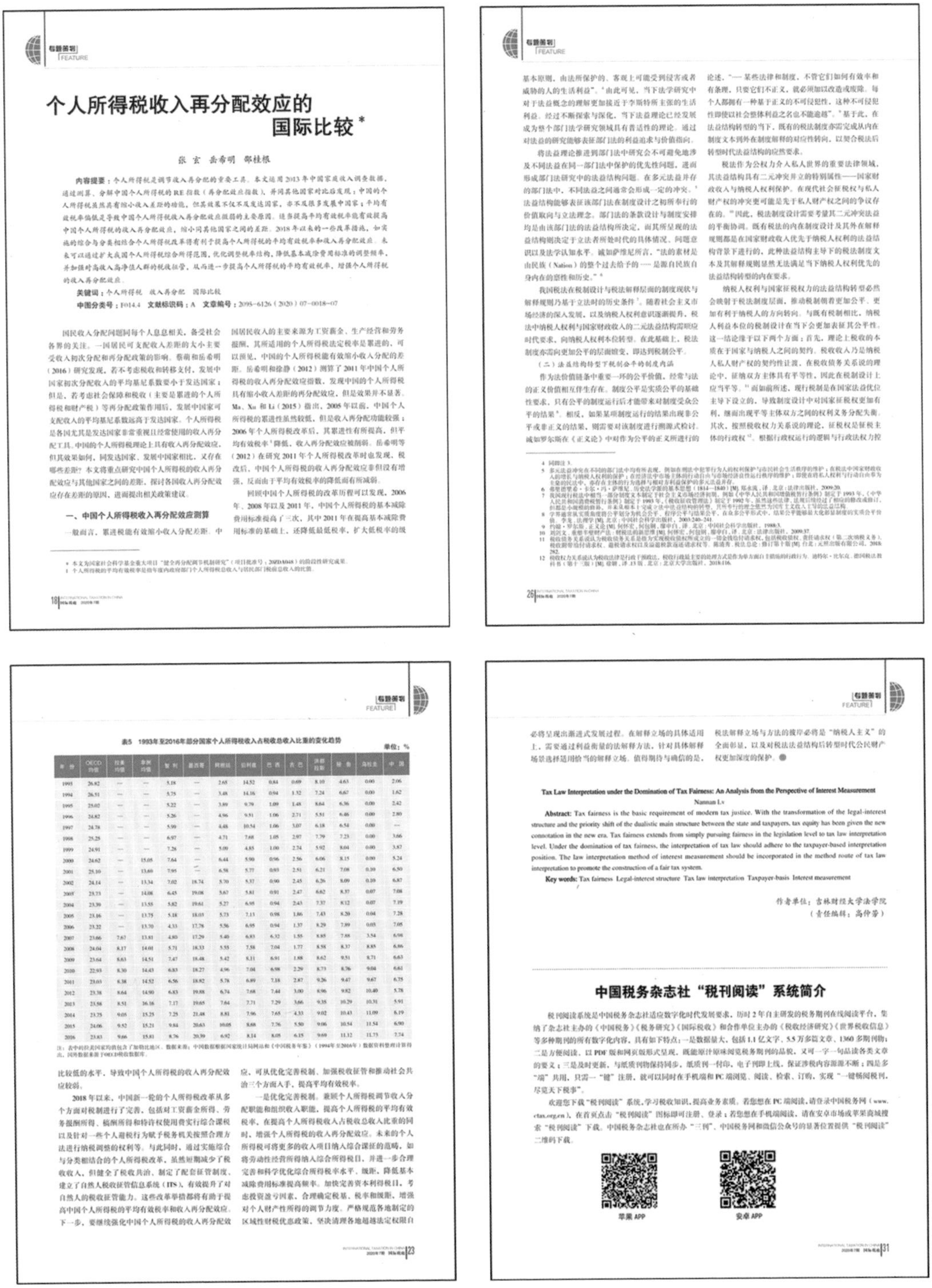

图2–84　黑白之间的虚实与留白实例

（资料来源：《国际税收》2020年7期内文版式）

（二）空间构成

空间构成是一门研究期刊在二度空间里的变化的科学，是用来探索在有限的期刊版面上，如何利用视觉规律，将各种元素组合的效果最大化，让装饰构图在无尽的变化中展现出严谨和律动的美。

1. 图与地

任何“形”都是由图与地两部分所组成，即文字的黑与纸张底色的白。在版面里，文字、图表等形成的面叫图，其周围的空虚就叫地。图具有紧张、密度高、前进的感觉，地则有使形显现出来的作用。这个理论在国外叫“图地反转”，在中国叫“计白当黑”。我们必须注意标题、提要、正文、脚注等形成的各种长方形与纸张“地”的关系。处理好“地”的部分不仅能使版面更加完整，而且会使阅读更加舒服。（图2-85、2-86）

将文字组合在方形或长方形的形状中，使其整体划一，主题突出。这种传统的设计意识，已成为版式的基本格局。文图在版面中水乳交融、相映成趣，同时，精细的文字使版面有张有驰，精巧生趣，富有美的韵味。

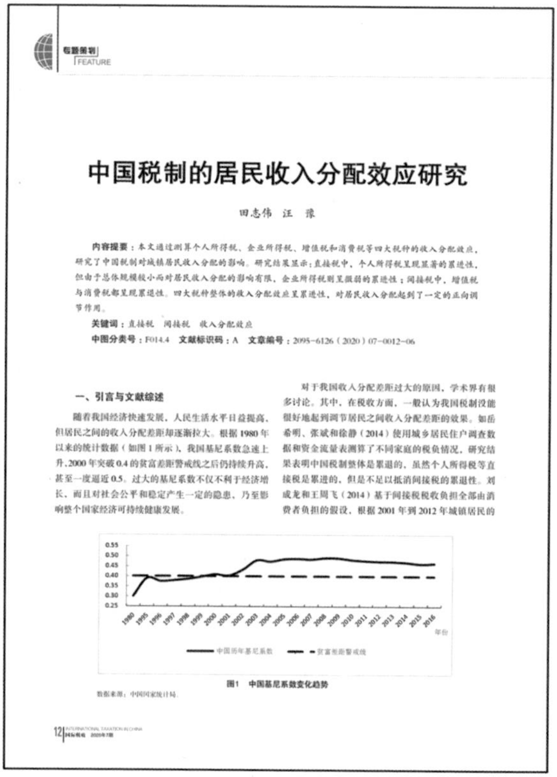

专题策划 FEATURE

中国税制的居民收入分配效应研究

田志伟 汪 豫

内容提要： 本文通过测算个人所得税、企业所得税、增值税和消费税等四大税种的收入分配效应，研究了中国税制对城镇居民收入分配的影响。研究结果显示：直接税中，个人所得税呈现显著的累进性，但由于总体规模较小而对居民收入分配的影响有限，企业所得税则呈微弱的累进性；间接税中，增值税与消费税都呈现累退性。四大税种整体的收入分配效应呈累进性，对居民收入分配起到了一定的正向调节作用。

关键词： 直接税 间接税 收入分配效应

中图分类号： F014.4 **文献标识码：** A **文章编号：** 2095-6126（2020）07-0012-06

一、引言与文献综述

随着我国经济快速发展，人民生活水平日益提高，但居民之间的收入分配差距却逐渐拉大。根据1980年以来的统计数据（如图1所示），我国基尼系数急速上升，2000年突破0.4的贫富差距警戒线之后仍持续升高，甚至一度逼近0.5。过大的基尼系数不仅不利于经济增长，而且对社会公平和稳定产生一定的隐患，乃至影响整个国家经济可持续健康发展。

对于我国收入分配差距过大的原因，学术界有很多讨论。其中，在税收方面，一般认为我国税制没能很好地起到调节居民之间收入分配差距的效果。如岳希明、张斌和徐静（2014）使用城乡居民住户调查数据和资金流量表测算了不同家庭的税负情况，研究结果表明中国税制整体是累退的，虽然个人所得税等直接税是累进的，但是不足以抵消间接税的累退性。刘成龙和王周飞（2014）基于间接税税收负担全部由消费者负担的假设，根据2001年到2012年城镇居民的

图1 中国基尼系数变化趋势

数据来源：中国国家统计局

12 INTERNATIONAL TAXATION IN CHINA 国际税收 2020年7期

图2-85 空间构成的图与地实例

（资料来源：《国际税收》2020年7期：P12）

白色为近景，黑色为中景，灰色则为远景，图表与脚注的文字群又形成了不同层次的灰色，是获得空间层次的自然方式。这里的表格和脚注都起到了活跃版面的作用。

专题策划
FEATURE

距。客观评价以往个人所得税改革的收入再分配效应，提出改进的政策建议，对指导今后的个人所得税改革，具有重要意义。

本文借鉴 Kakwani（1977）使用的 RE（Redistribution-Effect）指数（收入再分配效应指数），对我国个人所得税收入再分配效应的大小进行测算，具体公式如下：

$$RE=G_x-G_y \quad (1)$$

其中，G_x、G_y 分别是实施某项政策前后（本文是指征收个人所得税前和征收个人所得税后）的收入基尼系数。若 RE 大于零，则表明税前收入基尼系数大于税后收入基尼系数，个人所得税缩小了收入差距；相反，若 RE 小于零，则表明税前收入基尼系数小于税后收入基尼系数，个人所得税扩大了收入差距。

Kakwani（1984）将 RE 指数进一步用分解方法分解为横向公平效应和纵向公平效应。分解公式如下：

$$RE=(C_d-G_y)+\frac{tP}{1-t} \quad (2)$$

其中，C_d 为税后收入集中率（按税前收入排序）；t 为平均有效税率，表示年度内个人所得税总收入与税前总收入[2]的比值；P 指数由 Kakwani（1977）提出，表示税制的累进性，等于税收集中率（按税前收入排序计算）减去税前收入基尼系数。若 P 指数为正，则表明税收为累进税；若 P 指数为负，则表明税收为累退税；若 P 指数为 0，则表明税收为比例税。

在公式（2）里，(C_d-G_y) 为收入再分配政策的横向公平效应。若 C_d 等于 G_y，横向公平效应为 0，表明税制是横向公平的；若 C_d 小于 G_y，横向公平效应小于 0，表明税制横向不公平。$\frac{tP}{1-t}$ 为收入再分配政策的纵向公平效应。由于 t 的取值通常大于 0 且小于 1，所以个人所得税是否符合纵向公平原则取决于 P 指数。若 P 等于 0，即为比例税时，纵向公平效应为 0。

按上述方法，本文使用中国家庭收入调查 2013 年的住户调查数据（CHIP 2013）[3]对中国个人所得税的收入再分配效应进行模拟测算，并按照 Kakwani（1984）的分解方法进行分解[4]。测算结果如表 1 所示。

通过测算得知，根据 2013 年的调查数据，中国居民个人所得税税前收入的基尼系数为 0.446 1[5]，税后收入的基尼系数为 0.442 2。无论税前还是税后，居民收入的基尼系数都很高，收入差距问题非常突出。个人所得税的 RE 指数为 0.003 9，仅为税前收入基尼系数的 0.87%。个人所得税的横向公平效应为 -0.000 1，表明居民的收入排序因为征税而被改变了。原因在于，分类课征的个人所得税税制，可能会使得具有同等收入的纳税人因收入来源的不同，面临不同的税率结构和税负，横向公平原则遭到破坏。但是从绝对数来看，横向公平效应比较微弱。个人所得税的纵向公平效应为 0.004 0，P 指数为 0.404 6，平均有效税率为 0.98%。不难看出，中国个人所得税具有缩小收入差距的再分配效应，但效果较为微弱，个人所得税的平均有效税率很低。

表1　中国个人所得RE指数

项　目	2013年
税前基尼系数（G_x）	0.446 1
税后基尼系数（G_y）	0.442 2
RE指数（RE）	0.003 9
横向公平效应（C_d-G_y）	-0.000 1
纵向公平效应[$tP/(1-t)$]	0.004 0
税收集中率（C）	0.850 7
Kakwani指数（P）	0.404 6
平均有效税率（t）	0.009 8

数据来源：根据CHIP 2013年住户调查数据计算整理所得。

2018 年个人所得税综合与分类改革前，中国的个人所得税对不同所得项目进行分类课征，收入来源丰

2 税前总收入是指征收个人所得税后的收入与所得税收入的合计值。
3 中国居民收入调查项目分别于 1988 年、1995 年、2002 年、2007 年和 2013 年进行了 5 次全国住户调查。该调查主要由中外收入分配领域相关学者设计调查问卷，国家统计局的住户调查系统负责数据收集。前 3 轮调查中，课题组的中方研究学者主要来自中国社会科学院经济研究所，从 2007 年开始则主要来自于北京师范大学中国收入分配研究院。调查住户来自于国家统计局的年度常规住户调查样本框。罗楚亮，李实．中国住户调查数据收入变量的比较 [J]. 管理世界，2019,35(1):24-35.
4 本文中的个人所得税，是根据居民的收入构成和税法相关规定进行模拟测算的居民实际应纳税所得额，而不是数据库中受访者自己报供的个人所得税信息。CHIP 2013 数据库的具体介绍以及本文计算应纳税所得额的模拟计算方法，参见：岳希明，徐静．我国个人所得税的居民收入再分配效应 [J]. 经济学动态，2012(6):16-25.
5 此处的基尼系数是全国居民（包括城镇、农村居民以及流动人口）税前收入的基尼系数。根据国家统计局公布的数据，2013 年全国居民收入基尼系数为 0.473，为本文测算结果的准确性提供了支持。

2020年7期 国际税收 19

图2-86　空间构成的图与地实例

（资料来源：《国际税收》2020年7期：P19）

2. 对称和平衡

对称，是点、线、面在一个对应的位置，有一个相反的点、线、面，彼此呼应。对称将力的均衡与平衡完美表现出来，在书刊中经常能看到对称形式，如标题和作者名居中，版式中双栏、三栏的栏线等量分割。

对称庄严、肃穆，呈现给人的是秩序感，以及安静、平和，很适合用于学术期刊的版面设计。另外，我国传统的建筑形式也大多是对称的，在人们的日常生活中，对称也是常见的形式。如“囍”字，就是一种安定、祥和的美。

而对称的不足主要在于太过完美，会显得死板，没有变化。所以我们会有标题左齐，上下阶梯、左对齐、右对齐的排法，分栏视文章占版的情况，加入不对称的分栏和左空右实的变通通栏排法，在整本刊物上打破过于呆板的感觉。这就是在平衡的基础上求得局部的变化。

版面设计中对于对称的变化和突破必须遵循力的重心，在其基础上配置调整，使其在总体上达到平衡效果。变化后，在每个面上也需要微调，让每个页面看似不对称，却又能保持整体的视觉感官对称，且比之前的千篇一律的单页对称显得更有活力。（图2-87、2-88）

案例点评 CASE ANALYSIS

一般利润分割法的实务探索与运用

——基于N地A公司案例的分析

78 国际税收 2020年7期

国际税事评说 NOTES ON GLOBAL TAX EVENTS

透视碳税及碳排放交易机制

2014年9期 国际税收 73

版面的标题空间与下面的灰色集字群，虚实反衬，形成常见的空间关系。双栏、三栏的基础格式，产生一种组织美和秩序美，体现出版面的科学性和条理性。这种构成秩序美的原理就是对称等的多样统一。

在中规中矩的版面中，融入一些均衡的变异，可使版面获得一种勃勃生机的感觉。

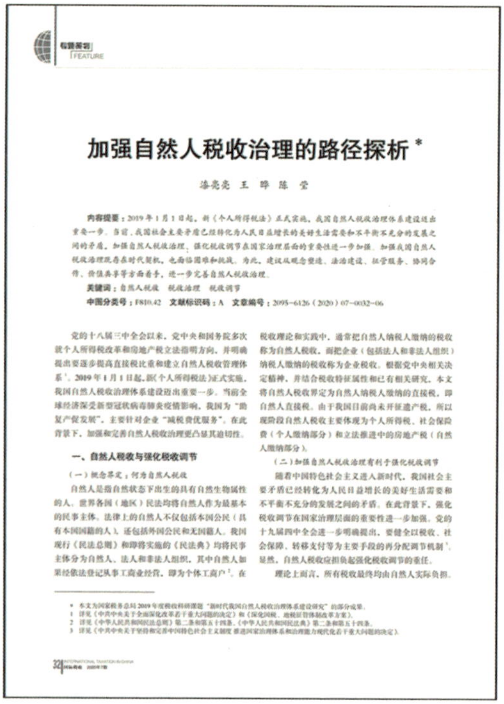

专题策划 FEATURE

加强自然人税收治理的路径探析 *

一、自然人税收与强化税收调节

32 国际税收 2020年7期

图2-87　对称版面构成的实例

（资料来源：《国际税收》2014年9期：P73,2020年7期：P32、P78）

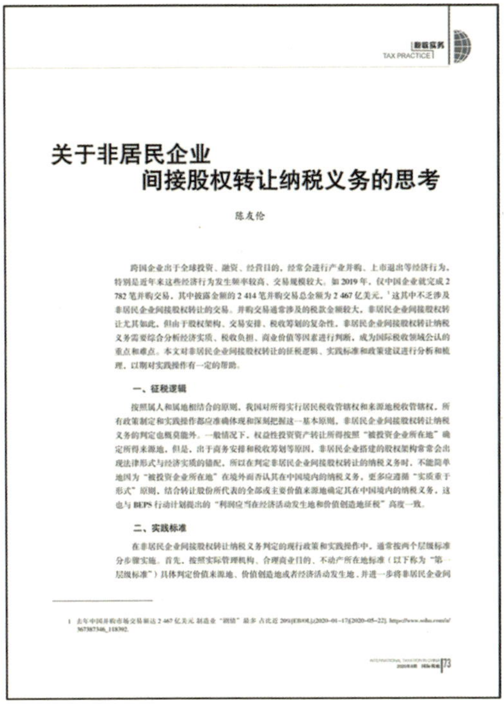

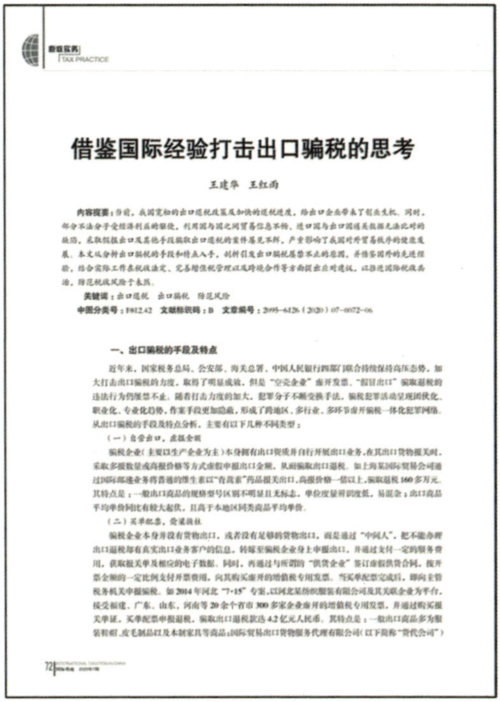

版面构成中的饱满与平衡，渲染了主题的内容与庄重。通过构成中的疏密对比，避免了版面的重复与平庸。这种视觉的平衡，造成了空间的变化，增强了文字的信息功能，使版面更富有魅力。

图2–88　平衡版面构成的实例

（资料来源：《国际税收》2020年7期：P46、72,2020年8期：P73）

3. 节奏和韵律

我们的版式都是重复和群化的排列，它的特征就是形象的连续性，这样就有节奏和韵律的把控了。

音乐会对节奏和韵律强调得更多。没有节奏、没有韵律的声音是杂音，它们都不是音乐，因为它们提供不了美感。好音乐一定是经过艺术家的创造、调整，通过长时间的探索而创作出来的。这样的音乐，节拍清晰，节奏明确。音乐氛围有高有低、动感有强有弱，富有变化又悠美，充满秩序性。好音乐对于所有生物都大有裨益，就连植物也能长得更富有美感。同样的，将节奏和韵律转移到造型艺术上，能起到促进作用。这样富有节奏韵律的刊物，会给人以美的享受，令人爱不释手。

版面设计中蕴藏的节奏和韵律，主要特点就是秩序性。在版式中，体现在标题、提要、内文、双栏、通栏、脚注等方面，使用不同的字体、字号以及图片风格，都能形成规律性的变化。这种变化造成富有律动的感觉，给人以活力和魅力。

而将节奏和韵律展现得最完美的，则是标题和栏块。文字的变化和语句的长短不一，让律动反复出现，又不断变化。这种自然而然产生的美感，进一步增加了刺激作用，从而吸引了读者的眼球，激起他们阅读的兴趣。（图2–89）

4. 调和与统一

对比与调和是相互对立的统一体。调和强调各部分经过排版后和谐一致，传达的视觉感受需要以美感为主。要想达到此效果，共同的因素必须存在。例如，标题字体、字号的统一与变化，内文文字的统一与变化，图表、表题、表头、表身的文字字体的统一与变化等等。同字号、同字体，是起到统一作用的关键。

脚注字体、字号的统一，内容摘要字体、字号的统一，参考文献字体、字号的统一，它们会自然形成格位的变化、对比。由于字体、字号的统一，可达到既有调和又有对比、平衡的关系。

这些内容形成的文字块，自然形成形象特征的统一性，由于特征相同的因素，从而产生调和统一的作用。

这些文字块形成的面，有重复呼应的作用，它们有秩序的分布，起到前后穿插、呼应的作用，达到调和的效果。这些文字块形成的面，有方向的统一。凡是带有长度特征的形象，都具有方向性。此外，多个块面的组合也会产生方向性，方向对于版面设计构成有着重要的作用。一般情况下，在版面整体中要有一个主流方向，要按照这一主韵律安排文章各局部的位置。有时小的、短的脚注所形成的变化、配合，才会给人以美感。当然，自然形成的、生动传神的画面，更能吸

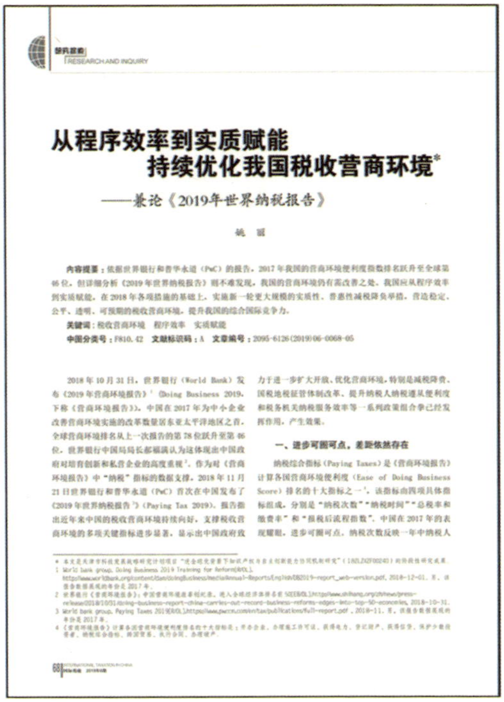

图2-89　节奏和韵律的构成实例

（资料来源：《国际税收》2014年9期：P35、P73、P75,2019年4期：P68）

引注意力，增强读者的购买与阅读欲望。

空间构成在平面设计中，为了表达空间立体效果，有时为面加投影，为网文加渐变、消失的灭点方法，将空间层次感生动地表现出来。“矛盾空间”“空间立体错视”，是版面设计中没必要应用的方法，因为这是纯属装饰图画里的手法，当用到文字版式中，会感到凌乱和不严肃。但作为设计修养，又需要美编必须懂得。（图2-90）

（三）版面的构成

版面，是对面的设计。直线、曲线、自由曲线、偶然形的面，或独立，或配合，都能形成一个面，这些基础概念都是美编设计的底蕴。

1. 面在版面上的构成

文字群在版式设计上形成的空间面积最大，因而在视觉上要比点、线来得强烈、实在，其具有鲜明的个性特征，而标题字号大，形成点面又强于集字群的灰面。在学术期刊中，面的概念就是长方形的几何面，自由面没有机会出现，因为那样就不庄重了，也不是学术期刊的鲜明特征，因此，面与面相互间的整体比较和谐，视觉的美感就产生了。

方形就如同男性一样，带给人厚实稳重、坚强深沉的感觉。圆角方形又多带给人们一份柔和、圆满的感觉。

正形在版面构成上是实体，负责传递给人们紧张、向前、明确的感觉，负形则是虚体，负责传递轻松以及深远的空间层次感。通过合理安排正负形的分布，就能随时让视线处于兴奋状态，也就达到了激发阅读兴趣的功能。

2. 版面黑、白、灰的空间构成

黑、白、灰在版面构成中，也可理解为近、中、远面的构成。黑、白、灰是对世界异彩纷呈的抽象概括。在版面构成中，最前面的白色是近景，最迟钝的灰色是远景，黑色介于中间，是中景，三者使人感觉层次分明、富有节奏感。黑、白、灰对比编排，单纯醒目，最能保持远距离的视觉冲击力。

白色为近景，黑色为中景，灰色为远景，具有视觉空间的层次感，点、线、面也可构成黑、白、灰的空间层次。

3. 版面的虚实与留白

中国传统美学上有“计白当黑”这一说法，编排的实体为黑，如标题字。留白则是版面未放置任何图文的空间（周空），它是虚（白），是纸张底色；中间还有一个过渡色，就是集字群的灰面。表格与图表的层次又是黑、白、灰的层次关

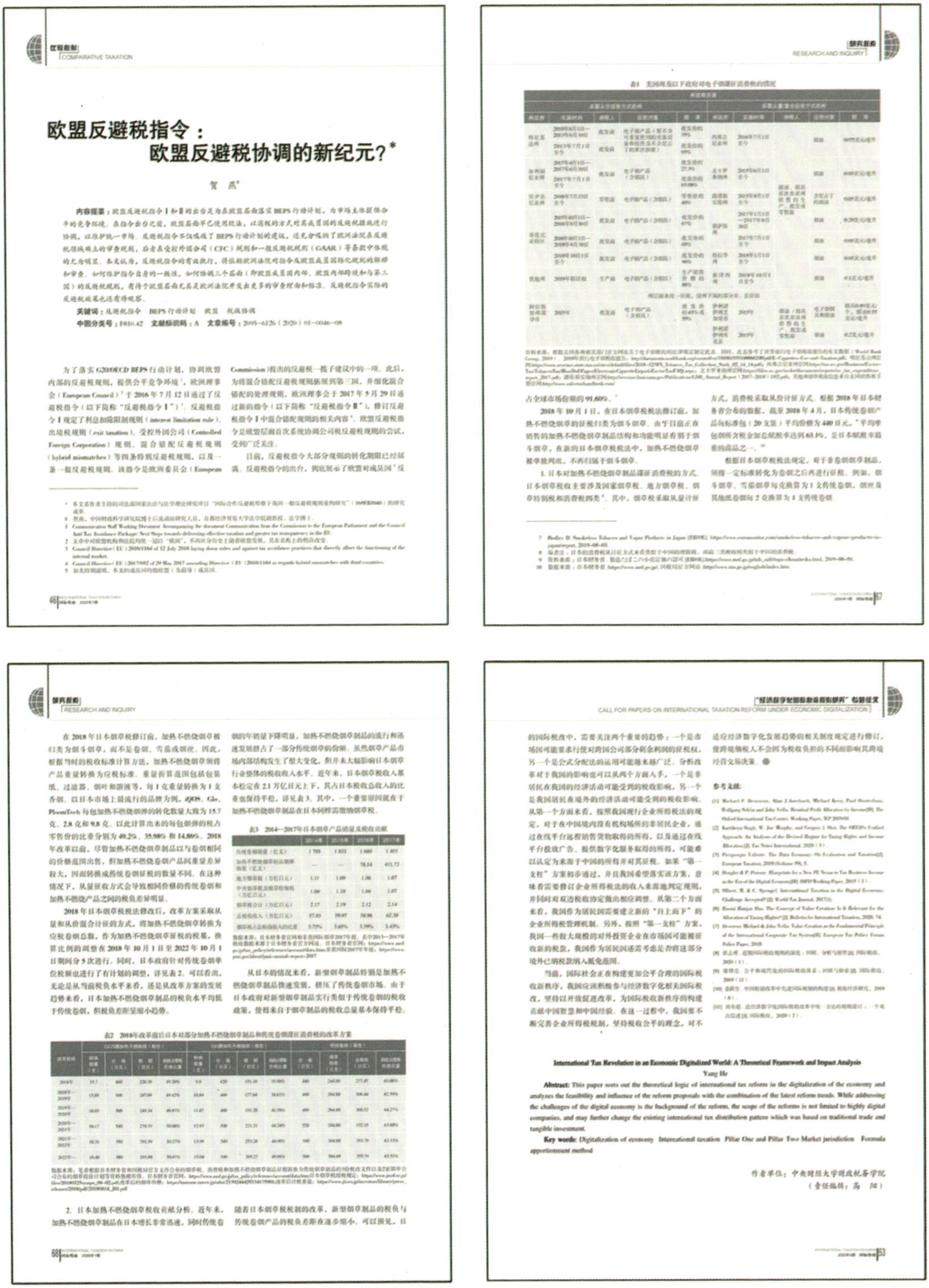

图2-90 调和与统一构成实例

（资料来源：《国际税收》2020年1期：P46、P67、P68,2020年5期：P53）

系，这要根据具体内容而定。

要重视文字、图片、图表、表格这些黑的地方、实的地方的设计，但是空白的、虚的地方的形式，包括大小与比例都在一定程度上影响了版面的质量。留白既是引人注目，也是让人视觉放松。比如说段与段的距离、图片和主文字间的距离、天头地脚、翻口等位置的空白在设计时需要注意。留白是为读者更好地通过视觉层次领略杂志带给人的灵气。留白设计要统一，用微微的变化来增加版面的灵动性。天头与地脚的关系，黑与白的关系，都是设计时需要时刻关注的要点。

在版面设计中的大留白有一种空间感，这也是人们期待的意境。还有左静右动的设计风格，又给版面创设出恬静、淡雅的氛围。版面留白越大，人们的视线越容易集中到内容实体上，更容易达到设计者聚焦的意图。（图2–91、2–92）

参考文献：

[1] 邱承德. 书籍装帧设计[M]. 浙江：浙江美术学院出版社，1988.
[2] 满都拉. 美术编辑工作指南[M]. 北京：清华大学出版社，2012.
[3] 满都拉. 论图片编辑的标准化工作程序[J]. 水兵记者，2014.
[4] 赵玉敏. 装饰画集 黑白之间[M]. 安徽：安徽美术出版社，1989.
[5] 赵殿泽. 构成艺术[M]. 辽宁：辽宁美术出版社，1987.
[6] 王汀. 版面构成[M]. 广东：广东人民出版社，2000.

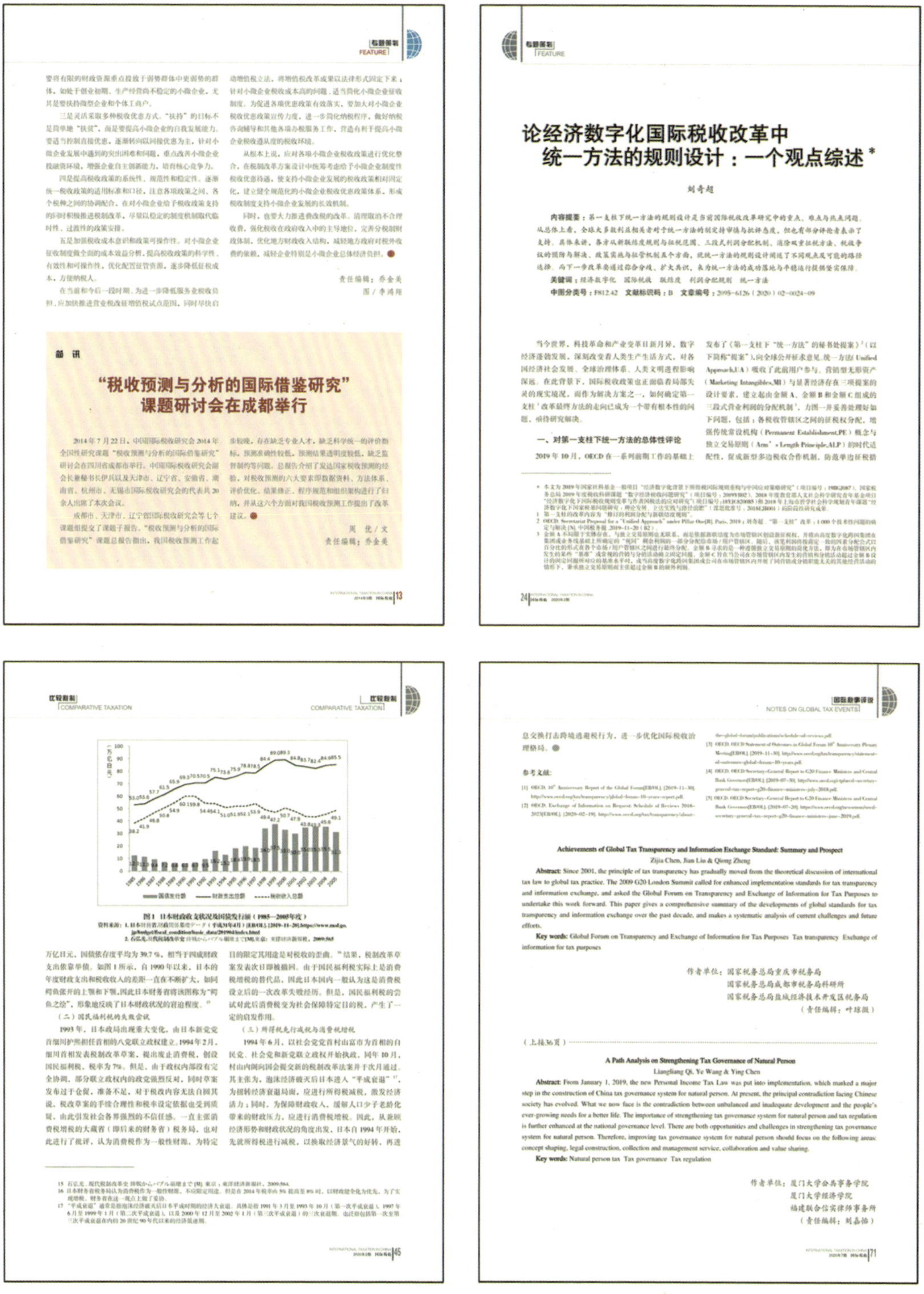

图2-91　版面的构成实例

（资料来源：《国际税收》2014年9期：P13,2020年2期：P24、P45,2020年7期：P71）

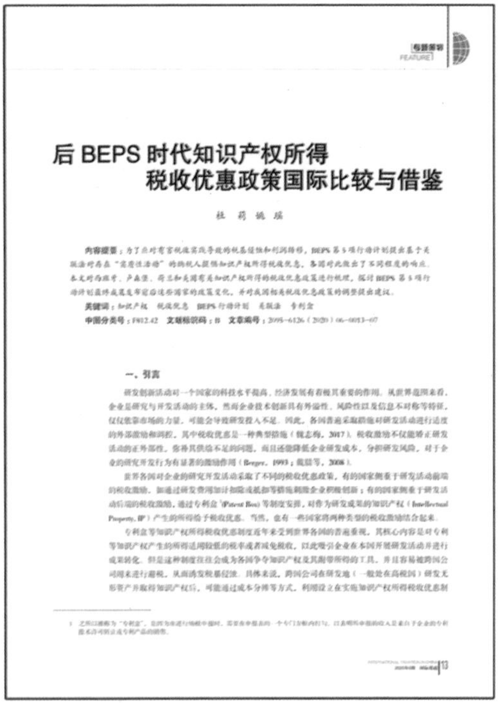

图2-92 虚实与留白构成实例

（资料来源：《国际税收》2020年4期：P36,2020年6期：P13、P37,2020年7期：P17）

第三节 细节从延续研习到完美完善

中国传统文人画是简洁的鼻祖之一，优势就是快，似乎会写字的都可以画两笔，也很有效果，尤其当下的快节奏，繁文缛节的东西看着就累，“笔墨当随时代”吗？只是以多取胜，没有了遐想的空间而已。有了电脑之后，新闻知识拼的就是传播速度，集图创新更符合时代要求，工笔画被时代的喧嚣淹没了，太专业导致普及性不好，满足不了快节奏的时代要求。

元代以后，随着“逸笔草草，不求形似”的文人画兴起，界画（中国绘画的一个特殊的门类，因为绘画时需要界尺引线故名界画。界画在建筑题材上能够逼真的还原现实。晋代已经有界画，隋唐获得了发展。众多画家以工谨、绚丽的笔墨和色彩孜孜不倦地描绘宫苑的华丽和帝王的奢侈。宋代期间，由于统治者的推崇，界画到达了鼎盛时期，其中《清明上河图》就属于界画的代表作）逐渐走向了衰亡，清代袁江、袁耀以后，界画彻底消亡。

界画难工，往往不为文人所重。在界画形象、科学地记录下，古代建筑以及桥梁、舟车等，较多地保留了当时的生活原貌，其意义已突破了审美的范畴。当今数码相机的普及，已快速达到了记录生活的目的，有深挖其审美表现的摄影工作者，那种亦真亦幻的艺术表现，又好又快，远不是绘画在相同的时间、相同的精力所能达到的效果了。“逸笔草草”的简洁表现，恰好适应了当今时代的要求。

一、大道至简，虚实相生

大道至简的几种简洁方法——轮廓法（剪影）、虚实法（光影法）、归纳法（色彩归纳、型体归纳）是组织一张画面、安排一张画面必须要有的构图技巧，构图法也是达到简洁表现的整体之法。

（一）简到无以复加的地步

“大道至简”这个“简”是简洁，而不是简单。老子曰：“道生一，一生二，二生三，三生万物。”造化生万物，因而呈现在我们面前的世界，千变万化，不可穷极，艺术家的灵感便也源源不断，无穷尽也。艺术家们“万化我出，任心所成”都要秉承删繁就简、去复还真的原则，在获得不一样的生活感悟的同时用大众接受的形式在题材、构思、用色、技巧等方面回归大道。

道家的标识阴阳鱼，学名太极图，图形多么的简洁，但蕴含的哲理又是多么的丰富。图形圆代表宇宙，阴阳两鱼互纠在一起，你中有我，我中有你，黑白阴阳不偏不倚，平衡对称。万物负阴而抱阳，冲气以为和，这就是大道至简最好最精髓的诠释。这也是简洁图形的第一范例。（图2–93）

图2–93 太极图（阴阳鱼）标识

第二个简洁图形范例就当数铁路的标识了。它是用“工”·“人”两个随形的汉字组成一个蒸汽机车车头的形象。“工”字取铁轨横截面之形，“人”字由篆书演变而来，人字的那一头儿正好是火车头的烟筒，与铁轨“工”字正好形成一个完整的火车头形象。工人阶级是新中国的领导阶级，是起到火车头带动作用的。“工人”两字运用得简洁至极，整个图形夺面而来，蕴含着磅礴气势，孕育着无穷力量。它创作于20世纪50年代，是时代的产物，但放在与时俱进的今天，它依然是一幅极具现代设计意识的、不可多得的、简洁的典范之作。（图2–94）

图2–94 中国铁路标志

第三个简洁的范例就是原中央工艺美术学院的院徽了。院徽是采用甲骨文“艺”为主要设计元素，大家都知道有

“艺术是起源于劳动”的说法。中国汉字是以“象形”闻名于世的，而汉字字形之美则源于对大自然的深刻启迪。劳动是改造自然、创造自然的生存活动，所以劳动创造了艺术，象形的“艺”字就这样产生了。它是一个半跪的劳动者手拿三齿木筢，为庆祝丰收而载歌载舞，艺字是一个舞蹈动作的定格，很美，也进一步证实了艺术起源于劳动。经过设计者的巧妙构思，把这个“艺”字设计在椭圆的长方形里，古拙、纯朴，既有艺术美感，也突出艺术学院深厚的文化积淀，体现了艺术学院传承创新源远流长的中国民族艺术的办学宗旨。以椭圆形的构图寓意我院管理完善、师生团结、吉祥和谐，整个院徽寓意深刻、内涵丰富、形象鲜明简练，易于传播。院徽的绿色代表着学院蓬勃发展的旺盛生命力。（图2–95）

图2–95　原中央工艺美术学院院徽标志

第四个简洁范例是中国工商银行的行徽。整个标志是一个隐形的方孔圆币，体现出银行的行业特征，标志的中心是一个汉字“工”字，寓意是工商银行，中间断开，使“工”字更加突出，又使两边对称，体现出银行与客户之间平等互信的依存关系。以“断”强化“续”，以“分”形成“合”，是银行与客户的共存基础。设计手法的巧应用，强化了标志的语言表达力，中国汉字与古钱币形的运用，充分展现了简洁的设计理念。（图2–96）

图2–96　中国工商银行标志

第五个简洁范例是中国农业银行的标识设计。中国农业银行标识是以圆形的中国古钱和麦穗儿构成。古钱寓意货币、银行；麦穗寓意农业，它们形象化地表示出农业银行的名称要素。整个图案呈外圆内方，麦穗中部构成一个“田”字，阴纹又明显地形成半形，体现出银行与客户之间平等互信的依存关系。麦穗芒刺指向上方，使外圆开口，给人以突破感，象征中国农业银行事业不断开拓前进。行徽标准色为绿色，寓意：自然、新鲜、平静、安逸，让人联想到自然、生长，绿色是生命的本源色，象征生机、发展、永恒、稳健，表示农业银行诚信高效、事业蓬勃发展（图2–97）。还有中国人民银行的标识、中国银行的标识等等，就不一一列举了。

图2–97 中国农业银行标志

实用美术的三要素——实用、经济、美观。在此设计里得到了完美的诠释。设计三要素除美观可以奢侈一点外，实用和经济无不体现着简洁的要求。越简洁实用越方便，制作上越简便，成本就越合算。

（二）传统的简洁使作品备受推崇

传统文化的灿烂瑰宝中简洁表现的例子不胜枚举，如篆刻中的肖形印，汉代的画像石、画像砖，彩陶图案的表现手法等都是简洁表现的成功典范。下面与大家分享几个例子。

图2–98 汝窑天青无纹水仙盆

水仙盆（汝窑天青无纹水仙盆）素面，却很美，没有一点花边，没一点火气，这就是越简单越难的道理。（图2–88）

全世界至今还在仿宋瓷。冰裂纹，本来是烧坏了的裂纹，但宋人觉得里面有种沧桑美，经历时间后，叫开片。后来，人们用不同火温去烧出开片。本来是败笔，却变成美，这是很特别的宋代美学：残破美。（图2–98、2–99、2–100）

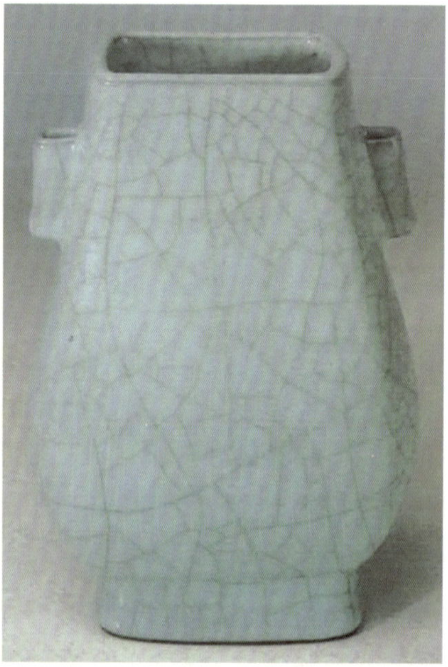

注：南宋官窑特点是薄胎厚釉，冰裂纹，紫口铁足，被称为“宋瓷之集大成者”。

图2–99 宋官窑冰裂纹冠耳瓶紫口铁足古瓷器

活字印刷术发明于宋代，做每一个泥字的时候一点也不简单，排好版印刷成书比毛笔抄书简洁多了。让当时的知识、教育普及，造就了庶民文化。活字印刷术还影响到15世纪德国古腾堡圣经（第一部用活字印刷术印刷的圣经）的印刷。宋版书是全世界最珍贵的文化作品，我觉得它的排版印刷方式，是世界上最美的。在拍卖市场，宋版书是一页页卖的，如《锦绣万花谷》。（图2–101）

八大山人笔墨的简练、大气磅礴、独具新意的风格是剪影式大写意概括、提炼的传统依据。

朱耷，号八大山人，生于明天启六年（1626年），卒于清康熙四十四年（1705年），为明太祖朱元璋第十七子朱权的九世孙。他幼时天资聪颖，承袭儒学，受过良好的艺术熏陶，过着王孙贵族的生活。甲申之变，使十八岁的朱耷承受了国破家亡的沉重打击。他曾剃发为僧，皈依佛门，苦心修炼，“不数年，竖拂称宗师”。后还俗隐于书画，并将儒、释、道思想融入书画艺术中，集遗民、禅师、画家于一身，以那奇情逸韵，拔立尘表的手笔，屹立于艺术之林，成为一位承前启后的艺术巨匠。八大山人作品幽深玄远，宁静纯洁，超尘脱俗，浑然天成。（图2–102）

（三）书画名家对简洁的理解与表现

我们再看看吴冠中先生在关于江南水乡创作的文章里是怎么

图2–100　北宋汝窑系晴天釉冰裂纹碗

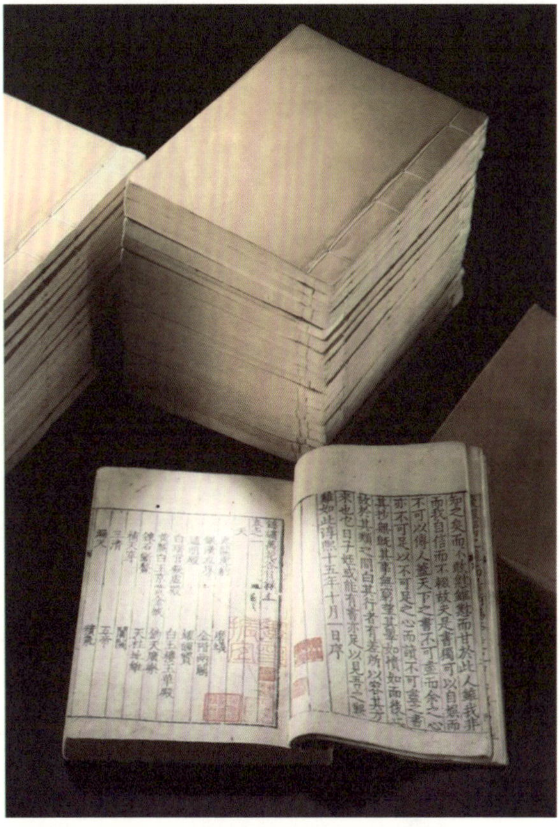

图2–101　宋版《锦绣万花谷》书

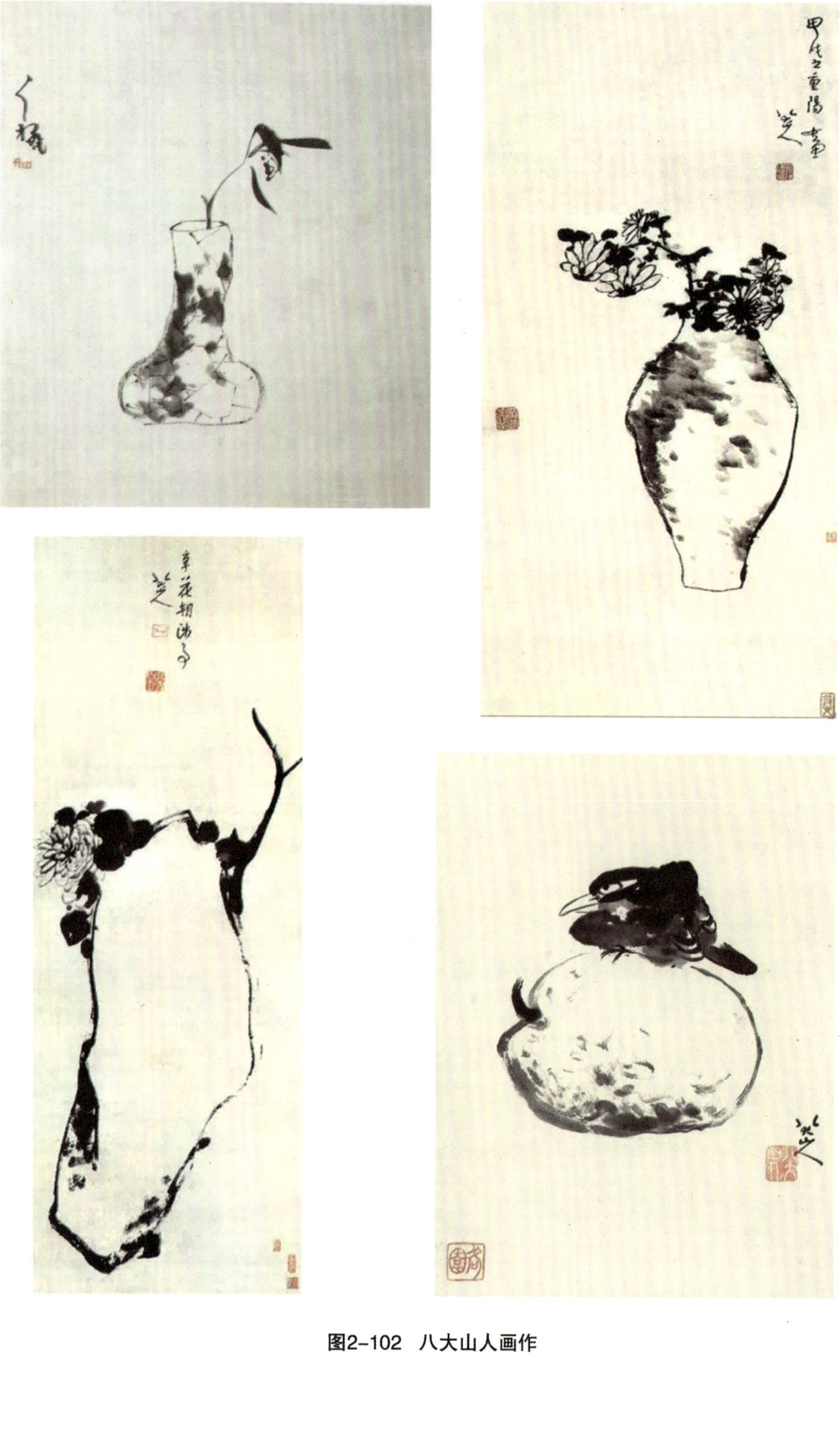

图2-102　八大山人画作

归纳简洁物象的，是如何在形式里找到美感的：

“小桥流水人家”之所以诱人，是由于其结构完美：小桥——大弧线，流水——长长的细曲线，人家——黑与白的块面。块面、弧线与曲线的搭配组合，构成了多样变化的画面……选取村头一角或临流故宅之类，更穿插桃柳数枝，易引人入胜……黑白块面之构成到立体派早期的探索。我曾以“吴家庄”命名这类作品，因那只属于我自己创造的村庄，它其实并不存在，或确切地说，它曾于我心目中存在过。

在中央电视台书画频道的“名家临碑帖”栏目中，李松就谈到“笔法要简洁”：“你用最简单的方法，最轻松的方法，最便捷的方法，能够写出非常准确的点划，这样的技巧是比较科学的。写一个字，你在纸上的动作反反复复，没完没了，说实话，你写着累，看的人也累。”

何加林在《青卞隐居图》局部临摹时讲到，王蒙的用笔非常厚，他的笔触比较饱满，石头画得很简单，没有想象中的那么复杂。我们一定要清楚，越是早期的山水画家画的石头，往往是用最少的笔墨表达最多的意思。到了明清以后，尤其是“四王”开始把一些皴法画得非常繁复，那千笔万笔真是没法看！我们就是要学古人简练的笔墨，这样才能提升我们的笔墨品质，着笔不多，但有非常丰富的效果，那种厚度的感觉，品质就比较高，笔墨就是要讲这样一种境界。

龙瑞先生曾谈到，山水画要求简，就是说所有的造型形态要简，几笔就应该是个山，千笔万笔和反复折腾都画不明确是两个概念。要求用笔不多，感觉到位，用笔不多，气韵充盈。

龙瑞先生还谈到，无论是中国的还是外国的，原始绘画都是以线入画的，如岩画和壁画。随着文化的发展与变化，像欧洲等一些地方出现了形体，刻画物像的体积和体面，而中国坚守着以线造型的手段，这是由中国人的思维方式和观察习惯决定的。线主要是描写物象的轮廓，在我们的形象记忆中，轮廓给人的印象是最深的，而物体内在的结构是需要专业人士去研究学习的。比如我们看远处跑过去一头鹿，你记住的是这个鹿的外形轮廓，至于鹿的结构和体积就要有更深的观察和更深的分析了。再如我们在检查身体时都看过测试色盲、色弱的彩色图形和数字本吧？它上面的图形就是动物轮廓的彩色剪影，很简洁，正常人一看便识。从感性接受上来说，外轮廓是最鲜明的、最容易表现的一个形体特征了。

简洁是放之四海皆准的法则。构思简洁而功力繁厚，简洁的背后是时间的积淀和才学的灵现，所以作品才好看，才有赏析价值。

大道至简，含道应物，期刊配图应有文人画的思想境界。霍春阳就曾提到

“圣人含道应物”，这是我们在艺术的追求上，在境界的追求上的一个目标，这也是我们的立场。在文人情怀方面，霍春阳总结了几点，要大境界就要做到：静、淡、简、虚、松。霍春阳的画总体上就比较简洁淡雅，他画的牡丹花一反常人的富贵浓艳色，画得就很清雅。霍春阳是这样感悟的：这是心态所致，在我们的境界里面就是要淡，让这个淡接近于白，接近于虚，让它和大的空间融合在一起，让它跳跃不明显，这就必须要淡化。跟做人处事一个道理，要善于处厚、低调，不争锋、不抢先，这是人的大境界。霍春阳的画大都是一画一叶，他认为这和我们传统的价值观是密切相关的，老庄思想讲的为道日损，损之又损，最后损到了一，少则得、多则惑。是以圣人抱一为天下式。东方人的智慧是天、地、人归一的，这是一种最简约的也是最丰富的。画画虽说不以繁简而论之，但是简比繁难度要大得多，用一句话能够说明的问题就不用两句话，要简练明确，言简意赅，这是我们的出发点，是我们的立场，也是我们的方法。有人这样评价，霍春阳从中国哲学思想入手，对中国传统文化艺术始终怀有一颗敬畏之心，其书画创作深植于中华的沃土，他在创作上有着独特理解以及深入生活的感悟，以至于后来发起了新文人画的思潮，他将花鸟画推向了新的境界。

霍春阳也提出过一个问题：我们应该怎样理解新文人画呢？他认为，这个文人的价值没有新旧之分，新并不是本质，“敝则新”，这是千古不变的境界，没人能说你创作一个新境界，因为古人在这个问题上是很完善了，是很博大了，很深刻了，我们努力去实践，去到达就很不容易了。作为美术工作者，我们能到达孔子或者老子的那种境界吗？我们只能当小学生吧！其实这不妨碍我们的思维，但要求我们的思维要不断地完善，这个完善的过程是风雨，磕磕碰碰的，是极高明而道中庸的。

文人画意为带有文人情趣的绘画，集文学、书法、绘画及篆刻艺术为一体，是画家多方面文化素养的集中体现。霍春阳的书法有一股时代气息夹着浓浓的书卷气扑面而来，显露出他率真的个性。

在中国，绘画和书法是姊妹，绘画表现不够用书法来表现，这增加了我们抒发情趣的一种手段。这就是说，题图、插图在寓意的前提下主要起到视觉好看、吸引读者的作用，内容的完善还需文章本身，它们是相辅相成、相得益彰的关系。在画面上，绘画和书法互补是和谐的，你没有用绘画来说明的我用书法来说明。书法是一个更高的境界，更意象化的一种手段。这一点上讲，我们画画一定要有书意，它们之间是一种互补、互相彰显的手段。

剪影的艺术表现在我们中国优秀的传统文化中并不少见，它都是这一风格形成的有力依据。现代画家也不乏运用剪影这一传统表现手法的，融笔墨与内容形成个人风格的，贾浩义就是其中一位。贾浩义的画很有气魄，视觉很好。他的作品基本上都是大笔大墨，感觉气势很大，画面的那种表现力、那种精神性的东西，很打动人。如果说能在社会上或者在生活里边，在具体艺术欣赏方面，能够对人有点美好的刺激，那就是最好的艺术了。

贾浩义这些看上去极为简单的写意画，是他花了三十多年时间探索出来的画风。贾浩义的中国画以奔马和骑手为主要画面形象，他的这些形象处理和我们看到的美术史上的所有中国画都不同，即不是传统的线描造型，也不是现代的笔墨加素描的造型，而是剪影式的平面加笔墨的造型。他的创造性便体现在他用毛笔写出的平面对动感极强的形象予以高度的概括。有人称其为非常大写意，我则认为是简笔大写意，笔越简而意越浓，墨越少而气越足。

（四）这个世界有多美，一虚就美

这个世界有多美，你真的知道吗？我告诉你：一虚就美。

吴冠中先生说：“雪纷纷，大地新装，素白银亮。一切肮脏邋遢都被遮掩掉，到处都呈现干净、纯洁，一片单纯。”

一九七九年，吴冠中到四川大巴山写生，笔下见《大巴山中》大幅速写于高丽纸上，他曰，是我多幅春雪的胚胎。若以速写与本幅相对比，即知所言非虚。他以简约近纯抽象的表现手法，将速写中展示的山、树、房屋简略化，只是大道淡墨疾掠画面，固定了山体的轮廓，细笔墨线勾勒出山峦顶部的起伏嶙峋，其余剩下大片留白，营造了皑皑积雪封盖大地，下方几点薄彩似成乡舍人家。这正是他在二十世纪八十年代时游走于具象和抽象间的大胆开创，气魄之广大，笔力之迸发，直见慑人的视觉震撼力！可见虚实留白是简约表现的惯用方法了。

简洁的手法就是归纳和概括，把自然的光线运用好，越好越快的把对对象的第一感受表现出来，把心中的立意表现出来，把一切媒介单纯地利用好，如印度水彩画家Milind Mulick把纸张本质当成一个亮面光线，通过留白把水彩画的透明特性发挥到了极致，把虚处留白用以简洁画面，让观者结合自身的生活体验去发挥想象，娴熟的技法，让我们领略到虚实光影的艺术处理所得到的美妙效果。（图2-103）

虚实处理，快速记录下现场的感受，留白处理节省了时间又增强了画面对比，还给观者留出想象空间，生动自然，变化无穷。

再来看两张门采尔的作品，大师对虚实主次拿捏得很到位。（图2-104）

图2–103　把纸张本质当成一个亮面表现的简洁手法

阿尔道夫·门采尔（Adolpyh Von Menzel 1815–1905）是世界著名的素描大师，是德国十九世纪成就最大的画家，也是欧洲最著名的历史画家、风俗画家之一，更是杰出的素描大师。

图2–104　门采尔素描欣赏

疏密产生虚实、深浅产生虚实，虚虚实实丰富自然。再来欣赏几张陈丹青的速写作品。（图2-105）

况晗的胡同素描，在“素描留住老胡同记忆”的同时，将虚实关系掌控得恰到好处，这也是使人驻足流连的重要因素。他对宽线条的探索与创造，相对于传统的铅笔画就是一种简洁的表现手法。一笔一个面、一笔一块砖，缩短了绘画时间，是简洁、虚实的又一范例。（图2-106）

层次分明，主次得体，生动好看，必是虚实把控恰到好处的作品。

周洁纯的速写，造型准确、描绘生动、画面美丽洒脱。与众不同之处还是对虚的处理手法科学、艺术，意到笔不到、虚实相生增强了画面的感染力！作品风格逐渐成熟的原因就在于她清楚自己该丢掉什么和该保持些什么，这就是虚实的掌控。虚是创作过程中严谨思考后记录头脑风暴的一种痕迹。成功的作品必是虚实相生的、生机盎然的。（图2-107）

二、善于梳理，解决创作粉本的来源

在接触的媒体或网络上，把你认为需要的东西梳理出来，然后再根据图形的透视激发你的灵感，加之第三因素的融合，组合出构思巧妙的题图或插图。

在互联网中，可以梳理出主题创作所需的符合印刷大小的图形素材，可以分门别类的搜索。有时间就进行梳理，把够尺寸的照片梳理出来，然后再分门别类地归纳到不同的文件夹。如，巷口、码头、集装箱的梳理到一起，进而推演出集装箱运输和物流等图片。

（一）图像梳理

2017年5期《国际税收》专题策划栏目刊登的是一组“一带一路”的相关文章，是配合“一带一路”国际合作峰会于2017年5月14日至15日在北京召开的报道活动。中央新闻频道在峰会前期对“一带一路”的发起、实施、意义和展望做了报道。

优质的视频和优质的图片一样吸引人。平时多关注优质视频，分析视频拍摄的角度、光线、画幅、元素构成，吸收学习优秀的创作经验，作品设计思路就可以进一步开阔。选用已有素材，以彩铅表现、版画风格来设计图片，既传统，又创新，既符合文章立意，又提高了艺术性，也逐渐让《国际税收》有了独一无二的美感。这种方式在很大程度上解决了“一带一路”相关文章的配图问题。

陈丹青，1953年生于上海。当代艺术家、作家、文艺评论家、学者，毕业于中央美术学院。
1970年—1978年辗转赣南、苏北农村插队落户，其间自习绘画，是当时颇有名气的“知青画家”。1980年以《西藏组画》轰动中外艺术界，该作品成为颠覆教化模式并向欧洲溯源的发轫，被公认为具有划时代意义的经典之作。陈丹青绘画之余，出版文学著作十余部。
陈丹青无论画风与文风，都具有一种优雅而朴素，睿智而率真的气质，洋溢着独特的人格魅力。

图2-105 陈丹青速写欣赏

况晗，1961年生于江西宜丰，1989年毕业于南京师范大学美术学院，中国美术家协会会员，曾荣获首届徐悲鸿奖学金。毕业分配至北京，住在胡同里，对胡同产生了情感。他跑遍了北京的大街小巷，对即将拆除的民居情有独钟，从日常生活的景物中发现诗意和美的韵致，在探索中创造出用宽线条铅笔来描绘北京的胡同。

图2–106　况晗宽线条素描欣赏

周洁纯，2009年中国美术学院版画系全国第五名。本科二年级出版个人速写集《中国美术学院基础教程——速写篇》，2016年在读中国美术学院版画系研究生。

图2-107　周洁纯速写欣赏

（资料来源：2016年美术微信：“如果你还没爱上速写，那一定是你还没看过她的速写！”）

"一带一路"作为重要题材，我们应平时多收集、整理并梳理出此类图片，以备不时之需。作者已收集并处理的图片如图2–108、2–109、2–110、2–111、2–112、2–113、2–114所示。

收集的港口、集装箱、货轮、各国的代表性城市的图片是必不可少，相应的企业摄像也为你今后的经济配图指明了方向。收集的图片也为你寻找贴切的配图提供了可靠的依据。对于央视频道拍摄的港口、公路、桥梁、铁路，和深入车间、厂矿的多角度细致的拍摄，场面宏大、视角独特，非常值得我们学习借鉴。（图2–115、2–116、2–117、2–118、2–119、2–120、2–121）

（二）重要参考

主流视频媒体对国内外重大活动的全景式报道，为我们提供了重要参考蓝本。例如，中央电视台对"一带一路"国际合作高峰论坛的全景式报道，设置了多路景观镜头，多个记者报道点，全方位完美呈现了这场国际盛会。从把握全局到细节刻画，展现出了高度、深度、广度、维度、气度、态度、温度、风度和速度，在视觉效果上和谐呼应了此次论坛的愿景和目标。这些影像画面，特别是大型景观镜头，都可以成为我们二次创作设计时的重要参考。

注：抽空整理成彩铅画以作资料备用。

图2–108 鸟瞰的铁路、集装箱运输的画面

注：抽空整理成彩铅画以备不时之需。

图2–109　鸟瞰的铁路、集装箱运输的画面

注：抽空整理成彩铅画以备不时之需。

图2–110　轮船集装箱、港口的画面

注：抽空整理成彩铅画以备不时之需。

图2-111　中巴合作建立的瓜达尔港的画面

注：抽空整理成彩铅画以备不时之需。

图2-112　公路运输的画面

注：抽空整理成彩铅画以备不时之需。

图2-113　“走出去”企业电力设施建设的画面

注：抽空整理成彩铅画以备不时之需。

图2-114　捷克城市风光的画面

注：抽空整理成彩铅画以备不时之需。

图2-115 轮船集装箱、港口的画面

这些影像动图，角度“刁”、视觉新，截屏保存下来，都可以作为彩铅或水彩插图创作的粉本。

（三）学习借鉴

主流画家对素材的二次创作形成稿本，并对稿本进行长期的艺术加工和使用，为我们提供了学习借鉴经验。中国国家博物馆画家熊广琴在接受媒体访谈时，对其创作的以雄鸡和翠竹为主体的传统题材“祝君大吉”做了关于稿本来源的介绍。此画作是基于八大山人纪念馆里的一幅墨笔公鸡带来的深刻印象和灵感启发，结合自己的写生，经过几次布局调整和删减完善，形成了现在的稿本。用稿本是我国古今前辈大师们的一个习惯。例如，齐白石的大公鸡稿本，从60岁用到90岁，千锤百炼，精益求精。还有徐悲鸿的雄鸡，也都是有稿本的，基于稿本之上，率性而为，看似轻松涂抹，实则墨宝珍重。这才有了大师们笔下的五德文禽。

注：抽空整理成彩铅画以备不时之需。

图2–116　谈到物流企业时的画面

注：抽空整理成彩铅画以备不时之需。

图2–117　三峡长江经济带的画面

注：抽空整理成彩铅画以备不时之需。

图2-118 “瓜达尔港建成后第一次集装箱运输的画面

注：抽空整理成彩铅画以备不时之需。

图2-119 “走出去”企业帮人家修的铁路的画面

注：抽空整理成黑白板画以备不时之需。

图2-120　企业的机械手、自动化流水线的画面

注：抽空整理成黑白板画以备不时之需。

图2-121　企业的机械手、自动化流水线的画面

我们可以以先辈和当代艺术家的粉本提升创作理念，进行二次创作，以简洁为主，用电脑进行绘画表现，如此也解决了图片的来源问题。

三、插图创作随笔

（一）依托摄影图片的二次创作

照相写实主义是以照片为依托（粉本），客观而清晰地再现现实场景。

摄影图片选取一下构图，调整一下色彩和明暗度，再编排一下使用是最为方便快捷的。但很少有单位提供拍摄图片了。网上搜图，像素点不够的居多，图库带层图片都不能拿来就用，所以重新组合、拼合、叠透就成了二次创作的通常方法了。

美编自己拍摄的图片，也要经过素材整理、虚实层次、更换天空、立意构思、补充材料、设计制作来完成配图任务，时间、精力成为隐形的成本。（图2–122、2–123、2–124）

注：图片自拍于北京西单路口，中国银行总部，配“中国银行在国际化进程中投资地的选择”。

图2–122　自主拍摄图片示例

（资料来源：《国际税收》2015年1期：P68页）

另一方面中国采取了很多措施来加强海外税收征管，比如中国与英属维尔京群岛和开曼群岛都签订了税收情报交换协议，国家税务总局实行了更加严格的中国居民企业认定标准，还将一般反避税规定（GAARs）引入近年来签订的税收协定中，获取税收情报的能力不断增强。这些行动使得中国在打击海外逃税方面取得了巨大成就，补征税款从2008年的384亿元人民币增加到2012年的1 172亿元人民币。

范围。

3. 尽快实施G20提出的

制度，尽快确定由专项情报

4. 在国家税务总局内部

够将从其他国家获取的信息

然后再利用这些信息对纳税

5. 在

责中国

（二

作，共

很多

部门的

审计人

收入和

违法活动

（三

构之间

1. 税

双管齐

2.

（cooper

建立在

3.

机关与

“走出去

36 INTERNATIONAL TAXATION IN CHINA 国际税收 2015年1期

注：自拍于北京市朝阳区世贸天阶，配“税收制度与经济发展保持同步”。

图2-123 自主拍摄图片示例

（资料来源：《国际税收》2015年1期：P36页）

注：2011年国际税收研讨会在深圳结束后，申请两天拍摄时间，第二站直奔港口，用12mm~17mm镜头抓拍下了这张照片。天空经过后期处理。

图2-124 自拍摄影图片配图实例

（资料来源：为《涉外税务》2012年1期，“走稳结构性减税……”配的插图）

搜索尺寸宽度在5.5厘米以上，像素为300dpi的图片，集合创新都可以用，大大解决了图片来源问题。

1. 图2–125是深南大道一张很普通的照片，拍摄于一次会议后的两天采风时间。数字相机，随时查看拍摄效果，随时调整光圈、速度、构图，得到一张相对满意的照片就可以了。由于时间成本、经济成本的原因，精彩的图片只能靠后期处理，这就体现你的专业素养了。

这张片子配深圳经济题材的文章是比较贴切的，片子的像素、层次够丰富，靠自身的审美水平把它提取出来，再靠专业水平创作出一张精彩的数字插图是没有问题的。

首先把图片放正，去背，要用拔丝技巧，主体内容伤及得越少越好；然后提亮暗部，增加对比度，处理好层次关系，换上适合此色彩环境的美丽天空；全片再做主次虚实、明暗对比、色彩关系的细部调整；最后根据版式的前后关系，底边加上笔迹飞白的处理，以增强图片艺术效果和图文的整体关系，使配图曼妙起来，一张美丽的插图完成了。

2. 图2–126拍摄于南京某一路段的沿途街景。2011年南京国际税收会后申请了两天拍照时间，直奔南京长江大桥，路遇一楼盘，稍作取景拍下此景。此图的局部素材，进行了镜像、去背、对比度调整、锐化等制作手段，收边运用笔痕墨迹之飞白。此图的看点是意象的天空处理，使整幅构图生动起来，具有较强的视觉冲击力。

此图配发2015年《国际税收》6期P60页的“我国房地产税改革的国际借鉴”文章之题图。

3. “英国对外投资税收政策分析”文章版式赶上跨栏排法，标题不长，右页右栏留有空间需补题图。题图运用惯有模式即可，也就是我们常用的直配方法。找一大本钟仰角图片，镂空去背，再找一张高远的天空衬于其后，图片左边渐变到白，此补栏题图制作完成了。（图2–127）

此文后页的插图就不好再直配了，一是没有变化，二是创意上也太乏味了。需要从内容提要上找点灵感：英国是利用本国企业对外投资发展国内经济的成功典型，该国的税收政策对其“走出去”企业在降低运营成本和投资风险等方面发挥着重要作用。本文介绍了英国税制及其对“走出去”企业制定的税收政策，希望能为我国对外投资税收政策的完善提供借鉴。关键词是英国“走出去”战略和税收政策。

注：此图效果经过后期处理，换了天空的视觉呈现，楼房之间的前后层次也经过蒙版的滤色处理。

图2-125　深南大道，金融题材主题拍摄

（资料来源：《国际税收》2015年3期：P71"营改增"对深圳经济发展的影响分析之插图）

注：原图根据标题布局进行了镜像处理、去背、对比度调整，天空处理成笔痕墨迹的飞白，是一种写实与绘画意味的结合。

图2-126 南京长江大桥附近街景图片

（资料来源：《国际税收》2015年6期：P60）

看看英国本国企业对外投资的都有什么企业，文中没有列举具体的企业，那就百度一下英国“走出去”的企业有哪些大中小型企业。搜到了英国一些在我国的跨国公司和外资企业：苏格兰皇家银行、特易购（食品，药物）、巴克莱银行、哈利法克斯苏格兰银行、联合利华（食品，消费品）、力拓集团（采矿）、葛兰素史克（制药）、南苏格兰电力公司、森特理克（公用事业）、英国电信、英杰华（保险）。搜几张相关的图片能与英镑代码组合起来构成一张象征对外投资的图片为目的，现代建筑仰角构图，天井效果，有对外、越出之意，和英镑代码组织构成，有投资、公司、“走出去”之含义。成图简洁、现代，象征寓意恰到好处。（图2–127）

图2–127 摄影图片与图片组合实例

（资料来源：《国际税收》2016年3期：P15）

4.“澳大利亚的大企业税收风险管理”(《国际税收》2016年9期21页)。该文的版式排完之后留有一个16.5cm×10cm的位置空间。一提澳大利亚，人们就会想到悉尼歌剧院和袋鼠，搜一些带悉尼歌剧院的城市图片或澳洲的航空机尾的图片(有袋鼠的标识)。好的、像素够大的图片多多搜集，已备创作、启发之用。

通过阅读文章知道了在澳大利亚容易出现税收风险的是银行、能源、保险、制造、销售、服务、养老金等行业。前边配过一些企业的内容了，为了题材的丰富性这篇文章就突出银行企业吧！文章中并没有提到具体的银行，用澳洲某一具象的银行图片素材好像不太合适也很难找到合适尺寸的图片，银行离不开计算，就用计算器寓意银行吧！计算机也可以，具体可根据构图的需要。在自己的资料图库里找到一张感觉合适的计算器图片，去背镂空后摆放在右下部，挑一张刚搜来的透视合适的澳洲城市图片整版置于其后，调整好图片的显示位置，用笔痕墨迹分割出前后空间，同时也出现了虚实的合理对比。此时你会感到前边的计算器显得有点单薄，需添加一些元素才能感到完整。我想到了经济数据的饼状图，可以和计算器搞一个构成，丰富题图的寓意。饼状图放好后，构成、空间都没有什么问题，就是感到手法老旧，在不断地重复着自己的过去，心里瞬间有一种突破、出新的涌动！

翻看着带有悉尼歌剧院的城市图片，脑海中想着巧妙的构思，一张鸟瞰悉尼歌剧院的图片突然激发了我的灵感，何不在鸟瞰的悉尼歌剧院下面衬一个透视和角度合适的计算器呢？也巧，刚搜来的计算器图片里有一张角度、透视恰到好处的图片，镂空处理后把悉尼歌剧院同样镂空起层，把计算器衬在了下面，调整阴影、处理虚实，一张构思巧妙、视觉新颖、手法简洁的插图诞生了。这是一个自我突破的节点，这一张图比前一张图有了质的飞跃，图片创意、寓意达到了理想的巧妙。从此开启了个人创作经济插图的新面貌。

但同事认为计算器的寓意，有把悉尼歌剧院出售的误解。我觉得有道理，那就把计算器去掉，然后加大悉尼歌剧院的局部图形。做计算器时，歌剧院是抠好的，包括浮在计算器之上的阴影，两个元素连接起来一并放大，效果明显简洁于计算器的巧思。洗练、大气，成就了一张巧用素材库的典范插图。(图2–128)

5.“境内机构向我国银行境外分行支付利息税收政策解析”文章排好后，标题空间留有16行的位置，从前后整体上考虑此处留白偏大，加张合适的题图会使期刊在美感上很有质量。

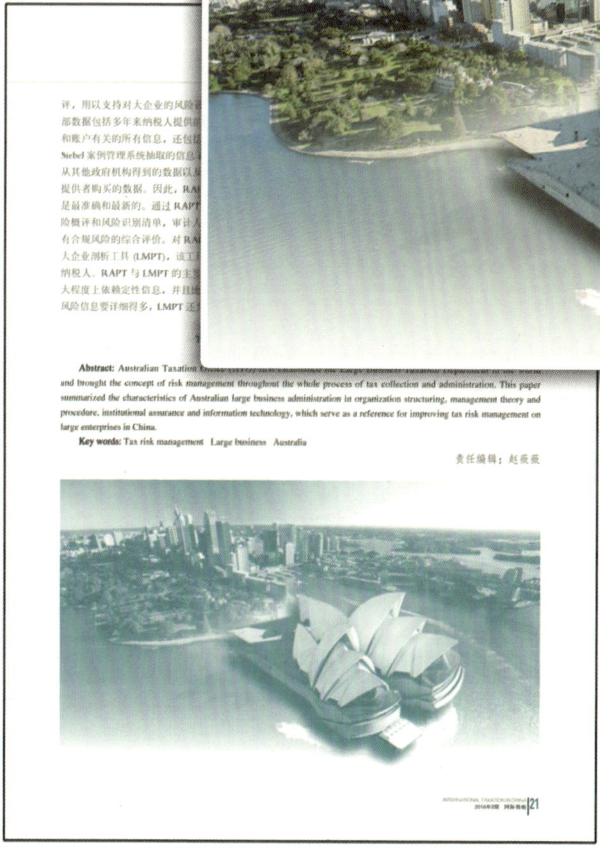
评，用以支持对大企业的风险
部数据包括多年来纳税人提供
和账户有关的所有信息，还包
Siebel 案例管理系统抽取的信息
从其他政府机构得到的数据以
提供者购买的数据。因此，RA
是最准确和最新的。通过 RAPT
险概评和风险识别清单，审计人
有合规风险的综合评价。对 RA
大企业剖析工具 (LMPT)，该工
纳税人。RAPT 与 LMPT 的主
大程度上依赖定性信息，并且
风险信息要详细得多，LMPT 还

Abstract: Australian Taxation ... and brought the concept of risk management throughout the whole process of tax collection and administration. This paper summarized the characteristics of Australian large business administration in organization structuring, management theory and procedure, institutional assurance and information technology, which serve as a reference for improving tax risk management on large enterprises in China.

Key words: Tax risk management Large business Australia

责任编辑：赵薇薇

21

这种方法成功的理念是把主图做突出处理，寓意联想构成其中，给人以巧妙的艺术蒙太奇，看似真实，实为艺术之夸张，达到艺术似真似幻的视觉表现，即艺术的真实美，可吸引读者，为阅读增色。

蒙太奇（法语：Montage）是音译的外来语，原为建筑学术语，意为构成、装配。经常用于三种艺术领域，可解释为有意涵的时空，人为地拼贴剪辑手法。最早被延伸到电影艺术中，后来逐渐在视觉艺术等衍生领域被广为运用，包括室内设计和艺术涂料领域。概括到插图领域的基本释义，指剪接组合镜头，以形成完整的电影片，引深为镂空组合图形原素，以形成完整的寓意插图。

图2-128　摄影图片镂空、叠加的插图实例
（资料来源：《国际税收》2016年9期：P21）

此图看标题直配即可。想起2007年1月份在北京金融街拍过一批银行的外景图片，找到文件夹进行选图。文章所提的境内机构向我国银行境外分行支付利息的政策解读，没提具体的银行。因为中国人民银行是国家的银行，所以就找合适角度的中国人民银行图片。从标题和留白的位置看，题图占据左下角二分之一的位置当是首选，所以照片的拍摄角度当是银行的左前方向略带仰视的构图，银行标识和名称占主要位置呈右下伸展的透视。自拍的照片里没有理想的构图，网上搜到了一张，将此图镂空去背向右倾斜，右下加装饰弧线收边，一张生动的题图配好了。

编辑部审后提出中国人民银行的图片不太合适，建议换一张其他银行的图片。后来在自己的文件夹里找到了一张中国银行的照片，角度构图都还合适，只是上部为局部楼房墙体，与文字标题衔接起来很生硬，运用局部斜向虚化的蒙版效果，虚实相生，加上弧线的收边，源于生活又高于生活的题图替换成功了。（图2–129）

6. 经济发展迅速，国际化经济合作对话越来越多，独角兽企业、科创企业越来越多。经济环境的变化，也不断刺激股票市场，新的交易形式，交易内容越来越丰富。这对于税务的诉求和管理是一个非常大的挑战，因为不断有新的需求和变化出现。

为了切实提高个人所得税管理工作的法治化水平，规范和完善股权转让个人所得税相关规定，在充分调研论证和多方面征求意见的基础上，国家税务总局制定发布了《股权转让所得个人所得税管理办法（试行）》（以下简称《办法》），自2015年1月1日起实施。

《办法》出台后，个人在上海证券交易所、深圳证券交易所转让从上市公司公开发行和转让市场取得的上市公司股票，仍然执行暂不征收个人所得税的规定……

文中出现了深圳证券交易所，正好自己拍摄有深交所的照片。几十张里选了一张仰拍、由左向右上的取景、深交所题名很是突出的图片。原图就是一张小广角的拍摄，增大了创造性的发展空间，加上一扫的笔痕墨迹的叠透，图片下边与主题关系不大的地方虚掉了。稍远的大厦，由于光线的作用，虚到了后面，使图形虚实相得益彰、恰到好处。右下的白底正好留出了作者及单位等的位置，字、图的构成合理巧妙。笔痕墨迹的运用，增加了直配图形的韵味。（图2–130）

图2-129 自拍摄影图片直用实例

（资料来源：《国际税收》2016年3期：P67）

政策透视 New Policies

解析《股权转让所得个人所得税管理办法（试行）》

叶霖儿　王金梁（国家税务总局所得税司　北京　100038）

为进一步规范股权转让所得征纳双方涉税行为，更好地发挥个人所得税调节收入分配的职能作用，国家税务总局制定发布了《股权转让所得个人所得税管理办法（试行）》（国家税务总局公告2014年第67号，以下简称《办法》），对股权转让涉税环节和相关要素进一步做了明确，规范了纳税人和税务机关的权利、义务，使之更加适应当前的经济发展形势和税收工作的法治化要求。

一、《办法》出台的背景和适用范围

近年来，我国个人股权投资行为十分活跃，既促进了资源优化配置和经济发展，也催生了一部分高收入者个人。为做好股权转让所得个人所得税征管工作，国家税务总局近年来曾先后下发了《关于加强股权转让所得征收个人所得税管理的通知》（国税函[2009]285号）和《关于股权转让所得个人所得税计税依据核定问题的公告》（国家税务总局公告2010年第27号）。但随着时间推移和经济社会的不断发展，新的股权交易形式不断涌现，交易内容日趋丰富多样，新的涉税诉求不断提出，上述两个文件已不能满足实际征管工作的需要，纳税人和基层税务机关对完善和升级现行股权转让个人所得税相关规定的诉求颇为强烈。为了切实提高个人所得税管理工作的法治化水平，规范和完善股权转让个人所得税相关规定，在充分调研论证和多方面征求意见的基础上，国家税务总局于2014年12月7日发布了《办法》，自2015年1月1日起实施。

《办法》出台后……券交易所转让从上……上市公司股票，仍然……个人转让上市公司……个人所得税。《办法……以外的股权取得的所……

二、《办法》……

《办法》分为……容的基础上，就股……资企业的责任义务……纳税时点、税务机……和补充完善，规定内……既能有效解决部分……难题，还因相关规……降低纳税人的纳税……国个人股权投资行……良好的税收环境，……

图2-130　自拍摄影图片直用实例

（资料来源：《国际税收》2015年3期：P39）

7.“完善非居民企业所得税源泉扣缴制度的思考”该文的版式排好后留有一个插图的空间，送校后开始配插图。

内容提要：对非居民纳税人来源于中国境内的所得采取源泉扣缴制度是提高征管效率、减轻征纳双方纳税成本的有效手段。随着交易形式的日益复杂和实务案例的挑战，我国企业所得税制度中的源泉扣缴需要更加细化和完善。

关键词：非居民、源泉扣缴、企业所得税。

先说非居民纳税人，后又说企业所得税，缴税离不开纳税大厅，信息化缴税又离不开电脑和自动缴税机、信息服务器之类的，所以插图可用ATS办税服务终端机和办税大厅的图片。选择了两张架构在一起较好的图片运用蒙太奇的时空手法，处理好虚实主次，一张寓意扣缴制度的插图制作完成了。但编辑部提出异议，要求更换一张图片设计，那我就从非居民企业的角度再配一张。什么是非居民企业，就是外国企业，搜到几张“深圳汇域专业设立外国企业深圳代表处”的图片。拿来就用，肯定不行，得知在中国的外国企业天然气行业较多，就找了几张天然气企业的图片。同样用蒙太奇的时空构成手法，选两张透视、空间合适的图片，前面是外国企业深圳代表处宏伟的门楼，底边用笔痕来收边，呼应绿树和门楼镂空的效果，天然气设备图片渐变虚处理在后面，一张集合创新的“非居民企业扣缴制度的思考”的插图诞生了。这就是图案的创造理念“无中生有”。（图2–131）

8.“‘走出去’企业转让定价服务与管理工作初探”。本文通过对“走出去”企业2011年以来相关数据与情况的调查，得出了“走出去”企业存在较大转让定价风险的结论，并深入分析了目前税务机关针对“走出去”企业转让定价服务与管理工作滞后的原因。为此，税务机关一方面应加强对“走出去”企业的转让定价管理，另一方面应做好对“走出去”企业转让定价的风险指引和相关服务。文章中具体举的是：某集团通过成功收购国际知名品牌笔记本电脑业务成为全球企业之后，在新加坡设置亚太区总部负责笔记本电脑的销售，在美国设立研发总部负责笔记本电脑的研发，在深圳设立组装工厂负责笔记本电脑的生产。风险指引和相关服务，离不开网络，管理工作也离不开电脑和网络，例子又是笔记本电脑，“e”字母象征网络、信息，笔记本电脑又是现代管理的重要工具之一，那么笔记本电脑和“e”的组合就自然而然地成了本篇文章的题图素材了。笔记本电脑图形选择一个清心淡雅，删繁就简的正面、高调的图形；“e”字母是一滴水幻化而成的，“e”字母向右的一转笔甩出几点水滴，象征“走出去”之意，灵动、活泼，与电脑一起构成，注意空间布局，虚实得当，一张简洁、切题的题图在轻松愉快中完成了。（图2–132）

税收实务
TAX PRACT

为困难。《企业
法落实。一旦明
因其持有中国
利，必将高度
安排；而且，如
有依法扣缴税款
收征管法》处
税款损失。

因此，笔者
规定，保持与
另外，非居民企
如果非居民企业
定而免税并满足协定待遇条件的，非居民企业扣缴义务人的扣缴义务应如何处理？

笔者认为：

1. 如果非居民企业纳税人在扣缴义务发生时间之前进行协定待遇备案，除纳税人需向主管税务机关提交备案资料外，非居民企业扣缴义务人也应向主管税务机关提交说明材料进行备案，资料提交时间不得迟于扣缴义务发生的1日内，则非居民企业扣缴义务人可免于扣缴义务。同时，税务机关保留追究非居民企业扣缴义务人提供虚假材料责任的权力。

2. 如果纳税人按规定进行了协定待遇备案，但是非居民扣缴义务人没有按时提交资料，非居民扣缴义

企业认为不纳税，然而税务机关事后通过反避税调查，认定其应纳税。这时，是否能认为，支付方的扣缴义务相应发生从而追究其扣缴责任？

《企业所得税法》及其实施条例、3号文都没有明确排除特别纳税调整事项下的扣缴义务人责任。7号公告第八条第一款的表述是“间接转让不动产所得或间接转让股权所得按照本公告规定应缴纳企业所得税的，依照有关法律规定或者合同约定对股权转让方直接负有支付相关款项义务的单位或者个人为扣缴义务人。”那么，“按照本公告规定应缴纳企业所得税的”究竟是否包括因税务机关实施一般反避税而要求转让方缴纳

60 INTERNATIONAL TAXATION IN CHINA 国际税收 2016年8期

图2-131　摄影图片与照片的组合实例

（资料来源：《国际税收》2016年8期：P60）

图2-132　图片与图片的组合实例

（资料来源：《国际税收》2015年4期：P11）

（二）用剪影、版画效果表现经济税收题材

为避免雷同感，体现杂志审美自身特色，唯有在创新、快捷上谋求发展。木刻（版画）效果、铅笔素描、彩铅画是在影像基础上的再创造，实现了这一目的配图就轻松了。新闻影像的截图极大地丰富了经济内容的图片，解决了“无米之炊”的尴尬。2017年5期发表了一幅木刻效果插图和一幅素描效果插图，总体感觉还不错。此法优点：（1）解决了图片模糊无法使用的问题。（2）以图片为粉本

的艺术加工，避开了侵权问题。（3）是人们喜闻乐见的艺术形式，且操作简便。

现在读者是碎片式阅读，你也可以碎片式收集，整合一切可利用的资源，用剪影或木刻、素描效果表现出来。

利用手机、相机、电脑、扫描仪、手绘等一切可利用的技术，把跟经济相关的题材收集下来，然后根据内容整合梳理，再用剪影、版画效果表现出来。优点是利用电脑的速度与快捷，结合自身的绘画能力达到简洁、快捷的表现。

标志性主题剪影镂空后，Photoshop里一个创建剪贴蒙版的功能，就可以把你的创意构思展示得尽善尽美，简便、快捷是集合再创造的优势。

剪影，早期是把纸剪成人头、人体的轮廓形象，现也表示对事物作轮廓的描写，亦指描写出的轮廓。下面着重介绍剪影的绘画表现。

轮廓表现、影子表现源远流长，同是民族文化的继承与发展。影子与轮廓表现最引人注目的是汉篆刻中的肖形印，汉代的画像石、画像砖、瓦当，它们在中国的绘画史中具有独特的艺术风格。

在中国的传统文化中，书法、绘画是同源的，它们同起源于远古的岩石壁画和甲骨文字，这就是中国的形象思维了。重象，由线上升到象，象的产生也更多是从轮廓着眼。在我们的形象记忆中，轮廓给人的印象是最深的，而物体内在的结构是需要专业人士去研究的。比如我们看远处跑过去一头鹿，你记住的是这个鹿的外形轮廓，至于鹿的结构和体积就需要专业人士去深入观察和更深的分析了。再如我们在检查身体时都看过测试色盲、色弱的彩色图形和数字本吧？它上面的图形就是动物轮廓的彩色剪影，很简洁，正常人一看便识。在感性接受上，外轮廓是最鲜明的、最容易表现的一个形体特征了。所以从造型上刻画外部形貌特征，以阴线辅助表现内容，都启发了我对简洁表现的领悟。汉代的画像石、画像砖就是最好的剪影典范，它在造型手法上依循美的规则，将所要表现的题材加以概括、综合、凝练、升华成影的轮廓。形神结构借助于阴线表现，必要的夸张变形将形象本身的审美特点更有效地突显出来了。它们题材广泛，内容丰富，“以形写神”“形神兼备”，“造型”与“传神”两者相辅相成。它们反映的内容是当时政治、经济、文化、思想、艺术和民俗，其手法表现并不受内容局限，适合现在经济、税收的所有题材。

中国传统绘画强调的构图，是绘画的艺术基础，也是艺术家传达艺术的第一步。构图又称“章法”“布局”“经营位置”，被认为是“画之总要”。汉画像石、画像砖的构图章法、布局，当属同宗同源。它们排列有序，注意形与形之间的互让，计白当黑、知黑守白，散点透视，分层分格，饱满均衡，对称呼应，已形成独立的构图风格，是构思《国际税收》插图、题图的图形元素之间的位置空间时，非常重要的理论依据。

汉瓦当、画像石、画像砖，民间剪纸艺术，启发出的现代剪影艺术，以及物体轮廓简洁的魅力与生动、富于动感、无与伦比的艺术表现技法，都是我简洁表现手法的借鉴源泉。下面以几个案例介绍我是如何运用剪影兼版画效果来表现《国际税收》的。

设计上简洁是王道，我在艺术实践的吸收学习中，总结出了几种删繁就简的表现方法，其中就有轮廓、剪影的黑白表现法。

1. 配图构思可还原一个内容场景加标题的深刻内涵。标题是“帮助别人，成就自己”。内容是“电脑上的会议提示刚刚被我按掉，就听到领导的声音从对面办公室传来：‘能力建设小姐，能不能来我办公室讨论一下FTA大会能力建设报告和议程安排？记得把最新、最新、最新的版本带过来哦！’……”。

此图的素材都是搜来的，打上关键词如：“合作图片”“办公图片”“握手图片”等，在数以千计甚至万计的图片中，碰撞出你的灵感构思来。此图还必须适合印刷要求，再顺其线索可搜出其他可用之图，之后再把可用之图按你预先的想法进行组合、试效。这时“形形互让，计白当黑，知黑守白，散点透视，分层分格，饱满均衡，对称呼应、虚实主次”等素养就潜移默化地发挥作用了。最后用剪影加版画的绘画表现完成题图、插图创作。这绝对的零素材成本，闪光点就是这艺术与技术的结合。一张简洁、生动、丰富、贴切，外加制作速度快的题图就应运而生了。（图2–133）

2. 配图也可直接反应标题的寓意。文章标题是“自然人税收征管的制度创新与改革路径”。标题一出，我首先要了解“自然人”的概念：“自然人是在自然条件下诞生的人，自然人与法人都是民事主体。法人是一种社会组织。自然人是在自然状态之下而作为民事主体存在的人，代表着人格，代表其有权参加民事活动，享有权利并承担义务。所有的公民都是自然人，但并不是所有的自然人都是某一特定国家的公民。公民属于政治学或公法上的概念，具有某一特定国家国籍的自然人叫作公民。”网络搜索关键词“自然人图片”“团队合作”“办公人物”等，搜到了几张白领人群的自信照片，这样的自然人当然是我们喜闻乐见的了。挑了一张做剪影版画处理，放在题图空间的主要位置，再找一张象征路径图片作为此图的背景。搜索“路径图片”，很快一张色带折线呈现在电脑屏幕上，大小可用，有大堂走向的空间指引，加上蒙版渐变，加大了前后空间的虚实效果。该图放在这张或站或立的群影版画的剪影背后，生动自然、恰到好处。（图2–76）

随笔·漫谈
ESSAY AND TALKS

别人　成就自己

梁若莲（广东省地方税务局科研所　广州　510630）

电脑上的会议提示刚刚被我按掉，就听到领导的声音从对面办公室传来："能力建设小姐，能不能来我办公室讨论一下FTA大会能力建设报告和议程安排？记得把最新、最新、最新的版本带过来哦！"

上镜小姐"之类的美誉着实"不具有可比性"。在经济合作与发展组织（OECD）税收征管论坛（FTA）秘书处工作的我们，各司其职，分工明确，所以有时在办公室里会听到各种在外人听来稀奇古怪的名

等等。即使你不了解这位同事具体负责什么项目，但只要听听这个名头就会一清二楚。

我这个"能力建设小姐"的名头也算实至名归。从2015年11月到FTA秘书处工作以来，我除了负

77

图2-133　剪影、版画效果的题图实例
（资料来源：《国际税收》2017年1期：P77）

3. 纯象征寓意的配图方法。《国际税收》2017年2期的文章，"以色列鼓励创新的税收政策研究"是"各国税收纵横"栏目的头一篇，版式排完后留有一题图的位置。往常这类文章配图只需搜一张其国家标志性建筑的图片或人们耳熟能详的文化形象的代表图片。但搜索以色列的标志建筑物或文化特征的可用图片还真没有，那就以"政策研究"为表现吧。以使用笔记本电脑的办公人物的侧影图片为主体，镂空去背变为剪影，象征研究状，后方一摞书寓意政策。此图简洁好看，增加了阅读的关注度。（图2-134）

4. 标题"防止人为规避常设机构构成"的意思是："常设机构问题涉及不同国家和地区对经营活动征税权的划分。按照税收协定规定，缔约国一方企业只有在缔约国另一方构成常设机构，其营业利润才可以在缔约国另一方征税。因此，常设机构的判定决定跨国公司的营业利润是否需要在所得的来源国征税，人为规避常设机构构成也成为跨国公司逃避所得来源国税收的一种重要手段。"文章插图以意取材就可以了。插图背景写字楼，象征常设机构，白领工作人员寓意"人为"，取剪影表现手法规避了具体人物的肖像权问题，一举两得还简洁明了。剪影手法对于人像表现，屡试不爽。（图2-135）

5. 这篇文章是谈案子的，作者又没有配相关的图片，版式排到此又有题图的空间，只能按文意地来配图了。一提到股权、证券等，人们自然就会想到证交所、股票市场等。全世界股票市场的吉祥物都是"牛"，牛市嘛！用证交所的牛来寓意此篇文章的内容再简洁明了不过了。此图是我拍摄于深交所门前的牛，这个角度和横排的标题正好形成交叉，空间布局上显得生动、活泼，有新颖的视觉效果。题图在图片的基础上做了归纳与概括，形成了版画效果，剪影中又嵌进了某一证交所的显示屏图片，进一步点明了股权证券的内容。简洁了图形，丰富了内容，以形写型的理念得到了很好的诠释。（图2-136）

（三）用素描叠套的方法表现国际税收插图

随着科技的进步，我们都可以随手拍出照片，因为数字技术的相机已充分运用到了手机上，所以摄影配插图的手法已不再是摄影人和美术工作者的专利了。要想美编岗位不可或缺，那就提升你的专业修养（技巧），让你的作品与众不同，好看、简洁、贴切。

图片变彩铅属降低成本且二次创作的发展创新之举，使多年困扰的"一图难求"的窘迫变成随心所欲、游刃有余的创作。这是电脑制图与绘画结合的成果之一。鼠标素描画与鼠标素描画的叠加构成，是这一成果的艺术升华。随着数码摄

各国税收纵横
TAX SYSTEMS IN DIFFERENT COUNTRIES

以色列鼓励创新的税收政策研究

黄晓珊（中山大学新华学院 广东 广州 510520）

内容提要：本文从《天使法案》和吸引跨国公司在当地开展研发活动的体系两方面，介绍了以色列最新鼓励创新的税收政策内容以及相关政策调整和完善的过程。以色列政策制定者在这些过程中表现出的前瞻性、灵活性和主动性都带给我们启发。

关键词：鼓励创新 税收优惠 以色列

中图分类号：F812.42 文献标识码：B 文章编号：2095-6126(2017)02-0052-05

跨国集团正在全面评估新形势下的挑战，寻求解决技术研发的全球化和反税基侵蚀背景下的税收管辖地域化矛盾的方案。以色列针对跨国集团的政策无疑与这一需求相契合，围绕“内在实质性联系”这一核心目的，建立和完善包括税收优惠政策在内的相关制度，务实享受……系。如实履行……更深入分享研……集团实现的对……

一、以……

鼓励创新……2015年，以……

五；高科技公司共获得4 400亿美元资本的投入；89家以色列公司在美国纳斯达克上市。这是以色列长期致力于建立多元化鼓励创新研发政策体系的成果，税收优惠政策是其中一个组成部分。

在以色列，一般而言，企业从事药物、软件和硬……

① 1 以色列新……

52 INTERNATIONAL TA… 国际税收 2017年……

图2-134 剪影、版画效果的题图实例

（资料来源：《国际税收》2017年2期：P52）

图2-135　剪影、版画效果的插图实例

（资料来源：《国际税收》2015年10期：P21）

案例点评
CASE ANALYSIS

全国首例居民个人境外间接股权转让案

钱家俊　林大摹（南京地方税务局　江苏　南京　210000）

案情概况

09-2010年，南京市某境外上市公司14名大股
其注册在英属维尔金群岛(BVI)的离岸公司——
司，两次减持其境外上市主体Y公司6 500万股
0万股股份，累计实现转让收入逾18亿港元。
这两笔境外减持分配收益，江苏省南京地方税务
居民纳税人须负全面纳税义务的原则，成功追补
760万元。该案是我国个人所得税境外间接股
案例，也是我国首个通过界定境外特殊目的公司
民个人股东纳税义务成功进行反避税的案例。

案例分析

前，税务机关对于境外间接股权转让主要是基
家税务总局关于加强非居民企业股权转让所得
得税管理的通知》（国税函[2009]698号）确立
——即依据《企业所得税法》第四十七条及《企
税实施条例》第一百二十条的一般反避税规则
层“穿透”进行征税。但是，本案是个人间接
一是依据来源
于中国境内的
本国居民的全

球所得进行课税。

本案中，虽然表面上该股权转让是境外FA公司转让其持有的境外Y公司的股权，但是Y公司是采用红筹模式上市的境外注册公司，这种公司虽然在离岸地注册，但仍有可能依据《企业所得税法》的实际管理机构原则认定为中国居民公司。如果这样，该转让行为则变为非居民公司FA转让居民公司Y，进而可以确立中国税务机关的管辖权。Y公司的招股说明书中风险因素段的风险提示可以印证我们的推测：“大多数本公司董事和行政人员均居于中国境内，而本公司的资产及上述人员的资产几乎全部在中国境内。”

但是据此处理也有明显的缺陷：一是所得税法相关文件仅在税法和条例中有概括性规定，而无具体的操作细则。二是认定后，在对FA公司转让Y公司的财产所得进行征税后，仍然无法回避FA公司是否对管理层股东分配以及对其征税的问题。三是认定后，Y公司由非居民纳税人变为居民纳税人，由有限纳税义务转为全面纳税义务，需要面临极其复杂的税务问题，而现有文件并无明确，为企业的遵从和税务机关的征管都带来重大不确定性。

基于此，南京市地方税务局决定采取居民管辖权原则——虽然FA公司对Y公司是非居民间转让，但FA公司的管理层股东为中国居民纳税人，如果FA公

INTERNATIONAL TAXATION IN CHINA 2015年2期 国际税收 67

图2-136　剪影套图效果的题图实例
（资料来源：《国际税收》2015年2期：P67）

影、网络图片库以及高清电视截屏图片的应用，配图的重要性与必要性已经在实际工作中逐步为人们所认识与接受，现在已经形成了一套获取图片、选择图片、处理图片、应用图片的标准化工作程序。

把图片变素描，用电脑也行，用手绘也罢，电脑与手绘结合起来也没有问题，总之用最短的时间和最低的成本把表现的内容创作出来即可。

表达时要把人物的结构加以强调：面部注意眼神眼角，颧结节，额结节，鼻翼，嘴角，上下唇线，下颏结节，咬肌，聂线等转折与造型的重点，身体注意颈项与肩部的关系等，强调虚实，做到源于生活而又高于生活。

1.“优化‘走出去’企业税收争议解决机制的若干思考”。文章排好后留有一插图的位置，标题有关键词“思考”，在光盘库里找一张做思考、研究状的办公人员的图片就可以了，或书本、眼镜、放大镜都可以，视构思图片碰撞结果而定。“走出去”企业看文章里举的是什么企业的例子：“以国家电网为例，目前，国家电网境外投资总额超过100亿美元，境外资产总额达到400亿美元，境外投资项目全部盈利”。正好手里有风能发电的图片，发电是源头，电网是传输，所以风能发电的图片是可用的。

在光盘图库里很快找到了研究探讨的人物图片，做成鼠标素描画，再镂空去背。风能发电图片同样做成鼠标素描画，不用镂空去背，留有素描天空素描笔触，正好做整图的背景，镂好的人物置于前景，用减淡工具在人像四周做虚处理，突出主题，增加层次，加重、淡化。经过整体调整后，一张韵味十足的鼠标素描插图完成了，摄影与绘画的结合之作，美丽、动人。（图2-137）

2.“某关联公司间公务机无偿使用反避税案例分析”文章需配一张题图。看标题有“公务机”和“分析”两个关键词，“分析”的寓意想起了之前用过的一张剪影公务人员在电脑前办公的图片，素描表现用在这里正合适。之前是剪影（轮廓）表现，现在用写实素描表现，正好诠释了美女端庄秀丽的形象，这便是一图“两吃法”的一图两用。再搜一张公务机的图片，镂空去背放在美女右后的远方就可以了。如构想所愿，一张创意型素描集合题图完成了，非常简洁、好看。（图2-138）

（四）用综合的方法表现经济税收插图

“简洁而不简单”，这是每一位美术工作者共同追求的目标。这个简洁包括作品简洁，手法简洁，寓意明了深刻。那种举重若轻的智慧，绝非轻而易举的信手涂鸦，不然也无大师和典范可言了。

1.“发达国家R&D财税政策借鉴研究”是期刊首篇文章，根据2017年的版式

"走出去"税收
TAX ISSUES WITH 'GOING-GLOBAL' ACTIVITIES

考虑。

（一）增强法律支撑

在《税收征管法》中增加税收争议相关章节，区分境内争议和境外争议的不同情况，设定不同的争议解决方式。除了现行《税收征管法》明确的行政复议和法院起诉两种刚性方式外，还应该在柔性解决方式上给予更多的征管激励。同时，增加其他政府部门和有关单位在税收争议解决中的协力义务和后果责任，为构建税收争议解决的大格局提供法律保障。另外，赋予税务机关必要税收争议事项的裁定权限，明确事先裁定的法律地位。国际税收争议事项往往关系到企业切身利益，涉税金额较大，数量增长较快，由税务机关作出裁决更富有行政效率，也符合企业希望尽快解决税收争议的现实需要。

（二）建立专门机构

笔者在问卷调查中发现，有48%的大企业受访者建议由国家税务总局统筹处理税收争议，还有41%的大企业受访者建议建立专门机构处理，同时有86%的受访者建议在全国人大常委会下设税收委员会。为提高解决税收争议事项的效率，笔者建议在国家税务总

局层面成立全国税收争议
下设两个执行小组：境外
收争议执行小组。一旦企
寻求国家税务总局支援的
法律框架下统筹处理。同
下设税收委员会，专司税
修订工作。这样，国家税
调或裁决的税收争议，或
法律的情形时，可由全国
处理。为防止潜在税收争
国税收争议解决委员会和
应该在各自权限内建立
及时废止过期法规，完善
法规的前瞻性、确定性和
空间。

（三）强化国际协调

在笔者调查中，只有
渠道解决税收争议，其他
我国一直在着力参与并打
联合国这一基本的外交平
组织、金砖国家峰会等众
多国家建立了战略合作伙
增强在现有外交平台上的
理力度，赋予国际协调更

（四）培养人才队伍

国际税收争议解决需
境外文化、精通外国语言
斡旋的专门人才。因此，
等院校的合作，从当前税
培养专门人才。同时，从
的优秀公务员强化知识培
够满足国家发展需要的国

参考文献：

[1] 张文军，王艳红．税制效率与
研究，2014,(9).
[2] 孔丹阳．给我一份信任，给你十
(B5).
[3] 张列．提升国际税收工作站位 重构管理服务机制[N]．中国税务报，2014-12-12(B1).

责任编辑：赵薇薇

64 INTERNATIONAL TAXATION IN CHINA 国际税收 2017年1期

图2-137 素描与素描的组合实例

（资料来源：《国际税收》2017年1期：P64）

案例点评
CASE ANALYSIS

某关联公司间公务机无偿使用
反避税案例分析

臧桂芹　林大黎（南京市地方税务局　江苏　南京　210000）

一、案件概述

某市A房地产公司（以下简称A公司）2010年1月成立，为B房地产有限公司（以下简称B公司）的全资子公司，B公司和D房地产有限公司（以下简称D公司）为C集团（总部）有限公司（以下简称C集团）的全资子公司。

2012年2月，A公司以融资租赁方式租入一架公务机，账面原值为4.39亿元，自2013年1月起开始折旧。该公务机除用以满足A公司高管项目考察、行业交流、客户邀请、会议安排等需求外，还无偿提供给C集团内关联公司（D公司、B公司）使用。2013—2014年，该公务机飞行总时长为330小时34分钟：其中A公司飞行103小时9分钟，关联方飞行227小时25分钟；待机总时长1 839小时11分钟，其中A公司450小时4分钟，关联方1 389小时7分钟。

经税务局认定，该
向关联方收取服务费。
万元，加收利息20.56

二、案件处理

（一）前期调查

2015年上半年，税务人
发现有价值4.39亿元的公务机
4 070万元，飞行地点遍及全国
公司，业务范围属于区域性质
此对公务机的费用列支产生疑
机购买合同、使用信息及财务
司公务机涉及关联方B公司、
务人员又调阅了B公司、D公
所得税申报表，数据显示均有

（二）反避税调整方法

第一阶段，理清业务逻辑。

A公司业务是区域性质的，
在A公司列支。可以将A公司
其他公司提供公务机服务，并
由于前期调查取得的合同、飞
等资料为该观点提供了有力支

62 INTERNATIONAL TAXATION IN CHINA 国际税收 2016年12期

这张图片前面出现过，对，这就叫一图“两吃法”。

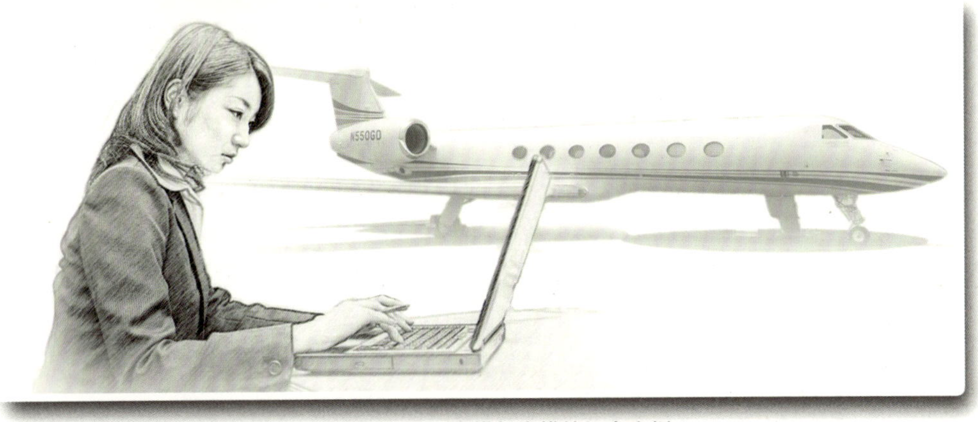

图2–138　素描与素描的组合实例

（资料来源：《国际税收》2016年12期：P62）

规范，首篇文章要求必配插图，同时图片还应出现在目录导读上。文章排好后不放题图或插图正合适，所以只需补充目录导读图了。本文的内容概括起来是：“考察了近些年OECD 国家为鼓励企业科技创新所实施的财税政策的演变情况，介绍了其主要政策工具和管理体制，分析了发达国家R&D 财税政策的发展趋势，并提出对我国完善R&D 财税激励政策的借鉴和启示。”财税政策的演变情况、政策工具和管理体制等用图形寓意、图形象征都比较抽象。文章所说的这些政策都是为了鼓励企业科技创新所实施的，那就以企业和创新研发的角度来配题图吧！一看到“科技创新研发”这个关键词马上联想到的是化学试剂瓶的图片，搜索“试剂图片”“研发图片”等关键词，很快得到了这张组合的试剂器皿图片，再搜“企业图片”的关键词，在数以万计的图片中找到了几张可用的照片，运用剪影或镂空试剂器皿的手法跟几张企业图片进行叠透组合。成稿是这张化工企业的右下角部分的边角图片，透视、韵律、明暗度都比较合适器皿的镂空与剪影，横竖的管线和弧线的器皿形成了曲与直的对比，突出了企业研发的寓意、象征，整体效果符合了当下的简洁之风，明了、好看。（图2-139）

2.“中国进境物品进口税制度改革：国际比较与立法思路”。像这类标题，取意直配插图就可以了。箱式货车、堆放的货物象征进境的物品，地球寓意国际，飞机进一步象征进出口，也是构图的需要，矢量曲线背景图，增加视觉的形式感，也是一种虚处理的装饰手法。飞机、地球、背景的箱式货车是矢量图，前面打开门的箱式货车及堆放的货物是光栅图，所以叫综合性配图方法。（图2-140）

3. 这是“国际税讯”的一张配图。标题是“澳大利亚降低中等收入阶层税负”。内容是“澳大利亚议会通过《2016年财政法修正（所得税减免）法案》，从2016年7月1日起，将个人所得税适用37% 税率档次的起征标准从8万澳元提高至8.7万澳元。”加上标题、标点一共八十几字，从整体版面上此税讯需要配一张插图，以活跃、调剂版面。正好我的大学同学秀出的一张图片，是悉尼歌剧院前的旗袍秀盛况，正好呼应“中等收入阶层”的内容，把它剪裁取景安排在税讯的版式空间里，前面主体搜了一张象征中等收入的白领上班族的剪影图片，中间男士双臂高举做欢呼状，好像在响应降低税负的欢呼。剪影做镂空反白处理，与背景图的“贝壳”阴影正好重合在一起。暗衬白，虚衬实，使插图寓意简洁明了，活跃了文章内容，使阅读变得轻松而愉快。（图2-141）

4. 标题是“让经济增长的火炬照亮世界前程”，副标题是“——G20杭州峰会国际税收议题述评”。此类文章属于宏观经济议题评述论文，数据分析、政策解读、加强金融管理等都是较抽象的概念，配起来又耗时又费力，与简洁、直观、可识别

图2-139　综合表现法插图实例

（资料来源：《国际税收》2017年1期：P2）

研究探索
RESEARCH AND INQUIRY

它是一种特殊形式的简化税制。根据《海关法》和《关税条例》的规定，在关税征收中物品区别于货物，具有"非贸易"的性质，是以自用合理数量为限的个人携带进境的行李物品、邮寄进境的物品和其他物品（例如，进境快件、拖带物品、运输工具、服务人员自用物品等）组成的。所谓的自用，指的是进境旅客本人自用、馈赠亲友而非出售或出租，而合理数量指的是海关根据进境旅客旅行目的和居留时间所规定的正常数量。

1949年新中国成立后至1961年以前，海关对个人自用物品按照《进出口税则》征收进口关税和其他税收。1961年1月，经国务院批准，对外贸易部针对个人自用物品征收进口税制定了专门办法，同年2月开始实施，该办法规定了21个税号，税率分13个税级，适用12%–400%不等的税率。1994年5月27日，国务院关税税则委员会审议通过了《中华人民共和国海关关于入境行李物品和个人邮递物品征收进口税办法》，并于同年7月1日起实施。该办法所称的应税个人自用物品，不包括汽车、摩托车及其配件和附件。2004年1月1日起施行的《关税条例》规定，由国务院规定《进出口税则》和"进境物品进口税税率表"，作为该条例的组成部分。国务院关税税则委员会负责《进出口税则》和"进境物品进口税税率表"的税目、税则号列和税率的调整和解释，报国务院批准后制定。海关按照"进境物品进口税

税率表"及海关总署制定的
归类表"（以下简称"《进境
共和国进境物品完税价格表"
税价格表》"）对进境物品进
定适用税率。1996年–2016
目税率不断简化，逐步形成了
行邮税共27个税号，分为三
和60%。对居民行李物品，
征进口税；超出免税额度，
收行邮税。对个人邮递进境
民币50元以下的，海关予以
澳台地区的物品，每次限值
往其他国家和地区的物品，
快件参照邮递物品相关规定

二、进境物品进口税
际公约到国别实践

作为协调和统一全球进
法，世界海关组织（WCO）
海关制度的国际公约》（以
总附约及其专项附约九（特
递运输这两种通关方式的行
关合作理事会成员与联合国

70 INTERNATIONAL TAXATION IN CHINA 国际税收 2017年2期

地球矢量图可是更换过的呦。

图2–140 综合表现法插图实例
（资料来源：《国际税收》2017年2期：P70）

图2-141 综合表现法插图实例

（资料来源：《国际税收》2016年11期：封二）

的配图理念相去甚远，编辑部又没有加编者按，从文字无从启发巧妙的构思。像这类文章从标题上直配是最讨巧的办法了。“火炬”“地球”是不可或缺的题材元素了，正好印象中自己下载留存的PDF文件中有一张类似航天器拍摄的地球图片，看面角度正好在中国版图上，美中不足的是只能放在右下角。左上大面积空间正好放火炬图形，取照亮地球之意。搜索“火炬图片”关键词，查看了大量的贴图，都不合适，在其他图库里也没找到合适可用的火炬。现图是一张最合适的火炬素材了，像素点不够，边缘模糊，那就放大，重画了一张火苗，可用了，效果还不错。整图还缺经济之含义，中下部位正好放一经济立柱图，是构图的需要也是整图完整寓意的需要。调整一下地球的光照度，一张简洁、好看，点题、贴切的题图配置完成了。该图活跃了版面，有一种怀旧的情怀吸引着广大读者来阅读此文。(图2-142)

5.“制裁是否违反WTO规则？”的文章内容是简评中国光伏产业的“双反”危机的。文章刊载于《国际税收》2013年2期第68页上。版式排好后，留有四分之一的空白空间需要配张插图。

2012年，欧盟委员会（以下简称“欧委会”）对原产自中国的光伏产品发起反倾销和反补贴（以下简称“双反”）调查。反倾销与反补贴都是WTO规则允许使用的贸易救济措施。反倾销指对外国商品在本国市场上的倾销行为所采取的抵制措施。反补贴指如果某一进口产品因得到其本国政府或者公共机构给予的资金或财政税收上的补贴或优惠，从而使其在国际市场上比未享受到补贴的同类产品处于更有利的竞争地位，并对进口国相关产业造成实质性损害或损害威胁时，进口国政府就可以通过征收反补贴税等措施来实施产业救济。

以上内容对于美编来说只是增长知识，启发不出配图的灵感，因此还是在“光伏产业”上寻找配图思路吧。

利用太阳能的最佳方式是光伏转换，通过光伏转换，使太阳光射到硅材料上产生电流直接发电。根据光伏效应生产的产品都可以算是光伏产品。

以“光伏产品图片”进行搜索，找到相关图片约170 420张，合适的、够尺寸的就另存下来，思路完美了，就停止搜索了，毕竟精力和时间是有限的。以手拿硅片的图片镂空去背为主体放在前面，太阳能发电板碰撞放在中层位置，白云、太阳强曝光自带的光电效应，为整体构图增添了神秘的韵味。手后硅板前的曲线律动与天空部位的欧普渐变效果，形成了节奏的对比呼应，为整张插图带来了科技感，一张完美的插图诞生了。以艺术的美缓解一下“双反”的危机感。(图2-143)

此种欧普渐变与曲线形式的应用，为今后插图艺术的提高奠定了一个光明的前景，是与时俱进提升业务水平的发展内容。

图2-142　综合表现法插图实例

（资料来源：《国际税收》2016年10期：P6）

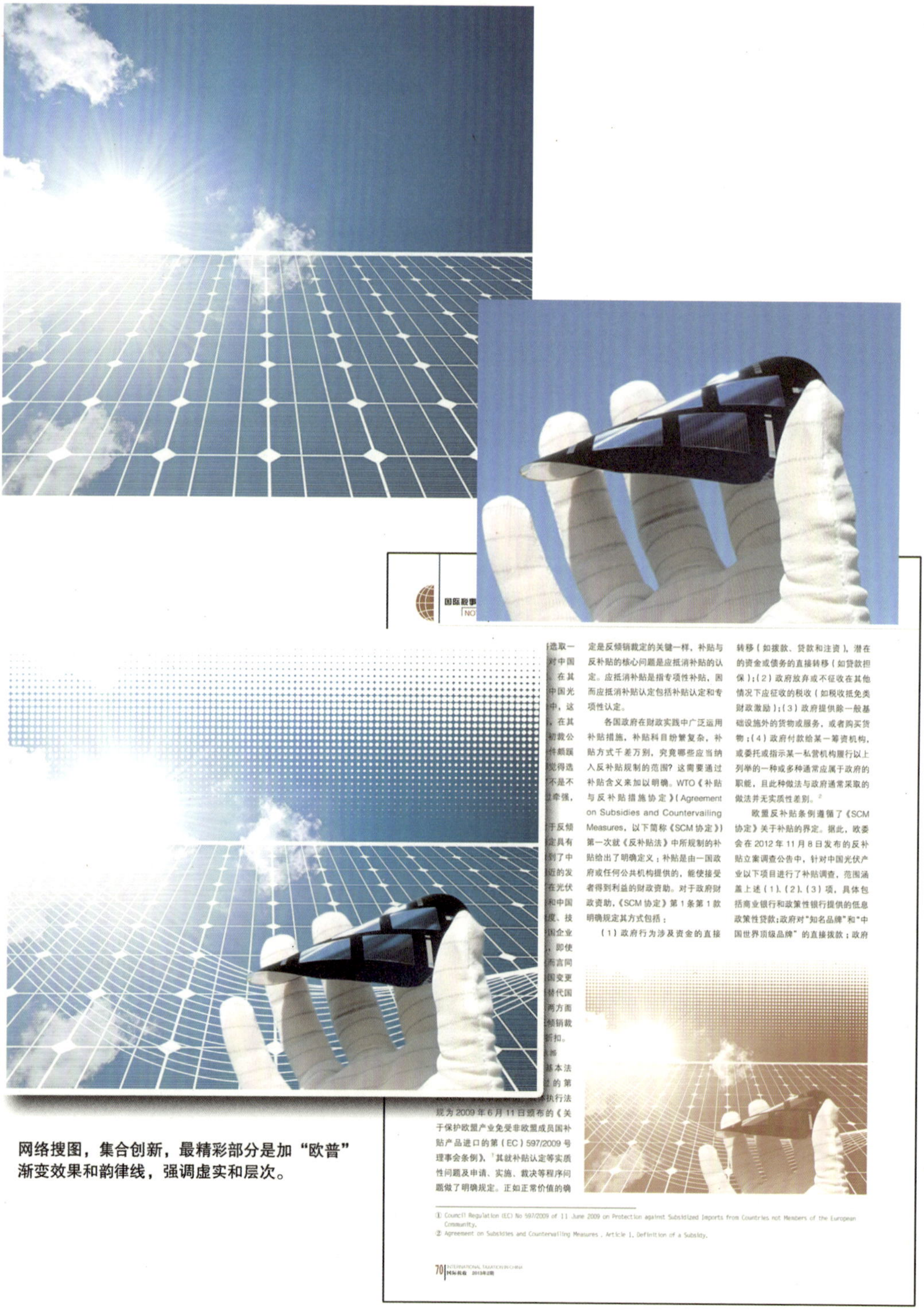

定是反倾销裁定的关键一样，补贴与反补贴的核心问题是应抵消补贴的认定。应抵消补贴是指专项性补贴，因而应抵消补贴认定包括补贴认定和专项性认定。

各国政府在财政实践中广泛运用补贴措施，补贴科目纷繁复杂，补贴方式千差万别，究竟哪些应当纳入反补贴规制的范围？这需要通过补贴含义来加以明确。WTO《补贴与反补贴措施协定》(Agreement on Subsidies and Countervailing Measures，以下简称《SCM协定》)第一次就《反补贴法》中所规制的补贴给出了明确定义：补贴是由一国政府或任何公共机构提供的，能使接受者得到利益的财政资助。对于政府财政资助，《SCM协定》第1条第1款明确规定其方式包括：

(1)政府行为涉及资金的直接转移(如拨款、贷款和注资)，潜在的资金或债务的直接转移(如贷款担保)；(2)政府放弃或不征收在其他情况下应征收的税收(如税收抵免类财政激励)；(3)政府提供除一般基础设施外的货物或服务，或者购买货物；(4)政府付款给某一筹资机构，或委托或指示某一私营机构履行以上列举的一种或多种通常应属于政府的职能，且此种做法与政府通常采取的做法并无实质性差别。②

欧盟反补贴条例遵循了《SCM协定》关于补贴的界定。据此，欧委会在2012年11月8日发布的反补贴立案调查公告中，针对中国光伏产业以下项目进行了补贴调查，范围涵盖上述(1)、(2)、(3)项，具体包括商业银行和政策性银行提供的低息政策性贷款；政府对"知名品牌"和"中国世界顶级品牌"的直接拨款；政府

规为2009年6月11日颁布的《关于保护欧盟产业免受非欧盟成员国补贴产品进口的第(EC)597/2009号理事会条例》，①其就补贴认定等实质性问题及申请、实施、裁决等程序问题做了明确规定。正如正常价值的确

① Council Regulation (EC) No 597/2009 of 11 June 2009 on Protection against Subsidized Imports from Countries not Members of the European Community.

② Agreement on Subsidies and Countervailing Measures, Article 1. Definition of a Subsidy.

70 INTERNATIONAL TAXATION IN CHINA 国际税收 2013年2期

网络搜图，集合创新，最精彩部分是加"欧普"渐变效果和韵律线，强调虚实和层次。

图2-143　综合表现法插图实例

(资料来源：《国际税收》2013年2期：P68)

第三章

整体设计的依据

绘画：是指用笔、墨、颜料、板刷、画刀等工具材料，在纸、纺织物、木板、墙壁等平面（二维空间）上塑造形象的艺术形式，现在又有了鼠标画、数字画的现代平面画种。设计则是把一种设想通过设计规律、构成原理、各种形式表现出来的结果，可以把任何造物活动的计划技术和计划过程理解为设计，分为平面设计、建筑设计、服装设计等。如封面设计、版式设计、插图设计就是平面设计的范围。鼠标画就包含着设计理念在里面。其实绘画的构思也包含着设计理念在里面。绘画诠释设计，设计加深对绘画的理解。设计师和画师很多时候都是有共性的，二者皆精通的人很多，这其中又可以以文艺复兴时期的达·芬奇为突出代表。

设计产品被大众接受与喜爱，是设计工作者的终极目标。但设计并非像现代绘画那样充分表露个性，设计界还是有很大约束的，尤其是期刊设计，是有国家出版标准要遵守的。这也是实用美术的性质所在，它要适应行业规范和工艺的要求，所以设计的专业基础就是适合纹样。在规范中求得自由。

经济效益与社会效益，在期刊设计中社会效益是排在经济效益之前的。设计师还要更多地考虑外在因素，你所设计的期刊面对的读者群是哪些？设计的口味以及定位，是否有吸引人的创新点？用什么纸张打印？……这些虽然是条条框框，却也是一个打造优秀设计师的“框架”，因为一个优秀的设计师，往往就是能在这些条条框框内游刃有余的发展创造。但作品的生命力还要看创新手法。

期刊设计作为商品具有阅读价值和欣赏价值，因为其本身就是为读者服务的，需要既可以很好地阅读文字，又可以很好地欣赏设计风格，用赏心悦目来形容也不为过。作为刊物，设计的第一要求是必须符合国家相关标准，而最终价值还是得落地到读者满意度和定刊量身上——这是对刊物肯定的直观表现。因此设计师在设计时需要知晓刊物受众主体，分析他们的工作心理和阅读心理，基于此来进行刊物的设计创作，此创作的成功与否靠读者和评审的满意度。与此同时，还需要时时不忘国家相关标准的严格要求。达到了这两点就可以去细化到追求形式美和内容美的境界了。

第一节　严格执行国家标准

期刊是由四封（封面、封二、封三、底封）和内文（版权页、目次、刊眉、标题、内容提要、正文、小标题、表格、图表、脚注、参考文献）组成的。这些内容的编排质量，国家出版标准都做了严格的规范，都是有章可循的。

一、期刊封面要体现的内容

期刊应当在封一明显位置刊登期刊名称和年、月、期、卷等顺序编号。如果是增刊还需要标注“增刊”字样，如果是合订本还应当标注“合订本”字样。外文期刊应当同时刊登中文刊名，少数民族文字期刊应当同时刊登汉语刊名。国内统一连续出版物号（CN），领取国际标准连续出版物号（ISSN）的期刊应当同时刊登国际标准连续出版物号，期刊增刊应当刊登增刊备案号。

期刊应当在封四或版权页上刊登期刊名称、主要责任单位（主管单位、主办单位、出版单位）、印刷单位、发行信息（包括发行方式、发行单位、邮发代号等）、出版日期、总编辑（主编）姓名、定价（或“免费赠阅”字样）等。公开发行的期刊应当在封一或封四刊登期刊条码。

期刊刊登广告应当在明显位置注明“广告”字样，不得以新闻形式刊登广告。

二、期刊内页的内容及设计要求

（一）对版权页的内容要求

要在期刊正文之前或封四上设立版权页，版权页刊登的项目（除期刊名称外）需与封一或封四保持一致。

标识性文字禁止使用夸大事实的宣传用语，如“世界排名第×名”“全球发行量最大”“中国唯一”“获奖最多”等。

（二）对目次（目录）页的内容要求

目次是单册期刊刊登的全部文章或其他内容的题名、责任者和所在页码的简明标目表。

1. 目次页包括以下内容

（1）标示文章或其他内容的完整题名（及其可能有的副题名）。

（2）标示对文章或其他内容进行创作、整理、翻译、注释等负有直接责任的著者（自然人、法人或团体）。

（3）栏目：按内容、性质、表现形式或所属学科分支，将同范围、同类型或同主题的一组文章等分类编排所用的标目。

（4）目次表应标示当期期刊登载的论文、评论、图片、通讯、消息以及补白和更正等的题名、责任者、所在页的起始页码或起止页码，以及分栏目编排的栏目名称。所刊登的广告宜单列广告目次，在广告目次上方应标示“广告”。

（5）目次表的各条目可按其内容的重要性分为主要条目组（一般为期刊的主体文章、图片和评论等）和次要条目组（一般为通讯、消息、补白和更正等），也可按栏目名称将栏目分类编排。

（6）目次表的主要条目应包括对应内容的题名项、责任者项和所在页的起始页码或起止页码，次要条目至少要包括对应内容的题名项及其所在页的起始页码。广告目次中一般只列广告发布者名称及广告内容的起始页码。

2. 目次页编排基本规则

（1）期刊每期均应有目次表，同一期中还可有目次表选录。

（2）目次表条目应与其对应的内容一致。

（3）目次表应独立成页，不宜编入正文的连续页码。目次表为多页并有必要时可用罗马数字单独编码，以便于查阅和复制。

（4）目次表可以用1种以上语言文字。

3. 目次页在期刊中的位置

（1）目次表一般应置于封二后的第1页，如需转页应转至第2页。目次表也可以置于封一、封二、封三或封四，但目次表的位置在一种期刊中应各期相同，如要变更时，应从新的一卷（年）的第1期开始。

（2）如目次表置于封一，可接排在封二，也可接排在封四；目次表置于封四，可接排在封三。

4. 目次页编排细则

（1）目次表的表题为“目次”。

（2）目次条目的内容一般按题名项、责任者项、起始页码或起止页码的顺序排列；也可将所在页码置于题名项前。

（3）在题名项和责任者项之间宜留空或以细点线连接。

（4）期刊可设立1种或多种栏目。目次条目可分栏目或按文章主题分类分别汇集编排，同一栏目或同一类的文章应按其在期刊中的先后次序排列。栏目名称的字体应与目次条目中各项字体有所区别。主要条目组的栏目应排在次要条目组栏目的前面。

（5）责任者项为多责任者时，各责任者间可用逗号隔开或留空。

（6）译文应在题名后加注原著语种标志，原著责任者的译名后用圆括号注明其国别。

（7）分期连续刊载的文章，在目次表所载该文的题名后应分别用圆括号加注“待续”“续1”“续前”或“续完”等字样。

（8）目次表中应刊出各篇文章的起始页码或起止页码。刊出起止页码时，起始页码与终止页码之间用半字线（–）连接表示。

（9）封面及插页上重要的图片、插图、附表的条目，也应在目次表中列出。

（三）对正文刊眉、页码的内容要求

1. 期刊的页眉

（1）刊眉应与目次相对应（栏目：按内容、性质、表现形式或所属学科分支，将同范围、同类型或同主题的一组文章等分类编排所用的标目），置于版心上方或左右切口方，具体排法见下节“工作依据编辑手册”。

（2）页眉和单排的页码、边码作为行数或每行字数计入正文，一并计算字数。

（3）图书书眉设置的基本要求包括（同样适合期刊要求）：

① 应选用具有提示性的信息；

② 若使用不同层级标题时，双页面标题层级应高于单页码面标题；

③ 通常置于版心与上切口之间的空白处，字横排；若置于版心与侧切口之间的空白处时，字竖排；

④ 宜置于距离切口不小于5mm的位置。

2. 期刊的页码

（1）应用阿拉伯数字将全卷（年）各期的正文部分依序连续编码，也可每期从第1页开始单独编码。

（2）期刊页码的标志，应置于各页的固定位置。若需变更，宜从新一卷（年）的第1期开始。

（3）在正文部分如有图版和折页，应作为正文的一部分一起编排页码。广告或有不属于正文的其他内容，并能独立成张、可以在期刊合订成卷时剔除者，应另编页码，不得与正文页码混同。

（4）封一、封二不应编入期刊的连续页码。封三和封四，如连续刊登正文，应编入期刊的连续页码；如系空白页或只刊载广告和其他非正文内容，则不编入期刊的连续页码。

（5）图书页码设置的基本要求包括（对图书的要求也适用于期刊）：

① 宜置于距离切口不小于5mm 的位置；

② 应置于版面相对固定的位置；

③ 目次及前后独立部分宜分别设置页码；

④ 可采用阿拉伯数字、罗马数字、汉字数字连续编码；

⑤ 每一个连续页码的计数序列应采用同一种字体；

⑥ 书页的正面用单数，背面用双数；

⑦ 封一、封二、封三和封四不编页码；

⑧ 不影响正文内容完整性和连续性的插页可单独编页码；

⑨ 页码字号应与正文字号相匹配。

（四）期刊内文内容元素的编排

1. 一种期刊的各期，应力求将文章题名、层次标题、正文和如果有的摘要、脚注、图表、参考文献等，用不同的字体和字号以及在编排形式上区别开来，并保持各期排印格调统一。如需要变更，宜从新一卷（年）的第1期开始。

2. 期刊文章的正文部分，其字号不宜小于汉字5号字，参照GB/T 18358 的规定，供少年儿童阅读的期刊应不小于汉字 5 号字。

（五）期刊正文的编排

1. 期刊正文部分各篇文章的编排格式，力求统一。分栏目编排的期刊，同一栏目内各篇文章的编排格式，力求统一。

2. 正文部分应根据需要在页眉或其他适当位置标志便于迅速识别的下列项目（我刊是放在了页码的位置）：

（1）刊名（外文并列刊名可缩写）；

（2）出版年、卷号、期号；

（3）第一著者或全部著者和文章题名。

3. 每篇文章应列出全部著者姓名及其所在单位、通信联络方式（必要时）。著者姓名一般列于文章题名下方，对于简讯、补白等可列于文末。

4. 每篇文章一般应按其连续页码顺序排印。如确有必要转页，应在中断处注明“下转第 × 页”，在接续部分之前注明“上接第 × 页”。一般不应逆转。

5. 凡分期连载的文章应在每期刊出部分的题名后加注续次号，如“续前”，或“续 1”等，除最后一次外，每次刊出部分的文末注明“待续”，最后一次的文末注明“续完”。

（六）期刊正文内容提要关键词编排

1. 排序

关键词应按照反映主题的重要性排序。表达核心主题因素的关键词排在前面，表达非核心主题因素的关键词排在后面。

2. 编排格式

（1）关键词宜置于摘要之后。

（2）在关键词之前宜加“关键词”字样，并在其后加冒号。

（3）关键词之间宜用分号隔开，最后一个关键词后面不加标点符号。

（六）期刊正文表格的编排

表格是按一定逻辑关系排列单元格，用于显示数据、事物分类等，便于直观呈现、快速比较和引用分析的表达形式。

表格由表号（表格的编号）、表题（表格的名称）、表头（对表格各行和各列单元格内容进行概括和提示的栏目）、纵表头（纵向排列的对表格各行单元格内容进行概括和提示的栏目）、横表头（横向排列的对表格各列单元格内容进行概括和提示的栏目）、表身（表头之外的单元格总体）、表注（对表格或表格中某些内容加以注释或说明的文字）构成。

1. 表格的构成

表头和表身构成表格的主体，一般分为行和栏。横线称为行线，竖线称为栏线。表头与表身之间的线称为表头线。表格的四周将表头和表身一起围住的线统称表框线，表框线包括顶线、底线和墙线。

2. 表格的要求

（1）表号

表格应有表号并应在正文中明确提及。

① 表格可全文依序编号或分章依序编号。

全文依序编号，方式如“表1”“表2”。

分章依序编号，方式如“表1–1”或“表1.1”，前一数字为章号，后一数字为本章内表格的顺序号，中间用分隔符“–”（短横线）或“.”（下圆点）连接。

② 期刊论文宜全文依序编号，图书宜分章依序编号。

③ 只有一个表格时仍应编号。期刊论文可用“表1”，图书可用“表1–1”或“表1.1”。

④ 全书或全刊的表格编号方式应统一。

⑤ 表格编号方式应与正文中插图、公式的编号方式一致。

（2）表题

① 表格应有表题。

② 表题应简练并明确表示出表格的主题。

（3）表头

① 表格应有表头。

② 表头中不应使用斜线。

③ 表头中的栏目归类应正确，栏目名称应确切、简洁。表头可分层。

④ 表头中量和单位的标注形式应为“量的名称或符号/单位符号”。

⑤ 表格中涉及的单位全部相同时，宜在表的右上方统一标注。

（4）表身

① 表身中单元格内的数值不宜带单位。

② 表身中同一量的数值修约数位应一致。如果不能一致，应在表注中说明。

③ 表身中如果一个单元格内包含两个数据，其中一个数据应用括号括起，同时需要在表头或表注中说明。

④ 表身中单元格内可使用空白或一字线“—”填充。如果需要区别数据“不适用”和“无法获得”前者可采用空白单元格，后者可采用一字线，并在正文或表注中说明这种区别。

⑤ 单元格内的数值为零时应填写“0”。

⑥ 表格中上下左右的相邻单元格内的文字、数字或符号相同时可分别写出，也可采用共用单元格的方式处理。

（5）表注

① 表注宜简洁、清晰、有效。对既可在表身又可在表注中列出的内容，宜在表身中列出。

② 表格出处注宜以“资料来源”引出。

③ 全表注宜以“注”引出。

④ 表格内容注应按在表中出现的先后顺序，在被注文字或数字的右上角标注注码（宜采用圈码），在表下排注码和注释文字。

⑤ 表格有两种或两种以上注释时，宜按出处注、全表注、内容注的顺序排列。

3. 表格的分类

（1）全线表

表格外框有表框线，各项之间有行线、栏线的表格。

（2）省线表

省略墙线或部分行线、栏线的表格。只保留顶线、横表头线和底线的省线表为三线表。

（3）无线表

既无表框线，也无行线和栏线的表格。

4. 表格的内容要求

（1）表格内容与正文配合应相得益彰，内容适合用表格表达。

（2）表格应具有自明性和简明性，栏目设置应科学、规范。

（3）表格中的数据应具有完整性和准确性。

（4）表格中连续数的分组应科学，不得重叠和遗漏。

（5）表格中的数值修约和极限数值的书写应符合GB/T 8170 的规定。

（6）表格中的量和单位的名称、符号及书写应符合GB 3100 和GB/T 3101 的规定。

（7）表格中数字形式的使用应符合GB/T 15835 规定。

（8）表格中的科学技术名词应符合CY/T 119 的规定。

（9）表格中的术语、数值、符号等应与正文以及同一文本中其他表格中的表述一致。

（10）全书或全刊的表格的表号、表题、表头、表身、表注的格式应统一。

5. 表格的编排要求

（1）一般要求

① 表格宜随文编排，排在第一次提及该表表号的正文之后，其中插页表的编排见（折叠处理）的规定。如果版面无法调整时，可适当变通。

② 表格不宜截断正文自然段，不宜跨章节编排。

（2）表格各部分的版式要求

① 表号和表题

a. 表号和表题应置于表格顶线上方，宜居中排。

b. 表号应置于表题之前，与表题之间留一字空。

c. 表号和表题的排字宽度一般不应超过表的宽度。表题较长需要转行时，应从意义相对完整的停顿处转行。

② 表头和表身

a. 多层表头应体现层级关系。三线表横表头有第二、第三层级时，每个层次之间应加细横线分隔。

细横线长短以显示清楚上下层的隶属关系为准。纵表头有第二、第三层级时，宜依次右缩一字。

b. 横表头各单元格内容宜居中排。纵表头各单元格内容宜左齐排。

c. 表身中行和列的数字、文字、图形宜对齐。

d. 表身中同一列中相同量的数值宜对齐，以个位、范围号、正号“+”、负号“–”等为准。

e. 表身各单元格中的文字为多行叙述时宜左齐排。

③ 表注

a. 表注宜排在表格底线下方。排字宽度不宜超过表格宽度，首行距左墙线一字空或两字空排。不应与正文注释混同编排。

b. 全表注的注文如果多于一条，各条之前宜加上用阿拉伯数字表示的序号。每条注文应独立排为一段，末尾用句号。

c. 内容注的注文可分项接排，也可独立排为一段，注末应用句号。

（3）表格用线和用字

① 表框线应用粗线，其他用细线。

② 表号和表题的用字宜小于或轻于正文用字，字体宜重于表格其他部分的字体。

③ 表头、表身和表注的用字宜小于正文用字。表头用字不宜大于表题用字，表身用字不宜大于或重于表头用字，表注用字不宜大于或重于表身用字。

④ 表格用线、用字宜全书或全刊一致。

（4）表格编排的技术处理

① 串文排和通栏排

a. 表格宽度不超过版心宽度的1/2时，宜串文排。

b. 表格宽度超过版心宽度的1/2时，宜通栏排。

② 转页接排

a. 表格一面排不下时，可采用转页接排的方法处理。

b. 转页接排的表格应重复排横表头和关于单位的陈述，并在横表头上方加“表××（续）”或“续表”字样。

c. 前页表格最下端的行线应用细线，转页接排表格的顶线应用粗线。

③ 跨页并合

a. 如果表格的宽度相当于两个版心宽，可将表格排在由双码和单码两个页面拼合成的一个大版面上。

b. 跨页表格应从双码面跨至单码面，表号、表题居中，表注从双码面跨至单码面。

c. 跨页表格并合处的栏线应置于单码面，排正线，行线对齐。

④ 卧排

a. 表格宽度超过版心宽度、高度小于版心宽度时，可卧排。

b. 卧排应符合CY/T 120—2015 中6.6.2d的规定。

c. 卧排表多面接排时，从单双码面起排均可，不在一个视面上的接排表应重复横表头并加“表××（续）”或“续表”字样。栏线应对齐。

⑤ 长表转栏

如果表格行多栏少，竖长横窄，可将表格纵向切断，转成两栏或多栏。表格转栏排后，横表头相同，

纵表头不同，各栏的行数应相等，栏间应以双竖细线相隔。

⑥ 宽表分段

如果表格栏多行少，横宽竖短，可将表格横向切断，排成上下叠排的两段或多段。表格分段排后，横表头不同，纵表头相同，上、下两段中间应以双横细线相隔。

⑦ 表头互换

如果表格版面受限，或栏目设置不合理，可将横表头和纵表头作互换处理。横、纵表头互换时，表身中各单元格内容应作相应的移动。

⑧ 折叠处理

如果表格尺寸大于页面且不适合采用CY/T 170—2017 7.4.1 ~ 7.4.7 中的方式处理，可折叠处理为插页表。插页表不与正文连续编页码，但应在相关正文中提及

表号或标注其位置。

（七）期刊正文图表（插图）的编排

插图，排在文字中间配合说明内容的图。由线条或色彩构成的形象。分线条图（由点、线或色块构成的图）和连续色调图（明暗或色调层级连续变化的图）两种形式。

1. 图表（插图）的构成

插图一般由图、图号、图题和图注构成。

（1）图号，插图的编号。

（2）图题，插图的名称。

（3）图注，对插图或插图中某些内容加以说明的文字。

2. 图表（插图）的分类

（1）按插图的表现方式或制作方式可分为线条图和连续色调图。

（2）按插图的内容可分为坐标曲线图、结构示意图、工作原理图、流程图和地图等。

（3）按插图与正文文字的位置关系可分为串文图和通栏图。

（4）按插图所占的版面可分为页内图、跨页图和插页图。

（5）按插图的颜色可分为单色图、双色图和多色图。

3. 图表（插图）的要求

（1）图表（插图）

① 内容与形式应力求统一。风格、体例应一致。

② 线条图应清晰，线型选用、线条粗细应规范，色调准确，图形布局合理、大小适当。

③ 连续色调图应清晰，层次感和饱和度适当。

（2）图表（插图）的图号

① 正文中提到的插图应编号，并在正文中用同一编号提及。

② 插图可全文依序编号或分章依序编号。全文依序编号，方式如“图1”“图2”。

分章依序编号，方式如“图1–1”或“图1.1”，前一数字为章号，后一数字为本章内插图的顺序号，中间用“–”（短横线）或“.”（下圆点）连接。

③ 期刊论文宜全文依序编号，图书宜分章依序编号。

④ 只有一个插图时仍应编号。期刊论文可用“图1”，图书可用“图1–1”或

"图 1.1"。

⑤ 分图宜使用字母编号。

⑥ 全书或全刊的插图编号方式应统一。

⑦ 插图的编号方式应与正文中表格、公式的编号方式一致。

（3）图表（插图）的图题

① 插图宜有图题。

② 图题应准确、简明地阐释插图内容。

（4）图表（插图）的图注

① 图中未能表达又需要表达的信息应在图注中加以说明。图注分为图元注和整图注。

② 图元注是图构成单元或元素的名称或对其所做的说明，可直接标注在图元附近或者通过指引线标注。图元注数量较多或文字较长时，可通过指引线标注注码（阿拉伯数字或拉丁字母），在图下或图侧集中放置注码和注文。注码应按顺时针或逆时针方向顺次排列。

③ 图例是给出图中符号、图形、色块、比例尺等的名称和说明的图元注。图例系统应完备、一致。

④ 整图注是对图整体（包括图的来源等）所做的说明，可用"注"引出或用括注等形式表示。

⑤ 指引线应间隔均匀、排列整齐，不得相交。可画成折线，但只可曲折一次。

4. 图表（插图）的编排要求

（1）一般要求

① 插图宜随文编排，排在第一次提及该图图号的正文之后，不宜截断正文自然段，不宜跨章节编排。

② 插页图不与正文连续编页码，应在正文中提及图号或标注其位置。

（2）版式要求

① 图号和图题

a. 图号和图题一般应置于图的正下方。

b. 图号应置于图题之前，与图题之间留一字空。

c. 图号和图题的排字宽度不宜超过图的宽度。图题较长需要转行时，应从意义相对完整的停顿处转行。

d. 图号和图题的字号宜小于正文的字号。

② 图注

a. 图注的位置应安排合理。图元注应置于图号、图题上方，整图注应置于图号、图题下方。

b. 图元的注码与注文之间可用一字线或下圆点隔开，各条注之间宜用分号隔开，最后一条注末应用句号。注码不应排在行尾。

c. 图注的排字宽度不宜超过图的宽度。

d. 图注的字号宜小于图题字号或字体轻于图题用字。

（3）编排的技术处理

① 串文排和通栏排

a. 插图宽度不超过版心宽度的1/2时，宜串文排。

b. 插图宽度超过版心宽度的1/2时，宜通栏排。

② 卧排

a. 插图宽度超过版心宽度、高度小于版心宽度时，可卧排。

b. 卧排应符合CY/T 120—2015中6.6.2d的规定。

③ 转页接排

a. 插图由几个分图组成，在一个版面排不下时可转页接排。

b. 转页接排图可在首页末排图号、图题，在转页接排图的各页末重复排图号、图题（可选）并加“（续）”字样。也可仅在所有图都排完之后排图号、图题。

④ 跨页并合排

a. 插图图幅过大并且超出一页版面尺寸的整幅图，可将图分两部分在双码面和单码面上跨页并合排。

b. 插图由几个分图组成，正好占用两个页码，可在双码面和单码面上跨页并合排。

（八）期刊正文注释的编排

注释是对学术作品的某些内容所做的说明。

1. 注释的分类

（1）按加注者可分为：作者注、他人注。

① 作者注，著作中作者本人所加的注释。

② 他人注，著作中作者之外的人所加的注释。

（2）按注释的功能可分为：出处注、内容注。

① 出处注，标明正文中引用资料来源的注释。

② 内容注，对正文中相关内容进行解释、校订、补充和扩展的注释。

（3）按注释的位置可分为：脚注、尾注、夹注、边注、图注和表注等。

① 脚注，置于同页末的注释。

② 尾注、文后注，置于本篇文章后面的注释。

③ 夹注，置于行文中的注释。

④ 边注、旁注，置于版心一侧的注释。

2. 注释–编号制

依序在引文处标示注码，以对应的脚注或尾注呈现引文出处信息的文献征引方式。

3. 脚注的排法

（1）置于本页底部，与正文用脚注线隔开，按正文中出现的先后顺序排列，脚注线的长度应为版心的1/4。

（2）单列时应缩进两格起排，转行顶格（转行齐肩），句末加句号。

（3）注码宜全书统编或每面单独编排。

（4）编号与正文中的注码编号应一致。

（5）号应小于正文字号。

4. 尾注的排法

（1）尾注应在注的上方加排"注释"字样。

（2）各条尾注单列时应缩进两格起排，转行顶格，句末加句号。

（3）注文字号应小于正文字号。

5. 注码的形式及要求

（1）注码可使用阿拉伯数字、汉字、字母或符号序号等。

（2）文中的注码应紧跟被注文字，用右上角标标注。

（九）期刊正文参考文献的编排

参考文献，对于一个信息资源或其中一部分进行准确和详细著录的数据，位于文末或文中的信息源。

置于全书或相应章节篇目正文之后。若有尾注，位于尾注之后。参考文献著录规则应符合GB/T 7714—2015的相关规定。

三、中国标准连续出版物号 CN与ISSN

（一）连续出版物国内统一刊号

国内统一连续出版物号即国内统一刊号：国务院出版行政管理部门分配给在中华人民共和国境内出版的连续出版物的唯一代码。

1. 连续出版物

通常具有编号，无预定结束日期，具有固定名称，连续分册或分部出版的出版物。

（1）报纸

连续出版物的一种，以新闻为主要内容的散页定期出版物。

（2）期刊（杂志）

连续出版物的一种，定期出版，一年出版一期以上，通常汇集多篇文章。

（3）网络连续出版物

不断整合成更新的并通过网络面向公众出版传播的连续出版物。

（4）连续型电子出版物

以光盘和磁盘等形式向公众出版传播的连续出版物。

2. CN 元数据

描述国内统一连续出版物号的相关信息，用以标识对象并区别其他标识对象依据的数据。

（1）结构与格式

① 组成的结构与格式

国内统一连续出版物号由前缀标识“CN”，主体代码和附加代码三部分组成。CN与主体代码之间有半个汉字空格，主体代码与附加代码之间用分隔号“/”分隔，如下所示。

CN XX–XXXX X/YYY

② 前缀标识与格式

国内统一连续出版物号的前缀标识位于主体代码之前，采用2个大写英文字母CN表示。

（2）主体代码与格式

① 主体代码

国内统一连续出版物号的主体代码位于前缀标识“CN”之后，由6位数字组成，包括2位地区代码和4位地区序号。地区代码与地区序号之间用半字线“–”

分隔，如下所示。

XX–XXXX

② 印制与显示位置

a. 印制与显示字号

国内统一连续出版物号印制或显示在连续出版物上的字号应不小于五号字。

b. 印制在期刊上

国内统一连续出版物号应固定印在期刊版权页（块）、封一、封四下方等任意位置上。

c. 与ISSN一起印刷

当连续出版物有ISSN时，CN可与ISSN一起印制或显示，格式如下：

$$\frac{\text{ISSN XXXX–XXXX}}{\text{CN XX–XXXX/YYY}}$$

（GB/T 9999.1—2018 中国标准连续出版物号 第1部分：CN）

（二）连续出版物国际统一刊号

连续出版物和其他连续性资源需要一个简短、唯一和明确的识别代码已是国际共识。图书馆、摘要服务方及其他的内容用户，供应商、分销商及其他中间机构，出版商及其他内容提供商迫切需要一个标准代码。因为没有任何一种字母是大多数连续出版物生产者和用户都使用的，不同机构间的交流超越了国家的疆界，就需要一个数字的代码。因此，作为连续出版物识别代码的国际标准连续出版物号（ISSN）应运而生。

ISSN中国国家中心是ISSN国际中心指定的区域性机构，是国际ISSN中心网络的组成部分。ISSN中国国家中心于1985年正式成立，设在中国国家图书馆内。

1. 中国标准连续出版物号的结构

每个中国标准连续出版物号都是一种特定连续出版物或其他某一特定载体上的连续性资源的唯一标识符。

连续出版物，已独立的期或部分连续发行的连续性资源，通常有编号，没有事先确定结束时间。如：期刊、电子期刊、连续性名录、年度报告、报纸、单行资源的从编，以及在某段时间内发行的具备连续出版物其他所有特征的期刊和通讯（例如：某项活动的通讯）。

2. 术语和定义

（1）中国标准连续出版物号

在中华人民共和国境内分配的与国际标准连续出版物号（ISSN）的编码结构一致的连续出版物的标识符。

（2）国际标准连续出版物号（ISSN）

ISSN网络分配给连续性资源的一组由拉丁字母前缀“ISSN”和其后8位数字（包括一位校验码）组成的标识符。

（3）国内统一连续出版物号（CN号）

国家出版管理部门负责分配给连续出版物的代号。它以CN为前缀，由6位数字以及分类号组成。CN为中国的国名代码。

3. 中国标准连续出版物号（ISSN）的结构

中国标准连续出版物号（ISSN）由前缀ISSN和8位数字组成，结构格式为：ISSN XXXX–XXXX

其中8位数字使用阿拉伯数字0至9，最后一位（从右到数第一位）为校验码。

当ISSN与国际标准书号（ISBN）或为其他用途设计的代码在同一环境使用时，ISSN的书写或印刷要清晰地将ISSN与其他编码号系统区分开来。

国际标准连续出版物号，不反映连续出版物的语种国别或出版者。

4. 中国标准连续出版物号（ISSN）的显示位置与格式

（1）中国标准连续出版物号（ISSN）的显示

中国标准联系出版物号（ISSN）由前缀“ISSN”和两组数字组成。前缀“ISSN”与其后的两组数字之间使用一个半角空格相隔。两组数字中每4个数字为一组，两组数字之间用一个半角连字符“–”隔开。

ISSN应印刷在连续出版物第一期以及此后每期显著的位置，或应显示在现行集成性资源的每次更新的显著位置。

如果某种资源有ISSN，同时还有其他的标准编号，如丛编中的一卷有国际标准书号，这两种编号应一起出现，分别用前缀“ISSN”和“ISBN”或其他恰当的前缀标识。

（2）印刷型连续性资源上的中国标准连续出版物号（ISSN）的显示

中国标准连续出版物号应印在每期连续出版物显著的、固定的位置上。

在印刷时，中国标准连续出版物号（ISSN）应印刷在出版物的封面右上角、题名页、刊头、版权页（块）或目次页和封四下方。印刷格式举例如下：

ISSN 2095–5367

ISSN应尽可能印在封面的右上角。对于双向倒转出版物（即各自有ISSN号的两种资源双向倒转装订在一起），每种资源的ISSN应在各自资源规定的优先考虑的位置（如封面等上面提到的位置）。

第二节　工作依据编辑手册

前边有国家标准的界定，后边有编辑手册的规范，美编在这两个规则中发挥艺术设计之规律，在适合中求创新、求发展，永不背设计三要素之原则。期刊质量永有保证。

一、期刊的发排与规范要求

美编是干编排设计工作的，但前期发排工作的质量保证，对后期美编设计工作效率有至关重要的直接的影响，所以在这里摘录一段编辑手册，对发排工作的一些规范要求。

期刊的编辑工作：修改加工的内容。修改加工的内容，一是改正思想性、政治性的错误。二是改正知识性、科学性的错误。三是处理结构、逻辑不严谨的问题，纠正前后矛盾的现象，删消重复啰唆的赘文。四是修饰文字，订正错别字、不规范的简化字、异体字、外文字母，以及使用不当的标点符号等。五是统一名词、术语、计量单位和数字用法等。六是校定引文、索引，查对资料。七是处理插图、图表等。八是撰写卷首语、编者按、作者介绍、编者说明等。

修改加工文稿是一项政治性、学术性、技术性很强的工作，要求编辑人员要有高度的政治责任心，有认真细致的工作之风，加工文稿时，要集中精力，有耐心，要逐字、逐句、逐个标点审读加工，切忌疏粗大意，草率从事。

二、期刊的编排与规范要求

期刊的编排包括对封面、版权页和目次页、正文、文摘和主题词的编排，以及版式、年度总索引以及广告等的编排。

（一）封面、版权页和目次页的编排

1. 封面。封面（封一）上应在显著位置标出刊名，年、卷、期号，国际标准连续出版物号（被取代术语：国际标准刊号，即ISSN），条形码，主办单位等。ISSN号规定放于封面右上角，字号不小于小五号，条形码按规定放于封面的左下角。有关中国连续出版物号的国家标准内容，详见《GB/T 9999.1—2018 中国标准连续出版物号 第1部分：CN》《GB/T 9999.2—2018 中国标准连续出版物号 第2部分：ISSN》。

2. 书脊。凡书脊厚度大于或等于5mm者均需在书脊上完整地标识出：刊名，卷号，期号和出版年份。当采用骑马订或书脊厚度小于5mm时，可将书脊内容放于封四，距书脊边缘不大于15mm处，此时可以纵排或横排。纵排时，年份、月份、卷号、期号可用中文数字。关于书脊的定义、内容和设计规则详见国家标准GB/T 11668—1989《图书及其他出版物的书脊规则》。

封一至封四均不编入期刊的连续页码。

3. 版权页。版权页应放置于封二或目次页下，封四，其位置应相对固定。对于学术类期刊放于封四的较多，对于技术类期刊放于目次页下的较多。

版权页应著录的项目：中文刊名、期刊、年卷期号（总期号）、创刊年份、出版年月（对半月刊及旬刊还应标注“日”）、主管单位、编辑单位（包括地址、邮编、电话，还应包括E-mail及网址）、出版单位、印刷单位、发行单位、发行范围、国内统一连续出版物号（被取代术语：国内统一刊号，即CN号）、订购处、邮发代号、广告经营许可证号、定价（全年及每期）、主编姓名等。对于向国外发行的期刊还应给出英文版权页（主要项目）。

目次页以置于封二或封二后的第1页为宜，且每期目次页的位置应相对固定。

目次页上应标示刊名、年、卷、期号。当为半月刊或旬刊时应注明出版日。当目次较多（超过十条）时，或编排需要应开设栏目。

开设栏目的目的是引导读者阅读，树立期刊的形象和特色，以及完善期刊结构等。

（二）正文页的编排

期刊正文编排首先是版面安排，是通栏排、双栏排，还是三栏排，主要由期刊的性质确定。对于学术性期刊，由于文章较长，公式较多且长，一般采用通栏排，若采用大开本者亦可用双栏排。技术类期刊一般均采用双栏排，对于采用大开本者亦可三栏排。科普类期刊为版面活泼可采用双栏和三栏混排。

1. 页码及页眉

（1）页码。页码一律用阿拉伯数字。期刊每期的总页码应固定不变。

期刊的首页应为单数码，单数码在右页，双数码在左页，均排在切口侧。

页码可排在上角或下角，也有排在版心下面居中排的。页码所用字号一般为小五号或六号。

（2）页眉。为便于读者迅速识别需要的项目而编排。

页眉著录的项目包括：刊名、出版年份、卷、期、题名、作者。

页眉可分为上页眉或下页眉，一般均采用上页眉。

页眉的编排，一般页眉均排在版心之外，并用线与正文分开，此线可用正线，也可用反线，此线称页眉线。页眉在每篇文章的首页一般采用双正线，其余页采用反线。每篇文章首页的页眉居中排刊名，左侧排出版年、月、右侧排卷、期。也有用中、英文排出的，即页眉占两行，左侧可排中文的卷、期和出版年、月，右侧排英文的卷、期和出版年、月，刊名中文在上，英文在下。除文章首页外，单页码自左侧缩一格排卷、期号，居中排作者及题名，有多名作者时只排第一作者，靠右侧缩一格排页码；双页码自左缩一格排页码。居中排刊名，右侧缩一格排出版年、月。

2. 题名

题名应简单明了，概括文章主题。

题名用字应醒目大方，字体适当，重要文章题名字号不应小于三号。

题名的排式应美观，当题名较长需转行时，应在能停顿处转行，不要把一个词从中间分开转行。

3. 作者

作者著录在题名之下，如有多名作者，两位作者之间空一个（或多个）字符。

除著录作者姓名外，还可著录作者所在单位、邮政编码及职称等。

消息动态、报道性文章等非重要文章的作者一般放于文章末尾。

还可著录作者简介，一般将其放在文末，也有当简介很简单时放在文章首页末尾的，也有的刊物作者单位及通信地址采用脚注的办法放于文章首页末尾的收稿日期上方。

4. 收稿日期

一般用六号宋体字排在文章首页末尾，一般用九字长正线与正文分开，顶格排，也有的放于文章末尾。其表示方法按GB/T 7408—1994《数据元和交换格式

信息交换 日期和时间表示法》来表示，有两种形式，例如，表示1997年7月1日为：19970701或1997-07-01。

5. 文章的标题层次

与图书相同，层次的标题起着提纲挈领地揭示和概括该标题所属的内容，从而帮助读者理解内容并便于查阅的作用。有多级标题的图书，目录中最少应收入两级。

标题的版式包括标题的字级、字体、字空、占行和转行等同样适用于期刊：

（1）标题的字级、字体

标题的字级、字体依据图书类别、开本、标题等级及用字原则选择。对马列、政法、哲史及科技类等较严肃的图书，不宜选择过于艺术化的字体；小开本字级选择尽量小和少一些；标题层级比较多的情况下，需要字级有序，字体以及轻重也需要保持一致；同一字级的标题，字体的选择必须按由重到轻的规则。

（2）标题位置

标题位置有居中和居左两种样式。一、二级标题多居中，标题文字较多的，以居左为宜。

（3）标题字空

对字数较少的标题，为了不失衡，可适当增加字空。标题加字空的规则为：开本较大的，可二字空二字，三字空一字，四字空二分之一字，五字空四分之一字，六字及以上不空；开本较小的，可二字空一字，三字空二分之一字，四字空四分之一字，五字空八分之一字，六字及以上不空。

（4）标题占行

标题在版面上占一定的行数，既为字级大于正文的字级提供了必要的空间，同时又形成了标题在一定空间中鲜明、突出、醒目的效果。不同等级的标题占用的行数有比较严格的规定。一般来说，一级标题可换页，也可换面；排正文的话，就不能超过面总行数的三分之一了；二级标题，多占二至三行；三级标题，多占一至二行；四级以下标题，占一行或不占行。各级标题的占行数一经设定，全书必须统一。

两种特例：两级标题连排时，可省一行；某级标题沉底（即在该面最末一行），其他补救办法无法使用、这一面又有占行数较多的一级标题时，这级标题所占行数可减少一行。

（5）标题转行

期刊文章的标题字数的多少，确定了是否需要转行，其字数不能超过正文行长的五分之四，超过之后需要做转行处理。转行对齐方式可采用顶格对齐、齐眉对齐或居中对齐三种。居中对齐时，上行转行都要做居中对齐处理。切记转行操作不能影响人们对于标题内容和含义的理解，即①不能割裂复音词，不能分解词语；②所、者、之以及叹词都不能转为标题换行后的第一字；介词（如:以、为、于）与连词（如:而、则、与）不能单独留在上行末尾。

对标题层次设计时应注意（同样适用于期刊）：

（1）必须先了解全书或全套书的标题层次结构，全面考虑，尽量使整个标题的结构形式能表现出书籍内容的逻辑性。

（2）设计后的标题层次，应层次分明，前后统一，版式美观，风格一致，便于查阅。

（3）标题层次除上述所说情况外，还可运用梯形、数码、花边、线条、图案、网文、色彩及各种排式等方法加以区别。对少儿读物、通俗读物、文学艺术类图书，标题设计应新颖生动、吸引读者。

（三）文摘和主题词

1. 文摘

重要文章（除现场经验及补白短文外）应在题名、作者下正文上排出文摘，这时可不加著录项。若全本期刊的文摘集中在文摘页时，应逐条带有主要著录事项（后者现在用得越来越少了）。

文摘之上或之前应加“摘要”二字，用黑体排印。

文摘的字数应限制在200字之内（对指示性文摘而言），很重要的文章也不要超过300字。

不论版式是通栏还是双栏，文摘一律用通栏排出，一般应比版心小，即两侧各缩两格。

2. 主题词

凡有文摘的文章应在文摘下给出主题词（叙词或关键词）提倡采用叙词，以便于检索。

在主题词前排“叙词”或“关键词”，用黑体字排出，其后空一格或用冒号接排给出的主题词。有多个主题词时，两主题词间空一格，最后一个主题词后不加任何标点符号。

主题词的个数以多少为好？应以能反映文章的主题为准。目前，不少期刊均不少于三个。

（四）注释的编排法

注释是对图书（期刊）内容或文字加以解释的总称。注释有多种，分述如下。

1. 正文夹注

对正文中某一词语所做的诠释或对引文出处附带的说明，夹印于正文之内，称为正文夹注。其字体与正文相同，也可不同，常用圆括弧断开。

2. 脚注

脚注亦称“边注”“页末注”。脚注除了有与正文夹注一样的功能外，还可以对正文的内容起到订正、补充与阐述性的说明，文字相对夹注更多一些。在版心的位置上，需要用一条注线隔开，横版文字的脚注在本页文章的下方，竖排文字的脚注会放在当前文字页的左侧，采用略小于正文字号的字体。需要做脚注的文字或内容需要在右上角顺序编码；称为上角标，如①、②、③等，脚注的顺序需要和内文的编码顺序一致，一一对应。其编码以本面为限，另面仍从①开始。现在也可顺码，从文章开始直到文章结束。译校者所加的脚注，应在标注内容后的第一个句号位置加破折号，分别写上“译者注”或“校者注”的字样。

3. 文后注

内容与脚注相同。集中编排在图书正文的某一部分后，可是篇后注、章后注、节后注，或是全部正文后的书后注。被注文字按先后顺序编码，文后注的序码必须与其一致。

4. 呼应注

呼应注指：某一词语在前文中已有注释，若再次出现，则以此注注明参见某页某注，或根据该词语在不同处用法的差异进行说明，各有侧重，互相呼应。

对正文表格中的某一项目需要特别说明时，也用呼应注，列在表的下方。表中加注之处的右上角编码，如①、②等，呼应注的编码以本表为限。全表需要说明时，用“全表注”列于表的下方，前空两格写“注：”后接序号：“1.”“2.”等（如只有一项全表注则可省略序号），再接写注义，转行齐肩。全表注编码以本表为限，若表中有全表注又有呼应注时，应先写全表注，后另起行写呼应注。书写格式如图3–1所示。

表×× ×××××××××

	a①	
		b②

注：1. ×××××××××××××××××××××××××××××××××
××××××××××××××××。
2. ×××××××××××××。
① ×××××××××××××。
② ×××××××××××××××××××××××××××××××××××
××××××××××××。

图3-1 表格呼应注书写格式

（资料来源：蔡鸿程.作者 编辑 使用手册［M].北京：中国标准出版社，2003 :108.）

在设计注释时一般应掌握：

（1）要求版式美观，又能节省版面。设计效果有利于读者查阅，注文与正文应有区别，又不妨碍正文的连贯性。

（2）用字号大小来区别正文与注文。一般正文夹注比正文字号小一号字，脚注比正文字号小两号字。

（3）用排版格式来区分正文与注文。注文行长比正文行长短，行空比正文行空窄，注文与正文之间行空加大或用线条隔开，注释符号用角码、阴码、星花等标志，或用缩格、顶格、字空等形式去区分。外文书中的注文有时排在切口空白处。

（4）用字体来区分正文与注文。例如正文用宋体，注文用仿宋体或楷体。外文书中正文用正体，注文用斜体。

（五）文后参考文献的编排

文后参考文献编排遵循国家标准GB/T 7714—2015《信息与文献 参考文献著录规则》。

正文中引用的参考文献一般按正文中出现的先后次序，全书统一编号列于书后，或按篇、章编号列于各篇之后，但全书应统一。保密资料不能列入参考文献之中。

参考文献在正文中的表示方法是：阿拉伯数字序号加方括号，写在有关正文的右上角，如“二次铣加[1、2]”。文中直接提及的参考文献，则文献序号应与正文平排，如“由参考文献［4、8、10 ~ 14］可知……”。

翻译书的参考文献，不必译出，直接采纳原书参考文献。

（六）版式安排

版式应美观大方，不挤，不空，少转页，避免逆转，避免二次转页，避免“三接头”（即一页上面排三篇文章的末尾）、“四接头”。必须转页时应写上“下转第××页”“上接第××页”，并保证准确无误。

排版时还应注意：重要文章不要排于前一篇文章的末尾，版面剩余不足1/3时不应接排重要文章。每篇文章均从每面开始排，而剩余的空白均不补其他内容（学术类除外）。若转页后的地方太小，转来的字数多，勉强往里面挤，显得版面“黑乎乎一片”。

（七）总索引（总目录）

1. 应编印于每年（卷）最后一期，不应编印于次年第1期。

2. 应标示完整刊名及总索引包括的时间。

3. 总索引中每个款目的著录顺序为：“题名……作者（期号）、起始页或起止页”。

4. 可编排为分类索引、主题索引。

5. 避免各期目次的堆砌。

（八）广告

广告是期刊的经济支柱，各编辑部都极为重视广告的承揽和发布。但应注意不要在广告上犯错误。

期刊广告大多数由期刊社广告部全面负责，内容方面的禁忌由广告部把关。但明显错误，如尺寸、出血不对，图形像素达不到印刷要求，美编还是要指出并修正的。

第三节　与时俱进提升业务水平

一、配图来源与出处参考主流媒体

以前获取图片的渠道无非以下几种：自拍、向社会及系统征稿、购买新华社、人民画报等对外的资料库中可用的图片、购买正版光盘素材、网上图库素材。各出版机构尽量让美编、设计人员自行解决图片的来源问题。

自拍图片，时间成本、拍摄成本，比买图的成本还要高，最主要的是没有介绍信、记者证、各种证明文件，根本拍摄不到一手图片。手工画插图，你能画过大数据、碎片化的阅读速度吗？即便可行，那人工成本也是无法承担的。

我一直在执着的思索：电脑制图软件不能白学，绘画基础、专业设计能力不能白掌握，要结合自己的专业素养，发挥电脑制图的优势，进行二次创作，把数字图片变成数字素描、彩铅表现等画面完善的插图。经过一段时间的学习、探索和研究，一批批高质量的数字绘画插图诞生了！变“烫手的山芋”为美味佳肴，电脑作图速度快，近乎零成本，彻底解决了“无米下锅”的尴尬局面。

（一）拓展经济配图视野

主流媒体，在新闻报道中的配图给我们提供了素材。例如，中央电视台《新闻联播》报道“我国经济保持稳中向好态势”内容及配图效果：做好2017年经济工作要坚持稳中求进工作总基调，把握经济社会发展大局，努力提高经济运行质量及效益。今年1至2月份，随着供给侧结构性改革多项改革的持续发展，我国生产和需求有所回暖，国民经济运行延续了去年下半年以来稳中有进、稳中向好态势。国家统计局今天发布的数据显示，2017年开年以来，中国经济多项指标好于预期（此时配图：上海外滩影像）。1至2月份（出矢量动图），民间投资回升到6.7%，为去年3月份以来最快增速。前两个月……价格指数PPI由去年同期的下降5.1%转为增长7.3%，已经连续6个月保持正数增长（出矢量动图）。1至2月份，我国工业用电量同比增长6.9%，摆脱了去年同期工业用电量为负的局面（出矢量动图）。其中服务业用电量（此时配图：船舶、火车运煤、快递传送带、河流、高架桥、外滩、动车及车间生产场景等影像）更是明显提高。前两个月我国铁路货运量、电信、快递业务量都呈现大幅度增长，好于预期的背后是我国多项改革的持续发力。产权保护制度、商事制度等多项制度改革举措（此时配图：动车及车间生产场景等影像）持续推进，新产业、新业态、新动能加速成长（出矢量动图）。今年1至2月份全国新登记企业增长11.2%，日均新增1.2万家（出矢量动图）规模以上工业、高技术产业增加值同比增长12.6%，比去年12月加速0.4个百分点（出矢量动图）。随着供给侧结构性改革的深入推进（此时配图：鸟瞰城市、大桥、立交桥等影像），结构改革的成效继续显现。去产能（此时配图：煤炭加工企业的影像），今年1到2月份（此时配图：铲车将煤炭装载到火车上的影像）煤炭产量同比下降1.7%。去库存，商品房的待售面积1到2月份同比下降34.6%，比去年年底下降的幅度有所扩大。此外，企业的负债率主营业务的成本在1到2月份也有所下降，短板领域的投资在1到2月份持续下探。国务院发展研究中心……这些经济变化预示着今年会取得一个良好开局，这既得益于稳增长各项政策效果的显现，更得益于供给侧结构性改革对经济增长新基础的不断建立和巩固。改革释放新活力，经济发展更稳定。1至2月份（出重复的动图）全国规模以上工业增加值同比增长6.3%，增速比去年12月份加速0.3个百分点。1至2月份全国固定资产投资（出重复的动图）增速比去年全年加速0.8个百分点。1至2月份（出矢量图）城镇新增就业188万人，比去年同期多增16万人（出矢量动图），31个大城市城镇调查失业率（出矢量动图）的数据稳定在5%左右。今年以来，一些（此时配图：汽车制造影像）经济先行指标持续好转，制造业采购经理指数PMI连续五个月在51%以上，企业信心指数也连续两个月上升，这都显示企业对市场预期（此时配图：企业的影像，包括：港口集装箱、千斤吊、集装箱货轮）继续看好。（图3-2、3-3）

（二）优选范本再度创作

主流媒体在全国两会报道中的配图启发了我们今后创作的思路和形式，为我们设计技术插图起到了标杆和旗帜的重要作用。例如，中央电视台《新闻联播》报道“两会追踪看实干”的内容和配图：全国两会团组的审议和讨论中都有哪些殷切嘱托，各地又是如何推进实干的……今天播出第一集“用改革创新回应殷切嘱托。”参加团组审议和讨论的新闻报道中，最受关注和热议的词汇是‘创新驱

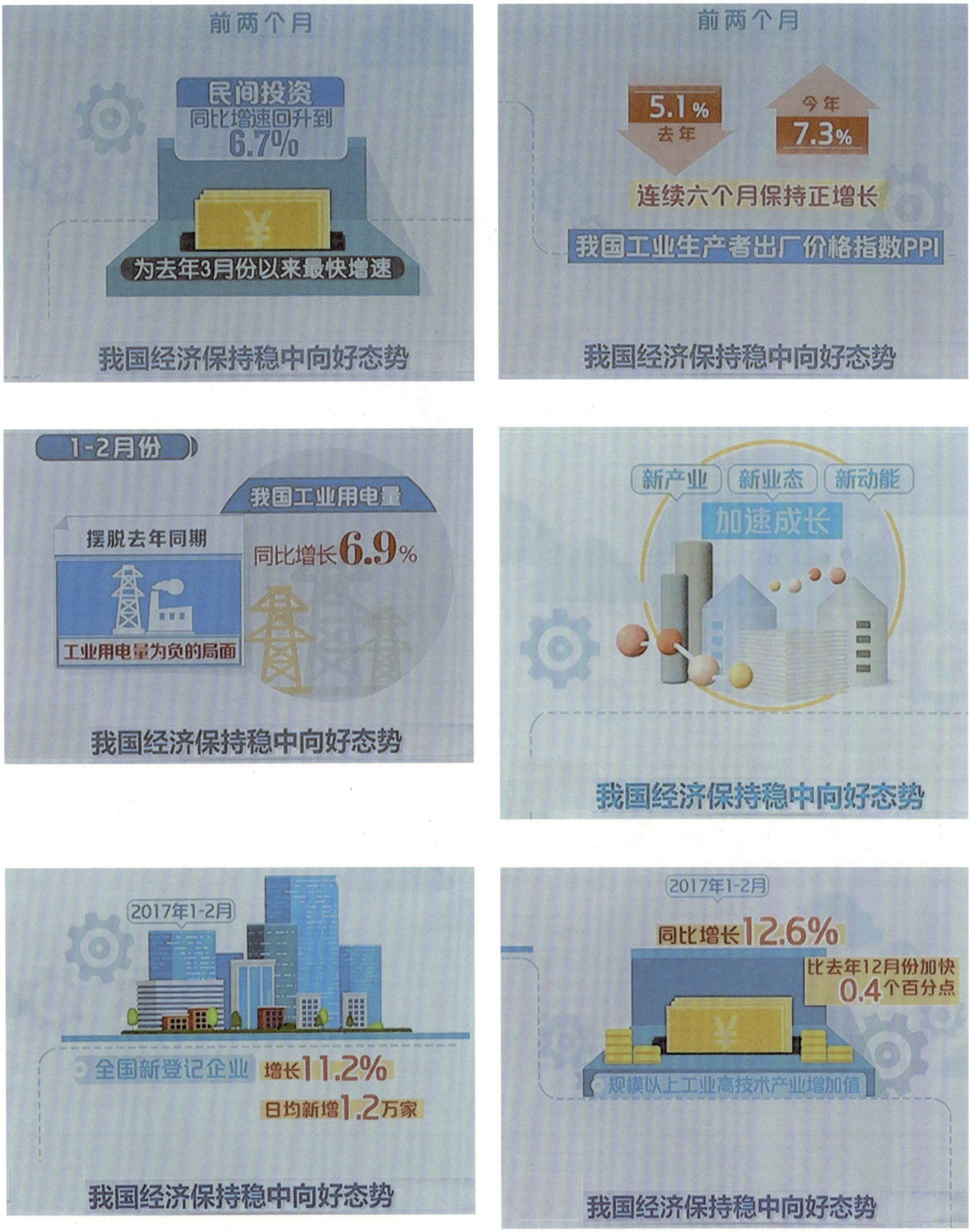

图3–2　视频截屏矢量图参考

图3–3　视频截屏成图片参考

动'（出矢量动图）。2013年至今，上海代表团审议，（出矢量动图）多次要求上海做改革开放的排头兵，创新发展先行者（出矢量动图）。上海自贸区既是创新的产物，更是培植创新的试验田。自2013年9月9日正式挂牌后，自贸区的外商投资负面清单，由最初的195条缩减到122条（出矢量动图），90%左右的国民经济行业对外资实现了准入前国民待遇（出矢量动图）。大数据显示（此时配图：地球动图、中国地形图），北京、上海、天津、广东的网民最关注创新的相关新闻，30岁到39岁的80后群体关注度高达49%，成为创业主力军（此时配图：剪影人物图形），他们有一定的社会经验，最具创新潜质。目前广东（此时配图：中国地图广东区域）、天津、福建第二批自贸试验区试点紧紧跟上，预定的改革发展任务90%以上得到实施（出矢量动图）。去年8月，中央决定新设定七个自贸实验区，至此1+3+7（出矢量动图）自贸试验区试点新格局已经形成。截至去年，自贸试验区吸引了全国10%的外资（出矢量动图），取得的114项试点经验均已复制推广到全国。通过对新闻报道解析、学习之后，进一步验证了主流媒体的配图思路和手法与我的配图风格同脉同源，可与同行分享。

以上报道，我整理出了30多张图片素材，其中的矢量图对观众起到了重点提示作用，加强视觉冲击力，提升视听兴趣。

这些矢量图的表现形式，可以结合期刊论文图表，以形象、块面构成的视觉图表形式创新设计制作出来，以图形化的数据图表增强读者阅读体验。（图3–4、3–5、3–6）

（三）以主流媒体宣传素材为“粉本”，创作鼠标画插图

我最初是以自拍题材创造出这种数字绘画。后来以主流媒体宣传素材为粉本，借助电脑进行创新集合的素描画、木刻版画等插图，成功率都在90%以上。有时原图“漫漶不清”的地方，经过电脑制作后，更加有含蓄的笔墨味道了。主流媒体宣传素材变彩铅画在最大限度上降低了成本，主题方向正确，配图内容丰富，寓意、联想在媒体报道的基础上会更加精准和便捷。

由于是二次创作，来源合理的图片都可以成为我的数字插图蓝本，只要它的像素合适，都可纳入我的素材收集范围。对主流媒体宣传素材的参考，使我的素材丰富，加之自拍素材、翻拍素材、正版图库素材，都可通过叠加、打散、重构得到我的插图蓝本。（图3–7、3–8、3–9、3–10、3–11、2–121）

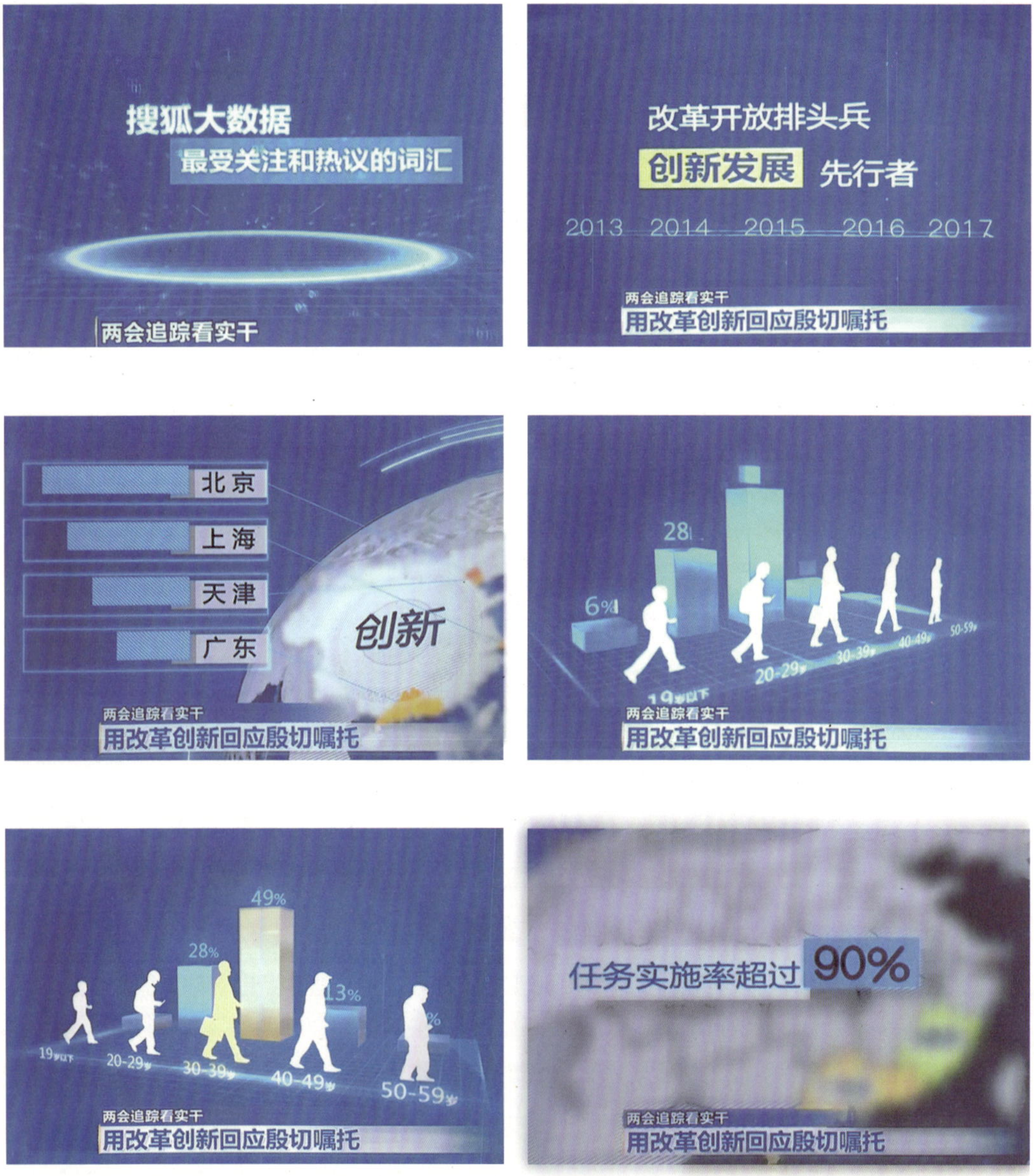

注：如果期刊出现版式空的地方，恰巧编辑部又没有合适的链接，就可以根据文章的内容插放一幅此类形式的技术插图，以活跃版面，丰富期刊内容及美观度。

图3–4 视频截屏矢量图参考

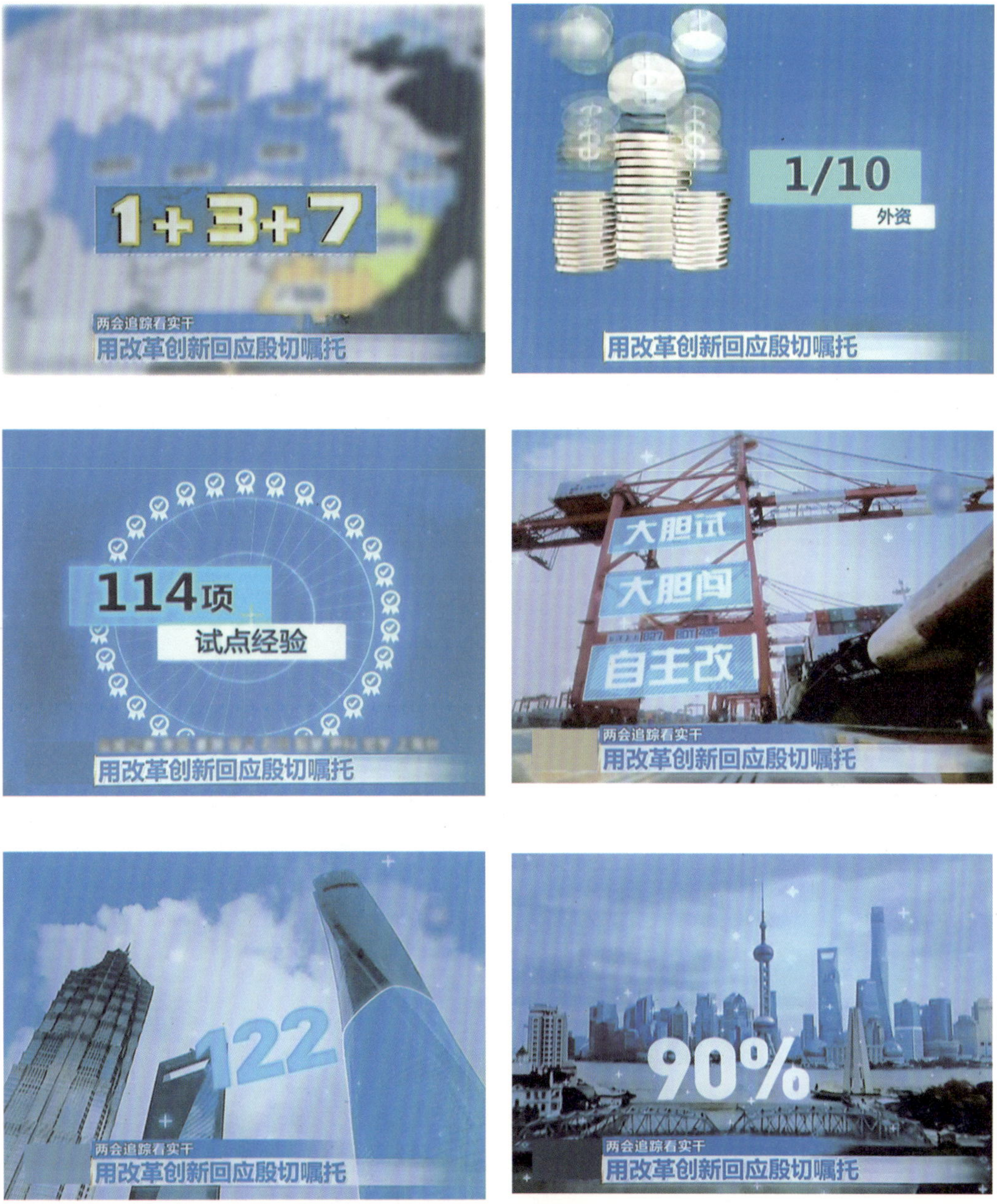

注：矢量静图上面出现变动的文字，光栅动图上面构成静止的主题宣传文字，这两种视觉形式都可以学习借鉴成期刊的插图形式。

图3–5 视频截屏矢量图、光栅图参考

注：能用的光栅图可以直接直接创新变为彩铅画，以备不时之需。也可根据此选题精准找到相关素材，进行集合创新。

图3–6　视频截屏光栅图参考

图3-7　视频截屏变彩铅画

注：中车（马来西亚）轨道交通装备有限公司生产车间。

图3-8　视频截屏变彩铅画

注：中车（马来西亚）轨道交通装备有限公司生产车间。

图3-9　视频截屏变彩铅画

注：中车（马来西亚）轨道交通装备有限公司生产车间。

图3-10　视频截屏变彩铅画

图3-11　视频截屏变黑白木刻画

二、摄影变成绘画表现，提高创作乐趣

（一）轮廓表现，以形写型，突出中国特色

中国画是书画同源的，中国的象形文字、彩陶图案中的线形表现，体现的是中国的形象思维。重象，由线上升到象，象的这种产生也更多是从轮廓着眼的。一个标志性的轮廓是很容易想起和看清楚的，再加上怎样描绘自然或物象的具体手段，营造出意境，即插图所要表达的文章隐喻或象征，所以以轮廓或剪影入画是很好的一种配图形式。

剪影题图画，就绘制过程而言，可能完成的时间很短，但需要大量的相关图片来适合造型的空间，因而会试好多遍。

首先把照片剪影化，剪影化图片是要有选择的，选择能够体现物象的角度和特征的图片，是要求物象图片丰富或拍照时就把剪影因素考虑进去的，后期提取时也方便快捷。

就简约的剪影插图画的艺术特征而言，它的构思时间相对会比较长，物象的简洁概括意味着对留白空间要求比较高，空间的美感那是要求艺术天赋和个人积累与修养的，也体现着作者对这种黑白空间转换的捕捉、掌控和灵变。

通过具象的摄影图片解构出概括的图形，凝重、浑朴。收集资料时重于轮廓，很多剪影观众会看不懂，如果再概括出一层点题图形，就像两套木刻或两色归纳画那样，形就准确和完整了。

以形写型的现代绘画概念，丰富和发展了这一传统的审美手段。

以形写型，“形”形状、形貌、形影。“型”是铸造器物的模子，是样式，是内容，是立体的。“形”是平面的，是轮廓，典型的“形”通过深入的加工写出丰富的“型”来。这一概念是史国良在书画频道举办的“中国现代写实人物画”高研班上正式提出来的，是“徐蒋体系”的继承与完善。它解决了中国画平面造型的平面问题，把光影、透视以写型的办法融入其中，丰富了中国画的视觉感受，解决了前辈们多年探讨的如何把西洋的立体造型能力融入中国画的笔墨之中的问题，从而发展了中国画的表现能力。这一理念更适用于电子题图或插图。它是利用“形”来写出文章所要表达的“型”，使图形内容与文章内容相得益彰，是文章内容的延伸和精神象征与精神内涵。

“型”在数码时代的今天，手机照相已做到随时随处，但除了基本的拍摄技巧外，要想表达得随心应手、恰到好处，那还是要专业人员的探索与研究了。繁、简是相对而言的，借助现代科技手段使复杂的东西表现起来很简便，这是一种简洁。

增强文章的视觉吸引力和内容趣味性，可使文章的阅读性大大提高，在美的享受中吸引读者，增强刊物的知名度，促进发行量的提高。

实践随笔1.中国特色的《国际税收》配图风格

“中国特色、国际税收”，题图就在这几个字上面做文章吧。长城和故宫——这两件“宝贝”已是中国在世界的通用标识了，可说是家喻户晓。而故宫里面的标志性建筑又非太和殿莫属了。太和殿，民间更喜欢叫它金銮殿，是中国现存最大的木结构大殿，是故宫中体量最大、等级最高的建筑物，也是中国建筑工艺的最高体现。作为举行封赏大典的场所，太和殿的建筑规制之高，装饰等级之齐全。其重檐庑殿顶是中国宫殿建筑史上独一无二的规格造型，更是世界独一无二的宏伟建筑，展现着中国建筑的最高形式。那就用太和殿作为中国特色的象征吧。

国际税收是指两个或两个以上的国家政府凭借其政治权力，对跨国纳税人的跨国所得或财产进行重叠交叉课税，以及由此所形成的国家之间的税收分配关系。那么港口、码头就可象征一个国家的对外窗口和通道了。从图库选一视角合适的港口图片，蒙于太和殿的形版中，象征、寓意“中国特色、国际税收”的插图就配好了。制作简洁，构思巧妙，手法新颖、寓意贴切，视觉效果非同凡响，具有中国特色、个人特色的题图完成了，这也是以形写型的代表作之一。（图3-12、3-13）

实践随笔2.为深圳经济发展题材的内容配图

图3-4是深圳市政府门前的拓荒牛（著者拍摄），摄影上没有什么特殊的技巧，注意了一下曝光时间。此图可作为资料性的图片收集。经过去背、归纳、提炼等艺术创意，一张剪影的黑白画应运而生了。

这一步的创作结果能让人联想到深圳开拓进取的精神，如果要让读者更加深刻地感受到深圳经济的蓬勃发展，还需要进一步丰富创作内容。

图库中找一张合适的深圳图片，把它嵌进剪影归纳图形中，一张反映深圳经济和税收协调发展的题图就跃然纸上了。简洁明了，地域性强，发挥了轮廓的独特表现，使题图既丰富又简洁，既符合时代要求，又有独特的视觉效果。以形写型体现得淋漓尽致，同时也展现了电脑制作的强大功能。（图3-14）

（二）用欧普艺术（光效应图案）丰富空间表现

作为绘画来说，难的事情就是归纳，归纳就是把主要的东西突出来，把次要的和人为的弱化或者虚掉。只有归纳才能使画面完整，观察和表现都完整后，虚实主次、黑白灰才能得体，画面才有可能“大气”。因为如果不用虚实的意识来归纳，所画的明暗没有为形体和空间服务，就没有神奇的效果。

处理好形体和空间是绘画的本质，缺乏立体感的造型是苍白无力的。

突出主题，将繁琐的、不入画的、远处的进行舍弃或弱化。虽然我们的照片前后没有太大的虚实变化，但必须清楚不同的距离和形体重叠后会产生不同的虚实，我们只有加强前后的虚实对比，才能营造出更加具有画意的空间感。因此只有刻意地虚化处理，才能使画面曼妙生动起来，才能使作品浑厚，切记不要抄袭自然，一定要体现归纳概括的意识。

有了虚实的概念，我们就会把自然界的光线运用好，把光加进我们的作品里，使画面唯美自然。光线用好了，虚实曼妙的效果就出来了，自然美不胜收。

图3–12　轮廓表现，以形写型插图实例

（资料来源：《国际税收》2014年9期：P6）

注：此图是以长城变黑白版画，叠套上海黄浦江码头俯视大图，点题"税收要为我国经济保障制度的发展贡献力量"。

图3-13　轮廓表现，以形写型插图实例

（资料来源：《国际税收》2014年12期：P6）

图3-14　轮廓表现，以形写型插图示例

实践随笔1：

天气好，利用休年假的时间到北京丰北路和杜家坎转一转。那里有工程车辆和建材市场，还有正在兴建的高架铁路桥，一派繁荣的经济建设场景。随走随拍，根据不同的题材有不同的构思，调整好光圈和抓拍速度，好的照片就有了。

图3–15是一张水泥罐运输车，片子很普通。运输题材，角度不错，把工程车提取出来就可以了。如何提取？如何以最快的速度去掉背景？时间、人力是最大的成本，这就是美术工作者的价值所在。

经过角度抓拍，后期提取，工程车的内在美淋漓尽致地挖掘出来了。图片简洁又主题突出，配增值税、运输工程等税收文章很贴切，这也是节约成本的办法。

工程机械车本身就很美，它是科学与美学完美结合的产物。

水泥罐车背景加一虚实处理的水泥厂图片，配营改增或小微企业的内容都可以。

这类题材和方法的配图，和标题做一个空间构成，图文并茂、相辅相成，增强了文章可视性，达到了吸引读者阅读兴趣的目的。

实践随笔2：

图3–16是一张数字照片，拍摄于北京西客站。当时天气好，等着火车开出或到来，把握好对车头位置的拍摄，一张客运、运输、能源等经济题材的摄影作品就完成了。

时间、地点、角度、天气都比较重要，另还需要具备构图常识，方能拍出好的照片。

作为经济题图或插图，直接用此图并没有问题，就是平庸了一点，更加艺术的效果和更美的元素还没有展示充分。最主要的是，艺术插图或题图在视觉上要有别于普通人也能拍出的数字图片，要体现美编设计人员的提炼与加工能力，增强视觉冲击力，使主题突出。

运用图形处理软件，对图片做进一步的艺术处理。首先去背，再做笔痕墨迹的处理，利用变形工具调整笔痕墨迹的形状，增强放射感，加强火车的运动感，处理后的图片比照片好看，也更艺术了。

似乎还欠缺点什么，就是虚实所产生的空间感。起层、镂空、蒙版，做光效应的机理处理，动车突出了，有速度，有内涵，一张较好的“营改增”或能源方面的题图就完成了。

注：水泥厂图片做了水平反转的处理，为了与水泥罐车光照来源保持一致。

图3-15　用欧普艺术（光效应图案）丰富空间表现的配图示例

注：1. 镂空去背是要一些时间和技巧的，尤其是电线塔和电线。
2, 莲花池公园里有一座土山，正好能看到西客站里发车的场景。笔痕墨迹虚化空间距离，又换了天空，镂图是此类作品共同的难点。

图3–16　用欧普艺术丰富空间表现与经济题材的创意摄影的配图示例

（三）人为拉大虚实空间，突出绘画表现

随机的摄影作品，在后期可调整细节，如用虚实来处理基调。假如你没有虚实的意识，则代表你不能将形体和空间建立起来，更谈不上加强主题素材了。艺术造型，主要是对三维空间的立体形象在画面中进行二维转换的过程。掌握虚实处理手法，是绘图的基本功。（图3–17、3–18、3–19）

三、原创插图实践展示

（一）行业实践发展的思考

期刊印前编辑工作程序分为发排（编辑部发齐、清、定原稿给美编排版部）和编排后发排（发四封和期刊内文的PDF文件给印刷厂）两大同等重要的工作。编排发稿是刊物印刷前的最后一道质量关。对刊物而言，组织稿件、编辑加工和设计版面是必要的三大工作，缺一不可。而设计版式，则是最后一道工序，是使刊物成型的重要环节，它的重要性绝不亚于文字编辑加工工作。刊物的质量固然首先取决于内容，但完美的形式可以帮助表达内容。因此，一本刊物的版式设计得好，自然就会使它的形式美观，增强其可读性。

刊物的编排工作，是在原稿的基础上，排出全部版样：排出目录、刊眉，编出正文页码序号，确定封一、封二、封三、封四的内容。校对、核红完成后，期刊全本PDF文件发印厂打印数码彩样，最后，全部送交主编，经主编全面审查后签发。

当主编审定签字后再返回印厂制版、印刷，本期刊物编辑、设计、排版工作圆满完成。

插图是书稿的重要组成部分，正确选择并绘制插图，能直观、形象、简洁地表达正文内容，帮助读者理解和记忆，有些插图还是指导读者具体操作的示范。所以插图与正文一样重要，不能出错。

对插图的要求是图面清晰、图稿的幅面不能过大或过小，插图的绘制及图中使用的名词术语、计量单位、元件代号、图形符号均要符合国家标准或行业标准，并与正文保持一致。

插图的图号应在正文中引出，以先见文后见图为原则。文稿中所用插图需在正文中相应处留出空白的位置，并画出框线。图号、图题应在图形下方居中排版，

注：用曲线收边，形成了空间层次又增强了律动对比，与吸箱车的矢量图形成呼应，使渐变的欧普网纹自然和谐。

图3-17　用欧普艺术（光效应图案）丰富空间表现的配图实例

（资料来源：《国际税收》2013年2期：P34）

注：大轱辘蓬车的镂空是要费一些时间的，而虚化空间处理就省时方便多了。

图3-18　人为拉大虚实空间的绘画表现示例

注：板车镂空去背，虚化空间处理后再进行彩铅画的制作，艺术效果突出。

图3-19　人为拉大虚实空间的绘画表现示例

图注在图号、图题的下面。除可直接排版的图外，需要描贴的图稿不要画在或贴在文稿中，应集中按章节顺序装在图袋中。

线条图应用仪器正规绘制，照片最好能提供原图胶片。如插图非常大，缩小后仍超出版心时，可用双单码排版，或者改为插页。表格如是。公式排版比较费时，有时一篇带公式的文章，一个工作日都搞不定。如果在编辑环节把公式的规范体例都做好了，技术编辑转成图形一置入就合适了；也可考虑单位购买公式插件，解决公式排版费时耗力的问题。

（二）创作实践心路历程

道法自然，探及汉字之本源。中国汉字是以“象形”闻名于世的，而汉字字形之美则源于对大自然的深刻启迪。劳动是改造自然、创造自然的生存活动，所以劳动创造了艺术，象形的“艺”字产生了。“艺”字是一个半跪的劳动者………经过设计者的巧妙构思，把这个“艺”字设计在椭圆的长方形里，简洁、醒目，实用美术的实用、经济、美观的设计理念蕴含其中。（图2–3）

简朴是简洁而不是简单，简朴就是低调的奢华。同理，艺术上的简洁，要求构图平衡、生动，空间的虚实、主次、立意贴切、明了，表现手法熟练、老道，自身修养标准、丰厚。

真正能成为艺术作品的照片，关键取决于拍摄者在美学、绘画、设计方面的功底很是否深厚。要是谁拍的片子都能变成优美的插图，摄影师和美术家都可以消失了。

拍照是一门艺术，讲究技巧，还有个人的审美。

比如山上的饭店，经常早晨一抬头，整个饭店看不见了，只有楼顶闪现在云雾里。我才明白为什么我们中国人喜欢写意山水了——云雾缭绕，人间仙境，虚实对比，自然天成。

让一张谁都能拍得出来的普通照片变成一张艺术插图，便在观众眼里贴切、简洁、好看，这就是爱好、天分、努力和积累的体现，这也是你的价值所在。

图片的收边——方形、长方形、椭圆形、圆形，司空见惯；天然的收边——随形、自然，曼妙之美。自然的虚实过度之趣，便是我插图收边的艺术来源。

例如：为“房地产税税基选择的国际比较”配题图（图3–20），用的是挖掘机正在挖地基的图片，象征房地产的土地基础，延伸联想到“税基”。用笔痕墨迹拉出层次感，既有装饰效果又有空间的虚灵，既不喧宾夺主又增加了版式的美感。左下脚压一间房屋的图案，点出这是房地产的题材。

后因房屋的图形多余，要求去掉，终稿就是期刊实例效果（《国际税收》2014年11期，第50页）。虽然笔墨氤氲的收边效果，产生出了干湿、浓淡、虚实、水韵的墨彩交融，但房屋主体体现得不够完整，也使创意略显简单。

版画创作是以刀代笔的艺术，所以是高度概括的画种，自然是表现简洁的典范。把国外一张楼群的图片变为剪影表现，把挖掘机的图片套了进去，即体现出这是房地产题材的内容。又没有了多余的图形，自然收边的运用手法，更具简洁化，收到了很好的艺术表现，是业务实践的一次进步。（图3–20）

（三）集合创新插图展示

版式空白太大，浪费版面的问题，国家行业标准、编辑手册都有明确的规定，凡篇尾超过整页三分之一的部分，尤其是学术期刊，都要加文字或链接。空白部分可刊登一些有质量的插图，如彩色铅笔画、数字创意摄影图、木刻版画表现图、水彩效果插图等，以弥补版式空白太大的缺陷。

随后展示的这些图片，都是我平时研究、实践的一些有关经济题材的几种表现风格的创意摄影或数字插画。这些图片放于文末的空白处，将使期刊整体阅读增加品味和兴趣。（图3–21～图3–34）

注：左上图是期刊实例，右下图是研究、实践的成果。

图3-20 以自然剪影收边的表现示例

（资料来源：《国际税收》2014年11期：P50）

注：同样的角度拍摄两张以上通过不同铁轨的列车，以便后期的集合创新。以笔痕墨迹营造空间氛围。

图3–21　经济题材的创意摄影示例

注：同样的角度拍摄两张以上通过不同铁轨的列车，以便后期的集合创新。以笔痕墨迹营造空间氛围。

图3-22　经济题材的创意摄影示例

注：三张集一张，以笔痕墨迹营造空间氛围。

图3-23　经济题材的创意摄影示例

注：1. 这是在南京长江大桥引桥上拍到的场景，镂空火车和桥栏杆是费了一些时间的。调明暗、色彩饱和度，换天空、加笔痕墨迹来营造空间氛围，成片过程是一种艺术的享受。
2. 基础照片一张成形，没有其它图片的镂空与叠加。

图3–24　经济题材的创意摄影示例

注：1. 这是在南京拍到的场景，镂图，加一个火车头，使整张图丰富起来。
2. 东风3型内燃机车头的原图没有留存下来，现在是一张替代品。

图3–25　经济题材的创意摄影示例

注：这也是同一角度、同一场景周边拍到的老首钢厂区的图片。此图镂空相对省些时间，笔痕墨迹调剂虚实空间。此作品是经济题材的创意摄影的经典作品之一，参加了著者毕业30周年汇报展。

图3–26　经济题材的创意摄影示例

注：火车头太破旧了，那就换几个新式的内燃机车头。

图3–27　经济题材的创意摄影示例

注：这是同一透视的两条船，都是在南京长江大桥沿岸，算是同一场景了，集合起来舒服自然。此作品亦是经济题材的创意摄影的经典作品之一，也参加了著者毕业30周年汇报展。

图3–28　经济题材的创意摄影示例

注：两张原图，透视、光线、内容如出同一场景，组合在一起天衣无缝。虚实处理好后，加一抹笔痕墨迹的天空，数字创意摄影画艺术风格完美体现。配“一带一路”、铁路物流题材均可。

图3-29　经济题材的创意摄影示例

注：两张图虚实处理好后，加一抹笔痕迹的天空，配“一带一路”、铁路物流题材均可。

图3-30 经济题材的创意摄影示例

注：集装箱堆场是我在南京中山码头拍到的。车的透视是经过变形工具调整过的，加虚实处理和天空，属笔痕墨迹风格的数字插画。配物流运输、进出口税收题材的文章均可。

图3–31　经济题材的创意摄影示例

注：原图拍摄于2011年左右的深圳港口附近的集装箱堆场。后期镂空去背，加上笔痕墨迹的两抹天空，集装箱吸车也进行了镂空处理，原地起层，突出了吸车在此图的主体地位。集装箱群也做了加强、淡化的空间处理，左边的笔痕推远处理，呼应天空的笔痕表现，突出了此图的绘画味道。配物流运输、进出口税收题材的文章均可。

图3-32　经济题材的创意摄影示例

注：两张原图是同一时间、同一场景的连拍照片，摄于首都机场的候机大厅。首先对片子进行了色彩调整，去除大厅玻璃的蓝绿色，还原物体本来的色温，然后进行镂空去背。航空加油车放到这里，丰富了机场物流的工作氛围和繁忙的景象。笔痕墨迹的天空表现，突出了此图的绘画味道。配飞机运输、机场税收题材的文章均可。

图3–33　经济题材的创意摄影示例

注：仓储图片是第三方广告客户提供的，运物叉车是有了配图构思后在百度上搜得的矢量图片。叉车抠图比较简单，因为它是一张白背景的图画。仓储底图不需要镂空，调整明度，在蒙版中加大空间远近度就可以了。底图上边做渐变处理以便和文字衔接的过渡，底边用曲线收边，半透明的笔痕墨迹衬于叉车后，与曲线收边形成层次空间。此图可配仓储运输等税收题材的文章。

图3-34　经济题材的创意摄影示例

参考文献

[1] 孙恩棣，怪诞博弈论[M]，北京：当代中国出版社，2012.

[2] 耿润瑜. 方正排版软件与ID 排版软件的优缺点[J/OL]. 电子技术与软件工程，2017(19):48[2020-11-12].http://kns.cnki.net/kcms/detail/10.1108.TP.20171011.2147.070.html.

[3] 满都拉. 美术编辑工作指南[M]. 北京：清华大学出版社，2012.

[4] 周衡祥. 第五讲 编辑工作程序[C]. 期刊编辑讲座，北京：中国财政经济出版社，1989.

[5] 邱承德. 书籍装帧设计[M]. 杭州：浙江美术学院出版社，1988.

[6] 说词解字辞书研究中心. 图说汉字：讲述汉字的故事[M]. 北京：华语教学出版社，2019.

[7] 满都拉. 论图片编辑的标准化工作程序[J]. 水兵记者，2014.

[8] 赵玉敏. 装饰画集 黑白之间[M]. 合肥：安徽美术出版社，1989.

[9] 赵殿泽. 构成艺术[M]. 沈阳：辽宁美术出版社，1987.

[10] 王汀. 版面构成[M]. 广州：广东人民出版社，2000.

[11] 夏利瑛. 书刊的整体设计[Z]. 国家新闻出版广电总局研修学院(培训中心)，2019.

[12] 蔡鸿程. 作者编辑实用手册[M]. 北京：中国标准出版社出版，2003.

[13] CY/T 121—2015 学术出版规范注释

[14] GB/T 7714—2015 信息与文献参考文献著录规则

[15] CY/T 170—2019 学术出版规范表格

[16] CYT 171–2019 学术出版规范插图

[17] 马春峰. 第六讲 版式设计[A]. 期刊编辑讲座（86—97）[C]. 北京：中国财政经济出版社，1989.

[18] 版式设计的十三种基本版面类型[EB/OL].http://www.360doc.com/content/11/0326/13/2169407_104727694.shtml.

[19] 李小娟. 学术期刊的风格与编辑的品位[J]. 学习与探索，2001(04):130–133.

[20] 夏利瑛. 期刊的整体设计（[一]—[五]）[Z]. 北京：新闻出版广电总局培训中心，2019.

[21] 汉 字 五 千 年[EB/OL].http://tv.cctv.com/2012/12/15/VIDA1355575000476220.shtml.

[22] 仰韶文化[EB/OL].https://baike.baidu.com/item/ 仰韶文化.

[23] 新石器时代舞蹈纹彩陶盆[EB/OL].https://baike.baidu.com/item/ 新石器时代舞蹈纹彩陶盆.

[24] 孟志华，黄缨，于昕奕. 北大方正书版排版技术与应用[M]. 北京：北京大学出版社，1993.

后 记

我学画起点低，能走上专业设计之路，除了自身中等的天赋及后天的一份爱好与执着外，还要感谢党和人民的培养，父母的养育与支持，以及各位老师的鼎力帮助、指导与引荐。老师们是杨嘉栋、何延香、张艺辉、王家驹、区庆和、马泉、王定理、朱军山、祝韵琴等。

感谢母校中央工艺美术学院的培育。今天的成绩与当年教过我的基础课老师、专业课老师及学院的艺术影响是分不开的。

走上美术编辑岗位，我感谢孙淑娣、陈汉民、孙静3位老师及各位领导、同仁的指导与支持，感谢中国税务杂志社提供的《涉外税务》和《国际税收》的设计艺术实践平台。诸位恩师、领导、友人不吝赐教，虽然有些看似举手之劳、顺势托举，但对我来说那就是扶危济困、力挽狂澜。我无以为报，奉上拙作一本为谢！

最后感谢两位编辑：黄超和刘磊老师，还有引荐我们相识的发小：黄铁樑同学，大家的支持让这本书高效而及时的出版，使我多年的设计心得得以回报社会。

李鸿翔

2020年岁末